Amas

As mães negras e os filhos brancos

Amas
As mães negras e os filhos brancos

Pelo espírito Luís Fernando
(Pai Miguel de Angola)

Psicografia de
Maria Nazareth Dória

LÚMEN
EDITORIAL

Amas – As mães negras e os filhos brancos
pelo espírito Luís Fernando (Pai Miguel de Angola)
psicografia de Maria Nazareth Dória

Copyright @ 2014 by Lúmen Editorial Ltda.

1ª edição – março de 2014

Direção editorial: Celso Maiellari
Direção comercial: Ricardo Carrijo
Coordenação editorial: Sandra Regina Fernandes
Preparação: Alessandra Miranda de Sá
Revisão: Mary Ferrarini
Projeto gráfico e arte da capa: Vivá Comunicare
Impressão e acabamento: Yangraf Gráfica
Imagem da capa: Ama de leite. Mônica com Artur Gomes Leal. Foto de João Ferreira
Villela, Carte de visite, cerca de 1860. Acervo Fundação Joaquim Nabuco

DADOS INTERNACIONAIS DE CATALOGAÇÃO NA PUBLICAÇÃO (CIP)
(CÂMARA BRASILEIRA DO LIVRO, SP, BRASIL)

Luís Fernando (Pai Miguel de Angola)(Espírito).
    Amas : as mães negras e os filhos brancos / pelo Espírito Luís Fernando
(Pai Miguel de Angola) ;   psicografia de Maria Nazareth Dória. -- 1. ed. --
São Paulo : Lúmen Editorial, 2014.

    ISBN 978-85-7813-145-6

    1. Espiritismo 2. Psicografia 3. Romance espírita I.
Dória, Maria Nazareth. II. Título.

14-01765   CDD-133.9

Índices para catálogo sistemático:
    1. Romances espíritas psicografados: Espiritismo
    133.9

Rua Javari, 668 - São Paulo – SP - CEP 03112-100
Tel./Fax (0xx11) 3207-1353

visite nosso site: www.lumeneditorial.com.br
fale com a Lúmen: atendimento@lumeneditorial.com.br
departamento de vendas: comercial@lumeneditorial.com.br
contato editorial: editorial@lumeneditorial.com.br
siga-nos nas redes sociais:
twitter: @lumeneditorial
facebook.com/lumen.editorial1

2014

Dedicatória

À minha família, especialmente às minhas filhas Eliane e Carla, e aos meus netos Lya e Otávio.

À Lúmen Editorial e aos seus diretores, por valorizarem as obras dos mentores espirituais, abrindo as portas e acolhendo médiuns da psicografia com muito amor, carinho e respeito.

Apresentação

Nesta obra, Pai Miguel nos retrata a importância e a contribuição das amas de leite, as mães negras que amorosamente se doaram de corpo e alma a tantos filhos brancos que, em seu seio, fortaleceram-se e cresceram, tornando-se os grandes senhores das senzalas no nosso Brasil.

No decorrer da leitura, Pai Miguel nos ensina a compreender o papel de cada um. Começamos a entender que, no cumprimento das missões determinadas pelo Pai, ninguém é vítima nem vilão, mas apenas sofredores em busca do caminho da evolução. Pai Miguel conta que, muitas e muitas vezes, sofremos e até nos revoltamos com determinadas situações aplicadas a alguns irmãos que vivem em países pobres e governados por ditadores. Espiritualmente, esses nossos irmãos estão se purgando de muitas passagens nas quais cometeram desatinos piores que os que estão vivendo. Devemos ajudar todos os irmãos planetários, não importando raça nem cor, e nunca duvidar da sabedoria divina. Se alguns países vivem ou atravessam certas situações dolorosas, a mão de Deus está sobre essas nações, e os mentores espirituais nos afirmam que "todo sofrimento lá adiante é uma bênção". Assim foi com o Brasil e assim será com outras nações – o sofrimento e a miséria humana, não raro, são ferramentas para a elevação dos filhos do Altíssimo e Supremo Pai Criador.

Poderemos, ainda, acompanhar neste livro o sofrimento das mulheres negras e brancas, que viviam dramas semelhantes, muitas vezes se ajudando mutuamente e guardando segredos entre si.

Pai Miguel relata, também, o tráfico de jovens que saíam das fazendas com uma carta de alforria nas mãos, cheios de esperança, prometendo voltar para resgatar filhos e pais, mas que desapareciam, e nunca mais se ouvia falar deles.

Quanto às belas mulheres das senzalas, eram levadas como esposas por senhores estrangeiros da alta sociedade. O casamento de um estrangeiro nada significava; eles conseguiam tudo o que queriam no Brasil, bastando para isso ter muito dinheiro. No entanto, as mulheres transformavam-se depois em mercadorias já aguardadas em outros países.

O falso casamento e a falsa carta de alforria eram apenas uma maneira de driblar as leis.

Maria Nazareth Dória

Sumário

CAPÍTULO I

Os perigos das queimadas

As grandes e perigosas queimadas programadas todos os anos naquela ocasião deixavam o feitor Barbosa preocupado. Ele estava tenso, precisava fazer tarefas tão importantes longe dos olhos do seu senhor... Mas, conforme tinham programado, teria de ser naquele dia; tudo estava dentro do combinado. O sol escaldante estava rachando a terra, pensava o feitor. O rio que alagava a fazenda em tempos de chuva agora era apenas um deserto de areia com algumas poças de água aqui e ali. A esperança de todos era ver a chuva cair no chão e as plantas brotar em abundância. Os urubus passavam os dias tirando peixes mortos das poças lamacentas, e o cheiro era insuportável.

A casa-grande era abastecida com água que vinha de longe, e os negros e os carros de boi andavam de madrugada pelas estradas para buscar água e outros recursos antes do nascer do sol, assim não faziam muita poeira pelas estradas que cercavam a casa do senhor. Água potável era coisa preciosa – quantos escravos levaram boas chibatadas por serem pegos roubando um caneco de água para beber! A riqueza daquela terra era a água; quando ela faltava, o sofrimento atingia a todos, coronéis, escravos e animais.

O feitor observava os arredores e, inquieto, pensava na situação da fazenda. O que seria deles com aquela seca terrível! Havia mais de um ano que não caía nem uma gota de água. Nascera e crescera na fazenda vendo muitas coisas, algumas boas e outras tristes demais. Observava os escravos que, ofegantes pelo calor, como cães adestrados que recebiam ordens do seu dono, estavam atentos ao seu chamado. Às vezes, se revoltava com determinadas situações aplicadas aos escravos, mas, enfim, era a vida, e ele também tinha os seus sofrimentos. Mesmo não sendo negro – era mulato –, não era considerado nem aceito na sociedade; era fruto do coronel, pai do seu senhor, com uma mulata. Aliás, onde andaria sua pobre mãe? Ele permanecera na fazenda, mas sua mãe fora vendida assim que ele começara a andar, foi o que lhe falaram as pretas velhas que o haviam criado.

Os poucos animais que ficaram na fazenda foram os bois, que arrastavam carros; algumas vacas leiteiras, que davam o sustento aos senhores e aos escravos da fazenda; os cavalos, que eram o transporte de todos; e as galinhas, que garantiam ovos para os doces e bolos consumidos na casa-grande. Eles também sofriam com o calor e as moscas, que os torturavam.

As boiadas do senhor eram enviadas para os três estados vizinhos, os pastos eram preparados para atender naquela estação. Por isso, os feitores e alguns escravos também passavam uma temporada fora da fazenda matriz. Para alguns escravos era a grande oportunidade de conhecer novas terras e novas pessoas; para outros era castigo, pois deixavam filhos e companheiros nas fazendas. As notícias da família nem sempre chegavam a eles, outros nunca mais retornavam à fazenda matriz – morriam, eram vendidos, alugados, trocados, entregues como pagamento de jogos e toda sorte de dificuldade que surgisse para os seus senhores. Eram patrimônio dos senhores; não havia nenhuma lei que proibisse ao dono de um escravo negociá-lo da forma que lhe conviesse.

O feitor deu graças a Deus por ter ficado na fazenda; os problemas que eles enfrentavam fora dali não eram fáceis! Eram brigas entre escravos que, muitas vezes, terminavam em morte, e o feitor teria de pagar em serviço dobrado ao seu senhor pelo prejuízo. O papel do feitor, além de obedecer às ordens de seu senhor, era fazer com que os negros trabalhassem e aumentassem as riquezas de seus donos. Por isso deveriam estar sempre atentos, olhos e ouvidos bem abertos. Alguns ganhavam até uma comissão extra quando conseguiam que os escravos dessem lucros. Sendo assim, tinham sempre o chicote à mão e eram severos na disciplina, duros nos castigos aplicados. A opinião de todos os feitores era uma só: um bom castigo em um negro indisciplinado, e este seria exemplo para todos os outros.

Muitas vezes, morriam negros nos tocos, depois de terem apanhado de chicote, mas isso quando a ordem vinha do senhor. Se o feitor fizesse isso por conta própria, no entanto, e o negro morresse, era bem diferente: ele ficaria em maus lençóis e teria de trabalhar dobrado, até pagar o valor correspondente ao negro. Os feitores se valiam dos negros velhos para cuidar da saúde física e espiritual dos escravos, muitas vezes às escondidas dos senhores. O trabalho espiritual acalmava a revolta dos negros, e eles aceitavam o sofrimento com resignação. Um escravo trabalhador e manso era uma preciosidade, não dava dor de cabeça a ninguém.

O feitor tomou um copo de água fresca e, abrindo a camisa, jogou o restante no peito. Aprendera isso com a sua avó, mãe de sua mãe, que ajudara a cuidar dele junto com outras negras velhas da senzala. Ela dizia que esse ritual refrescava o anjo da guarda, dando mais proteção na caminhada. Fechou a camisa e gritou pelos negros, certificando-se de que estava tudo em ordem. Foi informado que os aceiros (alguns metros de distância entre o mato que seria queimado e o outro lado, aonde o fogo não deveria chegar, sendo este espaço coberto de terra) já estavam prontos; haviam sido preparados pelos escravos com mais experiência dias antes. Com fachos de palmas verdes nas mãos, estopas e sacos de areia molhada do rio, os negros estavam prontos para atiçar fogo no roçado. Só esperavam as ordens do senhor feitor para começar o ritual e seguir adiante.

Nos dias das queimadas, eles faziam jejum. Por isso estavam ansiosos; não viam a hora de que tudo terminasse para que pudessem comer. Até terminarem as queimadas, só podiam beber água. Eles sabiam que as queimadas iam até tarde. Nesses dias, as panelas com feijão, carne-seca, pé, orelha e rabo de porco, batatas e inhames e, às vezes, até cachaça com leite de cabra, leite de coco e mel eram permitidos no sentido de limpar os pulmões; além disso, o resto da noite eles descansavam e aí podiam tomar banho e até namorar...

O feitor se certificou de que os animais estavam em segurança e a casa-grande, protegida. As queimadas eram do outro lado do rio, mas isso não impedia de, de repente, no meio da queimada, um redemoinho aparecer. Era a tentação... o espírito ruim que se transformava em redemoinho para estragar a queimada e atingir outros locais, levando faíscas a grandes distâncias. O feitor pensava: "As pessoas que trabalham com queimadas conhecem o estranho fenômeno, mas nem todos o respeitam. Não tem braço humano que apague, nem mato verde, nem água, pois o fogo atravessa os rios, corre engolindo tudo o que tiver pela frente. O fogo das queimadas tem um inimigo invisível; quando ele se levanta dentro de um redemoinho, ninguém pode detê-lo".

O feitor olhou para o alto e teve certeza de que era meio-dia. Como pisava na sombra da própria cabeça, fez o sinal da cruz e voltou para a sombra da velha e forte jaqueira. Lembrou-se de que, na hora do meio-dia, Deus me livre de acender nada! Nem cigarro ele acendia! Se todas as pessoas conhecessem bem o espírito do fogo, não mexeriam com essa energia na hora do meio-dia. Assim como havia os espíritos ruins das águas, que viravam canoas e matavam muita gente que sabia nadar, pior ainda era o espírito do fogo. Ele era bem pequeno quando viu acontecer um caso que marcou muito sua vida. O pessoal tinha desafiado a hora, teimaram e acharam que era bobagem, que naquela hora o vento estava parado e seria bom queimar sem o vento, contava um velho senhor. Quando o fogo foi atiçado, surgiu um redemoinho que levantou o fogo na altura das nuvens, espalhando faíscas por todos os lados. Não só a fazenda do senhor foi destruída, mas as vizinhas também. Animais e até pessoas morreram naquela catástrofe! Sentiu um calafrio só de se lembrar daquela tragédia. Um negro velho tinha avisado que não acendessem nada naquela hora, mas o feitor, obedecendo à ordem do senhor, que dizia não temer o diabo, atiçou fogo no roçado, e a desgraça veio para todos.

As mulheres preparavam pedaços de panos e as cabaças com água para os homens levarem; precisavam beber muita água e deveriam molhar os panos para proteger a boca e o nariz. Dona Bernardina e mais três mulheres aguardavam o feitor para dar início ao ritual preparado por ela. Naquelas ocasiões, apenas os homens podiam participar das queimadas; as mulheres não podiam nem chegar perto, para não dar azar. As que ainda menstruavam não podiam colocar a mão nas ervas nem na água que banharia a cabeça dos homens. Ficavam rezando enquanto o fogo estivesse queimando, e ninguém podia circular nem brincar em volta da casa, só as pessoas mais velhas, que ficavam fazendo as rezas. As crianças ficavam trancadas e em silêncio, prestando atenção nas histórias das pretas velhas.

Naturalmente, as crianças eram recolhidas para não aspirar a fumaça e ficar doentes, ou mesmo para detê-las da curiosidade de ir até as queimadas. No entanto, as histórias que ouviam dentro dos barracões não permitiam nem que fossem fazer suas necessidades fisiológicas sozinhos; eram histórias de fantasmas e almas do outro mundo. Era comum os mais velhos contarem histórias para as crianças envolvendo fantasmas dos rios, das matas, do fogo, das estradas etc. Era a única forma de afastá-los dos lugares perigosos. As histórias corriam de boca em boca e logo eram modificadas, sendo contadas de um jeito, mas chegando aos ouvidos delas de outro.

O feitor deu meia-volta, tirou o chapéu da cabeça e olhou para os lados. O sol já estava a dois palmos para o lado do sol poente; estava na hora! Os homens, a um sinal do feitor, aproximaram-se respeitosamente, ajoelhando-se diante de dona Bernardina, que despejava sobre suas cabeças água misturada com ervas, cruzando-as com um ramo de vassourinha-da-nossa-senhora – era assim que ela chamava aquela planta (alecrim-do-campo). Ela entoava uma reza e eles se levantavam, colocando os chapéus sobre a cabeça e se benzendo. Depois, saíam andando sem olhar para trás. Três mulheres ajudavam a negra velha Bernardina com as águas. O último foi o feitor. Ela despejou a água sobre sua cabeça em forma de cruz. Ele beijou a mão da negra velha, dizendo:

– Dê-me a sua bênção e fique aqui rezando por nós.

A negra velha fez o sinal da cruz na direção deles e respondeu:

– Vão, vão em frente, ficaremos aqui rezando e segurando as forças do vento ruim; ele não vai chegar até lá.

O feitor e os negros que se prepararam para tal tarefa montaram em seus cavalos e seguiram para as terras que tinham sido brocadas (cujas árvores haviam sido cortadas) e agora estavam prontas para queimada. No local, o feitor passou as instruções: cada grupo iria para um ponto do roçado e, após atiçado o fogo, deveriam ficar circulando em volta do grande roçado, por isso eram vários homens montados em cavalos. Qualquer faísca fora dos aceiros, eles batiam o saco de areia molhada, evitando que o fogo se alastrasse para fora do roçado. Naquela área seriam plantados feijão, milho, mandioca, abóbora, quiabo, melancia, amendoim, melão, algodão, entre outros, e no fim da colheita plantariam palmas e capim. Seria mais um pasto para se manterem as vacas leiteiras no próximo verão, perto da fazenda.

Pouco tempo depois, a área que foi derrubada para essa finalidade dava medo a quem olhasse a distância. O fogo subia em labaredas gigantes, e uma fumaça negra se elevava ao céu, criando figuras estranhas. De longe se ouviam os estalos do fogo queimando tudo, animais correndo e pássaros voando por todos os lados. A natureza gritava de dor e de revolta; ali ficava uma cicatriz, um buraco negro se formando nas alturas do espaço – era o fantasma da mãe natureza, que, com certeza, um dia voltaria para punir os homens.

Na casa-grande, as portas e janelas estavam fechadas, e havia sacos de areia molhada por dentro e por fora das portas e nos parapeitos das janelas. A força da natureza era incontrolável; o cheiro da fumaça cobria o ar que circundava a casa-grande. A sinhá-moça com um lenço molhado em água reclamava da sorte de ter vindo morar naquele inferno! "Meu Deus! Não sei por que a gente precisa estudar tanto, se é para ter um final infeliz como o meu!" Mal acabou de falar e começou a sentir ânsia de vômito. A negra velha que estava a seu lado pegou uma bacia e uma toalha e a amparou.

– Acalme-se, sinhá, vai passar. – Deu sinal para outra escrava. – Vamos deitá-la na cama.

A sinhá estava pálida.

– Deus! Vou morrer! Esse cheiro virou o meu estômago, não vou suportar! Estou sentindo tonturas e enjoos, não consigo respirar!

A preta velha fez com que ela deitasse, elevou um pouco sua cabeça nos travesseiros e pediu que outra escrava fosse buscar seus apetrechos com os remédios.

A sinhá protestou que não ia engolir nada daquilo; que os remédios dela tinham uma aparência horrível e ela não sabia o que era aquilo. E se, em vez de ajudá-la, lhe fizessem mal?

A preta velha calmamente lhe respondeu:

– Minha sinhá, isso aqui vai ajudá-la a se sentir melhor e, se de fato eu não estiver enganada, esse seu mal vai ser o seu bem daqui a nove meses.

– Do que você está falando? Ficou louca? Está fazendo feitiço para mim também? – gritou a sinhá-moça.

– Não estou falando bobagens nem fazendo feitiços, minha sinhá. Estou falando de gravidez!

A moça se ergueu e, de olhos arregalados, balbuciou:

– Gravidez...? Eu não quero ter filhos! Pelo amor de Deus, Lucrécia, eu não quero ter filhos! É essa fumaça maldita, que está contaminando toda a casa, que me deixou assim! Peça ao negro velho João para jogar água em volta da casa e por cima da casa. Façam qualquer coisa para tirar esse cheiro! – gritava a sinhá, descontrolada.

Uma escrava trouxe uma panela com água fervendo, e a preta velha jogou algumas folhas de hortelã, eucalipto e malva, o ar ficou perfumado e a sinhá se aquietou. A preta velha ofereceu um chá de erva-doce e pediu a ela que se encostasse nos travesseiros. Minutos depois, ela adormeceu e as escravas deixaram o quarto.

No corredor, a escrava jovem perguntou para preta velha:

– A sinhá está grávida mesmo?

– Está, Isabel. E nós vamos ter muito trabalho pela frente! – respondeu a negra velha.

– Quando o senhor enviuvou, pensei que ele nunca mais fosse se casar – disse a jovem escrava. – Mas, tão logo enterrou a falecida, já estava arrastando as asas para todas as negras da senzala, e olhe aí! Não completou um ano e vai ter filho com outra, sem falar nas negras que ele embuchou antes de trazer a nova sinhá, que, coitada, é maluca mesmo!

– Isabel, cuidado com a língua! Desde quando a gente pode dar palpite na vida dos senhores? Você está falando da gravidez da sinhá, e eu lhe pergunto: de quanto tempo você está prenha?

– De dois meses. E não preciso lhe dizer quem é o pai, preciso?

– Acho que não! Pai de escravo é Deus! – respondeu a preta velha. – Quer um conselho? Cuidado com a língua! Você está sendo muito bem tratada na casa-grande, mas, se a sinhá souber a verdade, acredito que você voltará para o trabalho pesado da senzala. Então, preste atenção: em boca fechada não entra mosquito! Quando a sua barriga começar a aparecer, fale por aí que feitores e escravos fazem filhos todas as noites na meia hora de folga deles. Deixe isso claro para todos, assim, quem sabe, você terá a chance de ficar cuidando do bebê da sinhá e manter seu filho perto de você. Tenha juízo. Lembre-se do que aconteceu com a Maria Rita: ficou por aí arrumando encrenca com todo mundo, só Deus sabe como ela está vivendo hoje. Foi transferida para outra fazenda e nunca mais a gente ficou sabendo dela. A menina está aí, dando seus passinhos, a coisa mais linda, mas sem a mãe! Ela poderia estar conosco, se tivesse me ouvido, mas achou que eu estava falando demais e que só acontecia com as outras, que com ela seria diferente, porque o senhor havia prometido que nunca a tiraria daqui, e ela acreditou!

– Ele fala isso para todas. Para mim também falou a mesma coisa e, quando trouxe a sinhá, disse-me que eu ficaria dentro da casa-grande e, quando tivesse chance, ele iria se deitar comigo.

– E depois que ele se casou e trouxe a sinhá, quantas vezes já a procurou?

– Nenhuma! Nem olha mais para mim, por isso eu nem contei a ele que fiquei prenha.

– No que fez muito bem! Não conte a verdade a ele, assim será melhor para todos. É bom para a sinhá ter uma negra grávida ao lado dela, dará mais segurança.

– Obrigado pelos conselhos, prometo que vou segui-los – respondeu a jovem negra. – Como é bom a gente ter pessoas mais experientes perto de nós para nos orientar! Vou aprender, mais ainda, como cuidar de um bebê branco; farei de tudo para criar o filho da sinhá. Quem sabe até poderei ser sua ama de leite?

– Que Deus a ouça! Agora vá aos seus afazeres. Logo, logo os homens devem estar chegando das queimadas e temos muitas tarefas ainda hoje. Fique atenta às palavras e aos pensamentos daqui para frente.

– Sim, senhora, prometo que vou me lembrar.

As duas negras velhas, Bernardina e Lucrécia, encontraram-se no oitão, como chamavam aquele espaço reservado fora da casa-grande, lugar em que os escravos idosos cuidavam dos jovens e das crianças. Ali se cortavam cabelos, tiravam-se medidas dos pés, das roupas, cuidavam-se dos bichos-de-pé da negrada e, sentados nos tocos, os mais velhos pitavam seus cachimbos de barro e trocavam ideias.

Bernardina, apontando para o horizonte, comentou:

– Graças a Deus, deu tudo certo, não enxergo mais nenhum sinal de fogo e o vento está controlado. Eles já devem estar apagando os aceiros e, daqui a pouco, estarão de volta. Agora temos de esperar os sete dias para ir até lá fazer a nossa parte. Ainda bem que temos mulheres paridas, e já avisei a elas que se alimentassem bem, comessem bastante cuscuz de milho, canjica, e bebessem o vinho de jenipapo com jatobá que nós preparamos. Elas precisam aumentar o leite porque temos de derramar nos quatro cantos do roçado muito leite. Precisamos amamentar o espírito da terra para que ela forneça o que precisamos comer.

Apontando para a estrada, a preta velha Lucrécia disse sorrindo:

– Olha lá o seu Barbosa! Se ele não fosse tomar banho, podia ser confundido até pela mulher dele como um dos nossos. Está da cor de carvão!

As duas gargalharam de alegria por vê-lo e pela brincadeira.

Logo o feitor chegava perto das duas pretas velhas e se sentando, ainda ofegante, disse:

– Graças a Deus! Missão cumprida. Deu tudo certo. O fogo queimou que foi uma beleza! O senhor vai gostar do que vai ver. Mas, dona Bernardina, cadê a batida para servir aos negros? Eles devem estar engolindo fumaça até agora.

– Já está ali, meu filho, vou pegar pra você. Os negros velhos já estão lá para servir os negros que estão chegando; é bom eles beberem, comerem, descansarem e, à noite, tomarem banho. Olhe, senhor Barbosa, nós colocamos cachaça do alambique, como o senhor mandou, leite de coco, leite de cabra, mel de abelha e o nosso segredo. Isso vai ajudar a limpar os pulmões de todo mundo, inclusive o do senhor.

– Muito obrigado pelas suas rezas e pelos seus segredos! E, daqui a sete dias, a senhora já sabe, não é?

– Temos de ir até lá abençoar a terra com leite das mulheres que deram à luz na fazenda – respondeu a negra velha. – Já estava aqui falando sobre isso com Lucrécia. Fique sossegado.

Enquanto os homens bebiam os preparados feitos pelos escravos mais velhos da fazenda, a preta velha Lucrécia voltou à casa-grande para verificar como estava a sinhá. Isabel a ajudava no banho.

– E então, minha sinhá, como está a senhora? – perguntou a negra velha.

– Se não fosse ainda por esse cheiro de queimado no ar, poderia lhe dizer que estou ótima! E as queimadas, deram certo? – perguntou a sinhá.

– Oh, sim! Agora só nos resta esperar pelas chuvas.

– E quanto a mim, esperar pelo senhor! – disse ela. – Ele me prometeu que voltaria em três dias, então deve chegar amanhã. A única coisa que não será boa é que chegará trazendo os dois filhos com ele. Nós já tivemos uma conversa; eu não quero saber de cuidar deles! E, se vierem me perturbar, vai sair pancadaria aqui dentro! Você, que conhece estas duas flores de estrume de cavalo, acha que eles vão se comportar ou vão arrumar confusão comigo?

– Ah, sinhá! A menina-moça é uma doçura... E o garoto é apenas alegre e esperto! Os dois sofreram muito com a morte da mãe, e o senhor os levou para a outra fazenda para que se distraíssem, contratando pessoas da cidade para cuidar deles. Sei que esses cuidados vão continuar com as crianças; são professores que dão aulas pra eles, a senhora não vai ter trabalho, fique sossegada.

– Você disse que vêm professores com eles? Vão se alojar aqui na fazenda? Foi isso o que eu ouvi?

– Perdão, senhora, acho que falei demais. Não tenho certeza, mas, se eles vierem mesmo, ficarão nas dependências dos hóspedes, não vão atrapalhar a senhora em nada.

– Já arranquei tudo o que pertencia à mãe deles e mandei enfiar no quarto das crianças. Estou começando a sentir que vou ter problemas, e você sabe como é que eu enfrento problemas, Lucrécia? – gritou a sinhá, jogando o que encontrava pela frente contra as paredes.

Isabel tentou acalmá-la e foi empurrada; quase caiu, se não tivesse se sustentado em uma cadeira.

A sinhá berrou com as escravas para que saíssem dos seus aposentos. Lá fora, escravos e feitores ouviam a gritaria da sinhá e, assustados, perguntavam-se o que estaria acontecendo.

O feitor e os escravos, em silêncio, questionavam-se sobre o casamento do seu senhor. As histórias eram muitas, e na verdade eles não sabiam de nada, só o tempo iria mostrar a verdade. Fazia três meses que a sinhá chegara à fazenda e nem todos os escravos a tinham conhecido. Ela não aparecia ao lado do senhor, como fazia a antiga sinhá. Nesse pouco tempo na fazenda, tinham ouvido os gritos dela com os poucos escravos que tinham acesso à casa-grande.

A preta velha apareceu e os acalmou, dizendo ser apenas um ataque de ciúme da sinhá. Moça dengosa e mimada, distante do marido, devia estar se sentindo sozinha.

Longe dos outros escravos, as duas pretas velhas conversavam:

– Bernardina, estou pressentindo ventos e tempestades nesta fazenda. A nossa nova sinhá deve sofrer de algum distúrbio mental. Parece ser uma criatura frágil e dócil, mas, quando contrariada, transforma-se em uma fera enjaulada. Eu temo pelos filhos da nossa falecida sinhá, pelo filho que ela está esperando e por nós também.

– Ela está grávida? – perguntou a outra preta velha.

– Bernardina, com a nossa experiência, dá para errar? Deve estar no começo. E, desde já, devemos apelar ao louvado Jesus de Nazaré pela sorte dessa pobre alma nas mãos dessa criatura doente.

***

Os negros comeram à vontade. Todos puderam beber a famosa batidinha de dona Bernardina, sobre o controle de três pretos velhos, que serviam apenas a quantidade permitida pelo feitor. As primeiras estrelas surgiam no céu. Com a poluição das queimadas, o ar estava abafado e cheirava a fumaça.

O feitor chamou os homens e, apontando para um deles, pediu:

– Agenor, acompanhe os outros homens. Eles podem tomar banho, mas não fiquem mais que duas horas. Você conhece as horas pelas estrelas; voltem para suas dormidas e amanhã cedo continuaremos nossa lida. Eu também vou para a minha casa tomar um banho e esticar meu corpo; hoje foi um dia e tanto! Confio em você, cuide bem deles.

O negro, balançando a cabeça, respondeu:

– Muito obrigado pela sua confiança em minha pessoa. Sabe que pode confiar em mim; uso o bom senso, e lembro sempre do que aprendi com a minha avó: cada macaco no seu galho. Eu sou um cativo, o senhor é meu feitor, e, apesar dessas diferenças, somos amigos, confiamos um no outro.

O feitor bateu nas costas dele e tornou:

– Sabe o quanto o estimo, Agenor. Um dia, quando conseguir adquirir um pedaço de terra e começar minha vida, uma das coisas que vou fazer também é comprar sua carta de alforria. Para mim você é como um irmão. Crescemos juntos, e nunca poderei esquecer aquele dia da cascavel... Você pulou com tudo em cima da cobra antes de ela me acertar! Você me salvou! Estou vivo hoje porque você arriscou sua própria vida.

– Não fale assim, sabe que ninguém aqui morre de picadas de cobra!

– E nós estávamos onde aquele dia?

– Na outra fazenda... Estávamos sem os pretos velhos e sem os remédios. Realmente, você teria morrido até buscarmos socorro, não ia dar tempo. A melhor solução naquele momento foi me atracar com a cascavel.

Antes de sair, ele agradeceu as pretas velhas e foi até o companheiro da noite. Trocaram algumas palavras; eles se revezavam, a cada semana trocando o dia pela noite. O trabalho da noite não era tão pesado quanto o do dia. Os vultos que circulavam pelos arredores da senzala, escondendo-se nas moitas aqui e acolá, eram os jovens que namoravam às escondidas. Isso os feitores nem davam como problema; pelo contrário, os negros que eram pegos nesta situação ficavam agradecidos aos feitores e trabalhavam melhor por lhes deverem esses favores.

O feitor da noite se aproximou da preta velha Bernardina e perguntou:

– Alguma novidade, mãe veia?

– Por enquanto não, meu filho, mas os ventos me dizem que em breve vamos ter muitas coisas novas por aqui, e nem todas elas boas como a gente deseja.

Pegando uma cuia com café, ela a entregou para ele, dizendo:

– Bebe que você não pode cochilar, e a noite pra quem não pode dormir é longa demais.

– Mãe veia, eu tenho medo da fumaça do seu cachimbo... Quando a senhora joga essa fumaça pra cima, sei que está vendo coisas que não posso ver. O que é que a senhora está vendo? Posso saber?

– Sossega, menino! O que a gente sente no coração nem sempre é a vontade de Deus. E, depois, nem eu mesma posso confiar mais no que vejo. Enxergo pouco!

– Até parece que a senhora precisa abrir os olhos pra ver. Suas visões são da alma, mãe veia!

– Vamos deixar isso nas mãos de Deus, meu filho! Vou falar com Zeferino e já volto. Vou deixar o bule de café aí na chapa quente, assim vocês podem se servir mais tarde. Também tem um bolo de puba pra vocês forrarem o estômago, e vê se não implica com a negrada que sai um pouquinho por aí para se divertir; é a única diversão boa deles. Deus que me perdoe se estiver errada, mas acho que é isso o que ainda dá ânimo a eles para continuar vivendo essa peleja de vida.

– Fique sossegada, mãe veia, não vou brecar nenhum deles, prometo.

A preta velha atravessou o pátio que levava ao barracão cercado por arame farpado. Lá estava um negro velho sentado num toco, pitando um cachimbo. Ao perceber a chegada de Bernardina, ele gritou:

— Ó moleque, vem aqui. Abre a porteira pra Bernardina entrar!

Um garoto aparentando uns doze anos, franzino, pés descalços e sem camisa, que vestia apenas uma calça de saco até o joelho, abriu um sorriso e, tomando a mão da preta velha, pediu a bênção.

A negra velha foi entrando e ralhando com ele:

— Quantas vezes eu já te falei pra não ficar descalço e sem camisa a essa hora da noite? Acho que vou te levar pra servir na casa-grande, assim fico de olho em você, seu moleque teimoso. E você vai aprender a me ouvir!

— Eu estava colocando a sandália no pé e vestindo a camisa quando a senhora chegou. Pergunte pro vovô se eu não disse pra ele: vou me vestir e calçar os pés que logo, logo a vovó chega.

— Senta aqui, Bernardina — disse o preto velho puxando um toco. — Não fica brava com o moleque. Ele estava lá dentro, não tem perigo nenhum!

— Você com essa mania de esconder as coisas erradas do menino não está ajudando em nada. Temos de cuidar dele direito, a gente não sabe o dia de amanhã. Eu me preocupo com ele; nós dois já estamos no fim da linha, qualquer hora estamos embarcando pro outro lado, e ele precisa ficar e continuar vivendo sem nós. Se não ensinarmos a ele o que é a vida, como vai sobreviver à dura realidade que o espera?

— Você não imagina, mulher, como eu penso nisso... Nossa filha se foi e nos confiou o filhinho dela em nossas mãos. Ela jurou que um dia voltaria para tomar conta dele, mas não sabemos se isso vai acontecer. A liberdade dela não quer dizer a liberdade dele, e muito menos a nossa.

Ficaram em silêncio por alguns segundos, cada um com os próprios pensamentos. Logo o preto velho falou:

– Rezo a Deus, todos os dias, pela alma da nossa boa sinhá, que nos permitiu ficar com o garoto e cuidar dele. E, olhe, estou passando todos os segredos de como se preparar um bom charuto e uma boa corda de fumo curtida, um fino fumo pra cachimbo, todos os segredos que eu conheço estou passando pra ele. Tenho fé em Deus que ele vai dar continuidade ao meu ofício. Em todas as fazendas os senhores fumam charutos, cachimbos finos e tudo o mais, e os feitores e a negrada também precisam do fumo. Nas invernadas, nas roças e nos pastos, lidando com o gado, o fumo faz a diferença! Se Deus ouvir as minhas preces, nosso menino vai ocupar o meu lugar no ofício da fazenda.

– Queira Deus que ele siga os seus passos, meu velho, em tudo. Apesar da nossa condição, como cativos da fazenda, não podemos reclamar da vida; tivemos nossas dificuldades, mas fomos abençoados em nossos destinos. Todos as noites, eu peço ao branco filho de Maria que cuide de minha filha, e, se for da vontade Dele, que um dia ela possa cumprir a promessa que nos fez: comprar a liberdade do filho e guiá-lo para um bom caminho, porque, se for para levar o meu neto e ele ficar perambulando pelas ruas, como eu ouço histórias dos que foram libertos, prefiro que ele fique aqui como cativo, mas ao nosso lado. Nós não precisamos de cartas de alforria! A nossa já está sendo escrita em algum lugar fora da Terra, é por pouco tempo.

– Só espero que meu Senhor, que não tem cor, não me leve sem ver o meu neto com a vida resolvida. Esse menino é a maior riqueza que nós temos, não é mesmo, minha velha?

– Nem me fale... Não gosto nem de pensar em fechar os

olhos e deixar esta criatura sem um destino certo. Creio que nosso Pai e Redentor tenha traçado um caminho pra ele.

O garoto apareceu vestido e calçado, exibindo-se para mostrar à preta velha que estava tudo bem.

– Ó moleque, vai buscar um charuto e um pouco do fumo desfiado que nós fizemos hoje. Vamos mostrar pra Bernardina, pra ver o que ela acha.

O menino saiu correndo e logo voltou orgulhoso com os pedidos, entregando-os na mão do preto velho.

Bernardina cheirou e, examinando, respondeu:

– Sinceramente, não vejo nenhuma diferença nesse charuto e naqueles estrangeiros que o senhor fuma. A única diferença é que estes não estão dentro daquelas caixas de luxo; pra falar a verdade, acho que este aqui é melhor – completou a preta velha.

– Falando nisso, eu já enchi as caixinhas como ele mandou; está tudo aí! Eu e o Tião continuamos trabalhando nas últimas folhas e já preparamos as sementes para o novo plantio. Não vejo a hora de ver a chuva caindo na terra, o cheiro é muito bom. A coisa mais linda é ver as plantinhas se erguendo do chão e trazendo a vida para nós.

– Pois é, meu velho, ele anda vendendo esses charutos como se fossem estrangeiros! A freguesia cresce cada vez mais. E você fique de bico fechado, sabe como é a língua. Um negro fala para o outro e, quando a gente menos espera, já está lá do outro lado do mundo. Para todos os efeitos, não sabemos de nada, e sempre oriente o menino a não dar com a língua nos dentes.

Os dois negros velhos ficaram conversando. Esperavam o garoto, que cobria todo o material estendido no barracão.

– Vovô, está tudo em ordem, e aqui está o fumo que a vovó vai levar para o senhor Tomé distribuir para os trabalhadores da casa.

– Temos de conversar com o Tomé. Até a próxima safra, ele vai ter de pedir a todos para economizar. A cada dia, as sobras de fumo são menores, e olhe que fazemos o possível para não perder nada! Aproveitamos tudo, tudo mesmo. O caso é que estamos ficando mesmo sem material para trabalhar. Mas vamos lá. Feche a porteira e vamos embora. Por hoje, já demos a nossa parte – disse o preto velho para o garoto.

***

Mais tarde, o o preto velho entregava ao feitor da noite o pacote com o fumo e lhe passava suas recomendações.

– É, pai velho – disse o feitor –, a coisa está ficando preta! Não sabemos ainda o que se passa na cabeça e no coração da nova sinhá. Uma mulher pode mudar o caminho e o destino de muitos homens, o senhor não acha?

– Eu acho, sim, inclusive a coisa ficou preta pra mim desde que nasci! Mas nem tudo o que é preto é ruim, não é mesmo? O café, o fumo... concorda?

– Plenamente, pai velho, é só o jeito de falar. Acho que quem inventou o ditado *a coisa tá ficando preta* quis dizer que, quando o branco começa a sofrer, ele passa a entender o negro.

– Bem, eu já estou indo entregar o corpo ao sono e alma a Deus. Tenha uma noite abençoada, meu filho – disse o preto velho, afastando-se e sendo seguido pelo garoto e a mãe veia, como era chamada dona Bernardina.

Próximo da casa-grande, ouviram a gritaria da sinhá.

– Jesus Cristo, o que está acontecendo?

Dona Bernardina parou e avistou Isabel correndo porta afora. Chegando perto da preta velha, ela disse:

– Pelo amor de Deus! Não me deixe ficar sozinha com essa

sinhá maluca. Ou ela está tomada pelo demônio ou completamente louca. Dona Lucrécia está lá dentro com ela. O que a gente pode fazer? Alguém precisa ir até lá; temo por dona Lucrécia.

O preto velho tirou o chapéu e coçou a cabeça. Ficou pensativo e logo respondeu:

– Só quem vai dar jeito nela é o senhor, quando chegar. Infelizmente, nós não podemos fazer muita coisa. Se formos até lá, não poderemos lhe dar uma sova, poderemos? Voltem lá, Isabel e Bernardina. Vou ficar aqui esperando. Manda fazer aquele chá, Bernardina, que nós conhecemos. Coloca ela pra dormir.

– Não posso, velho, não posso fazer isso! A sinhá está grávida. Se tomar esse chá, não segura o bebê. Mas acho que posso fazer alguma coisa por ela. Vá e leve Tião; ele está dormindo em pé. Não se preocupe. Assim que a paz voltar a reinar no quarto da sinhá, irei me unir a vocês no sono.

***

A sinhá jogava as roupas engomadas no chão, dizendo que estavam mal passadas. Esfregava os dedos nos móveis e reclamava que estavam empoeirados; que o quarto estava cheirando a estrume de boi; que a água da moringa estava quente. A negra velha Lucrécia, encostada em um canto, orava em pensamento, pedindo ajuda para aquela moça que, com certeza, trazia dentro dela muita infelicidade.

Dona Bernardina chegou, pedindo licença à porta do quarto. A sinhá a olhou com os olhos cheios de rancor.

– O que você quer aqui, negra velha? O seu lugar não é na senzala? Cadê Isabel? Ela foi te chamar? Vou arrancar os olhos dela, para aprender a não levar fofocas da casa-grande para a senzala!

– Não, minha sinhazinha. Nem vi a Isabel. Eu vim aqui porque a ouvi; vim saber se posso ajudar em alguma coisa.

– Pode ajudar, sim! Saia e leve essa outra aí que me irrita só de vê-la como uma estátua de barro me olhando! Saiam as duas, e falem para a Isabel chegar aqui em um minuto.

Dona Bernardina deu sinal com olhos para dona Lucrécia. As duas se retiraram o mais rápido que podiam andar. Na saída, dona Bernardina comentou:

– Agora ela vai se acalmar. Sozinha ela vai compreender que ninguém está interessado nas ameaças dela. Chame a Isabel, mas não a deixe sozinha com essa louca. Peça para uma das meninas fazer companhia. Ela pode dormir escondida em qualquer canto da casa; se tiver qualquer coisa, Isabel está protegida.

Isabel retornou depressa e levou um chá para a sinhá. Ela estava com ânsia de vômito e se segurou na moça, que a sustentou antes de ela cair.

– Santo Deus!

Isabel era forte e conseguiu levar a sinhá até a cama. Deitando-a lá, chamou por ajuda. Esfregaram uma mistura nos seus pulsos, e logo ela voltava a si. Estava pálida e parecia cansada. Isabel, com cuidado, a fez engolir o chá. Ela fechou os olhos e adormeceu.

A outra mulher perguntou:

– Ela comeu, Isabel?

– Essa sinhá é tão estranha... A gente não sabe o que acontece com ela, ninguém pode ficar na sala de jantar. Vou verificar com Danona; foi quem serviu a sinhá. Vou ver se ela comeu.

A cozinheira informou que o café da manhã, o almoço, o lanche e o jantar voltaram por completo, que deu até briga na cozinha, porque todos queriam comer o que tinha voltado. Mas que ela não estava preocupada com isso, não! Os escravos brigavam para comer, e essas ricas sinhás evitavam comer para entrar nos seus vestidos de seda. Não comiam porque não queriam engordar! Era bem diferente de quem queria comer e não podia.

– Danona, ela está grávida! Se não comer, o que vai ser do bebê?

A expressão no rosto da cozinheira mudou.

– Neste caso, a coisa é diferente. Não sabia que ela estava esperando um bebê. Vamos ver, então, o que ela deseja comer, assim podemos correr atrás de arrumar. Para mim, uma mulher nesse estado, seja negra ou branca, é uma mulher que está se preparando para trazer uma vida ao mundo. Você, Isabel, que está encarregada de cuidar da sinhá, verifique o que podemos fazer para agradar-lhe. Na minha ignorância, nem imaginei que estava maltratando um inocente anjo.

***

Enquanto a sinhá repousava em seu leito sob o olhar vigilante de Isabel, que examinava aquele rosto singelo e bonito, mas que escondia algo triste em seus olhos, o coronel, homem maduro e experiente, deitado sobre lençóis de seda, bebericava uma dose de conhaque importado, comentando, entre um gole e outro, com a bela moça a seu lado, o porquê do seu casamento. A moça era uma francesa que viera ao Brasil ganhar dinheiro dançando e cantando, e acabara se entregando aos prazeres de alguns coronéis, que lhe pagavam as horas e, às vezes, lhe presenteavam com alguma joia, tecido etc. Ela lhe contou que tinha ouvido várias histórias da boca de outros coronéis sobre o casamento dele com uma moça considerada suspeita para se casar com um homem de sua idade.

Ele quis saber o que ela tinha ouvido, e depois lhe disse:

– Como você bem sabe, assim que fiquei viúvo, recebi muitas propostas de casamento. Um homem na minha posição obrigatoriamente deve ser casado! Tenho meus filhos, que precisam conviver em família, e nossa sociedade exige esse dever: um homem de bem é aquele que tem uma família bem resolvida. Muitos pais que precisam casar as filhas me convidaram para festas discretas, nas quais fui apresentado a várias moças. Eu escolhi uma entre todas, analisei bem, acho que fiz um ótimo casamento! Suzane é jovem, bonita e muito prendada. Herdeira de uma fortuna invejável, que já caiu em minhas mãos. Deu para você perceber que não pretendo andar com ela a tiracolo, não é? Vou continuar fazendo minhas pequenas viagens; tenho minhas prendas espalhadas por aí e não pretendo me aposentar tão cedo!

A moça, bebericando o resto do conhaque que restava no copo, perguntou:

– Você não pode me dizer qual foi o problema que impediu o pai de casar a filha com um homem solteiro? Geralmente, todas as mocinhas de família se casam com os jovens que estão à procura de um bom casamento, e ela é filha de quem tem dinheiro, bonita e rica! Não me leve a mal, mas sabemos que os viúvos com filhos costumam se casar com moças jovens, sim, porém filhas de famílias de baixa renda, o que não foi o seu caso. Moça fina, bonita e rica só pode ter um segredo muito grande. Pode me contar?

– Eu confio em você, Gorette, mas que fique entre nós o que vou lhe dizer. Ela não era pura. Sendo a mais velha das irmãs, e também a mais bonita, o pai não podia casá-la com nenhum rapaz de família. Quando fiquei sabendo da história, tive muita pena dela, e, quando a conheci, para falar a verdade, fiquei encantado com a beleza e a doçura do seu olhar. Ainda menina, foi violentada por alguém da própria família, foi esse motivo que trouxe a família ao Brasil. Naturalmente que o sujeito, na ocasião, foi morto e toda a fortuna dele passou para as mãos do pai da menina, quase uma indenização pelo malfeito.

– Pobre menina! – exclamou a moça. – Como cresceu esta garota carregando um sofrimento desse tamanho? Imagino o que foi a vida dela...

– Vou procurar ter paciência com ela, sei que ela tem muitos problemas de ordem pessoal, às vezes não quer falar com ninguém, outras vezes se mostra agressiva, mas tudo isso foi consequência do que sofreu na infância. Depois que nos casamos, fiquei um mês dormindo com ela e não podia encostar um dedo sequer. Precisei ter muito cuidado e paciência para tê-la como minha mulher.

– Espero que ela seja feliz do seu lado. Torço sinceramente por ela e respeito sua decisão. Não acredito que você se casou com ela apenas pelo dote, porque sei que você se faz de durão, mas tem um coração imenso. Cuide bem dela, não a faça sofrer. Só de pensar no que passou essa garota, tenho vontade de abraçá-la e protegê-la.

– Você acabou de me dar uma ideia: estou precisando de uma professora de francês, boas maneiras, etiqueta etc. Quero dar o melhor para os meus filhos, não os quero longe de mim, então levarei professores comigo para ensiná-los. Você reclamou tanto da vida difícil que está levando, o que acha de mudar de vida? Posso lhe pagar bem e dar casa e comida. Se quiser, não pense duas vezes. Quando me levantar desta cama, é para seguir viagem; quero chegar à minha casa antes do almoço, assim meus filhos não pegam nem muito sol, nem a poeira da estrada.

– Você fala sério? Já imaginou a loucura que está me propondo, levar Gorette, a "francesa", para dentro de sua casa? E a sua reputação, meu coronel?

– Quem é que vai se atrever a me criticar, ao menos na minha frente? Eu coloco ordem dentro da minha casa. Lá, você será a professora dos meus filhos, e ai de quem se atrever a falar algo mais, mesmo sabendo ou vendo. Fique tranquila, você será respeitada por todos lá.

– Pode ficar descansando. Vou arrumar as minhas malas e sigo com vocês. Primeiro, amei os seus filhos! São lindos e divertidos. Segundo, quero ajudar a moça que você escolheu para ser sua mulher; não tenho a mente nem o coração poluído; sei separar bem as coisas, e amanhã, com certeza, a gente pode nem se lembrar mais deste momento de hoje.

– Você é uma grande mulher, Gorette. Por reconhecer essas qualidades em você é que resolvi confiar a educação dos meus filhos à sua responsabilidade. Será a governanta deles; vai acompanhá-los e prepará-los para serem boas pessoas amanhã. Sei que daqui a alguns anos eles devem estudar fora da fazenda, aliás, fora do Brasil, e você irá com eles. Arrume suas coisas, mulher. Partiremos logo após o café da manhã. Ah! Outra coisa: não deixe pistas de para onde está indo. É bom a gente ser procurado; é assim que descobrimos quem, de fato, nos quer bem ou mal. Há aqueles que se alegram com a nossa ausência e rezam para nunca mais nos ver.

A moça deixou o quarto sorrindo e pensando: "A minha vida cabe dentro de uma mala de mão! Sinto que algo está para mudar em minha existência. Já não tenho vinte anos; por mais que me cuide, o tempo é o tempo, ninguém pode com ele, e já não sou a preferida da noite. Nunca cuidei de crianças, mas acredito que quem suporta os pais delas pode muito bem se entender com elas, e é o que vou tentar fazer! Amanhã a minha vida seguirá outro rumo".

CAPÍTULO II

A doença da sinhá

Os primeiros raios do sol entravam pelas frestas da janela do aposento da sinhá. Isabel estava preocupada; a sinhá não se alimentara no dia anterior, e o que comera jogara para fora. Não sabia se esperava ela acordar naturalmente ou se provocava algum barulho.

Pelo jeito, as cozinheiras ainda estavam arrependidas do que falaram sobre a pobre coitada. As conversas a respeito dela mudaram de rumo. Agora se falava que ela era uma enjeitada, criada sem mãe, por isso tinha um comportamento tão diferente. Isabel se perguntava de onde elas tiravam tantas histórias. Na senzala era assim: uma pequena história, às vezes, virava uma fábula.

A sinhá se mexeu na cama, e Isabel se colocou ao lado dela. Abrindo os olhos e se sentando na cama, ela perguntou:

— Já é tarde, não? O senhor já chegou?

— Bom dia, sinhá, não é tão cedo, mas também não está tão tarde assim! O senhor ainda não chegou; ouvi um escravo falando que ele já está aqui perto, que vem para o almoço. Então, é bom a senhora tomar um bom café, enquanto lhe preparo o banho. Assim que o senhor chegar, a senhora vai estar linda para recebê-lo.

Enquanto Isabel ajudava a sinhá a se levantar, esta fez a seguinte pergunta:

– Você já teve filhos, Isabel?

Isabel estremeceu. Não podia mentir, então respondeu:

– Ainda não dá para ver a minha barriga, mas eu estou embuchada de dois meses!

– Você está grávida? Fala sério? E preste atenção, Isabel: a forma correta de você se expressar é falando *eu estou grávida*, e não dizendo *embuchada*! – Olhando-a, a sinhá quis saber: – Sentiu ou ainda sente enjoos?

Um tanto sem jeito, Isabel respondeu:

– No começo eu sentia enjoos e tonturas, agora sinto mesmo é muita fome!

– E o pai dessa criança que você espera, é gente da fazenda, ou não?

– É, sim senhora, é gente daqui mesmo. Eu só saí desta fazenda para as outras fazendas do senhor duas vezes. Foi muito bom, mas sinceramente prefiro ficar aqui. Nasci aqui e vó Bernardina diz que nós temos raízes na alma, por isso gostamos do lugar onde nascemos.

– Você gosta do pai do seu filho? É apaixonada por ele? – a sinhá insistiu em saber.

– Para falar a verdade, eu não sou apaixonada por ele. Foi um momento, apenas. Isso é natural entre nós; às vezes ficamos duas ou três vezes com um namorado, e aí eles arrumam outra ou nós não queremos mais ficar com ele.

– No seu caso, você não quer ficar com ele, ou ele já arrumou outra?

– Ele arrumou outra! E não está mais aqui, foi para outra fazenda do senhor. Nem sei se ainda vai voltar. Depois, filhos de escravos no mundo, o dono é o senhor e o pai é Deus.

A sinhá olhava para Isabel com ar de piedade... Deus, que sina era essa! Aquelas mulheres tinham filhos para enriquecer as fazendas dos seus senhores. Ela se lembrava do pai e pensava: "Quantos irmãos terei dormindo nas redes e nas esteiras das senzalas das fazendas do meu pai?". E ali, embaixo dos seus olhos, nesta nova empreitada de sua vida, quantos filhos do seu marido e senhor não viviam a mesma sorte?

– Isabel, andei muito pouco por esta fazenda, mas pude notar que há muitos feitores e mulatos todos jovens vivendo entre os escravos. De quem esses jovens são filhos?

– Ah, senhora! Nosso senhorzinho está sempre renovando os trabalhadores que ele chama de contratados; nem todos os que trabalham na fazenda dele são seus escravos. Muitos são contratados de outras fazendas para fazer o trabalho, como amansador de cavalos, vaqueiros e outros.

– Ah, então meu marido é bem melhor do eu imaginava. Fale-me a verdade! Ele teve filhos com as escravas das fazendas? Não negue, porque se descobrir que você mentiu não vou mais querê-la perto de mim, entendeu?

– Não, sinhá! O senhor não tem filhos na senzala! As crianças mulatas que a senhora vai encontrar por aí são filhos dos feitores e dos escravos misturados aqui desta e das outras fazendas.

Isabel rezava e dava graças a Deus. A sinhá estava tão bonita e tão calma que nem parecia aquela mulher descontrolada jogando vasos e empurrando quem encontrasse pela frente.

– Você acha que estou grávida? O que você acha? – perguntou a sinhá, ansiosa.

– Pelos sintomas, tudo indica que esteja, senhora.

– Santo Deus! Eu não queria ter filhos agora. Não estou preparada para ser mãe.

– Não fale assim, minha sinhá. Deus entrega os seus filhos nos braços de quem está preparado para recebê-los. A senhora só precisa se preocupar em se cuidar, se alimentar bem e descansar. Vai ter tudo à sua disposição. Não tem de se preocupar com mamadas, banhos e cuidados com o bebê; vai ter quem faça isso diante dos seus olhos.

– Fico pensando em como você pode estar tão sossegada esperando um filho, já que não sabe o que poderá lhe acontecer no futuro. Às vezes, fico refletindo: quem é inferior, a mulher branca ou a negra? Vocês, escravas, têm seus filhos, eles são arrancados dos seus braços, são vendidos e, mesmo assim, vocês amamentam e cuidam dos filhos de quem os vendeu, e fazem isso com amor, carinho e cuidados. Sabia que de vez em quando eu me revolto com certas coisas que somos obrigadas e aceitar dos homens? E, por falar em homens, será que o meu marido não vai ficar aborrecido? Acabamos de casar e eu já de barriga?

– Acredito que ele vai ficar é muito feliz! O senhor se alegra quando nasce um filho dos seus escravos. Imagina um filho dele, então!

– É aí que eu lhe digo: todos os senhores se alegram com os filhos dos seus escravos e, muitas vezes, lamentam os filhos que tiveram com as esposas! Meu pai, por exemplo, desde que me lembro de alguma coisa como gente, cresci ouvindo-o gritar com a minha mãe pelas três filhas que ela teve. Ele tem filhos homens com algumas escravas, que são escravos dele também.

A sinhá ficou por alguns segundos em silêncio e o olhar distante; parecia vivenciar alguma passagem dolorosa de sua vida. Depois, levantou-se e disse:

– Vou seguir o seu conselho: vou comer um pouco de tudo e depois me vestir e esperar meu marido. E outra coisa: já que você está grávida também, e pelo visto vamos ter nossos filhos com pouca diferença de idade, quero que coma tudo o que eu comer! Vou dar ordem para que venha em dobro, assim você me anima a comer, combinado?

– Se a senhora me concede isso, só posso agradecer a senhora em nome de Deus pelo meu filho.

– Acha que vai ter menino ou menina? Já passou alguma coisa pela sua cabeça?

– Nós costumamos fazer uma simpatia com uma colher e um garfo. Pensamos na nossa barriga e puxamos pelo cabo. Se for colher, é mulher; se for garfo, é homem. Muitas vezes dá certo.

– Ah, quero fazer também! Então vá à cozinha e chame a cozinheira aqui. Vou passar a ordem para ela mandar sempre comida em dobro a partir de hoje, e, assim que ela trouxer o nosso café da manhã, faremos a simpatia, certo?

– Sim, senhora, vou correndo chamá-la!

– Mas você não me disse se sua simpatia deu que você vai ter menino ou menina.

– Deu que eu vou ter um menino – respondeu Isabel rindo.

No corredor, Isabel sorria sozinha de alegria.

– Meu Deus! Vou comer igual à sinhá! Tenho de ficar mesmo é unha e carne com ela; vou ajudá-la com o seu filho e assim tenho chance de ficar com o meu.

Isabel retornou aos aposentos da sinhá e rezava baixinho enquanto preparava a banheira para sua senhora. Quem ouvira os gritos da sinhá na noite anterior não acreditava se tratar da mesma pessoa. A sinhá estava calma, parecia uma criança desamparada.

***

Cada um dos escravos da casa-grande estava ocupado com suas tarefas, mas, se conversavam entre si, o assunto era a nova sinhá. Um jovem escravo falou baixinho para os companheiros de trabalho:

– Quando eu fui ao armazém buscar o querosene da fazenda, fiquei sentado em um canto esperando pelo feitor, que estava conversando com os amigos, e ouvi o seguinte: que o nosso senhor se casou com essa sinhá porque o pai dela não podia casá-la com nenhum rapaz livre. Disseram que ela é a filha mais velha de um barão e que as outras já tinham se casado, e muito bem. Ela, mesmo sendo a mais bonita, ficou para trás, e o dote pago para o nosso senhor foi alto, muito alto! Eles diziam que ela tem um problema.

Outro acrescentou:

– Nesse tempo em que a sinhá está na fazenda, nunca apareceu com o senhor, nem na varanda da casa. Vive trancada e grita como uma louca, ou será que ela é mesmo louca e esse é o motivo de não ter casado antes?

– Pelo que ouvi, o senhor comprou o casamento com a sinhá. Dizem que até uma nova fazenda foi entregue a ele.

O outro fez o sinal da cruz, respondendo:

– Deus nos livre! Já pensou uma sinhá louca, o que pode fazer conosco? E também há este outro lado de maldade, um pai vendendo sua filha! Viram que não são apenas os escravos que são negociados? Uma pobre menina branca de olhos azuis, estudada, o pai com tanto poder, e vendendo-a como se fosse uma escrava?

– Vamos prestar atenção nas atitudes dela e tomar cuidado. Minha avó sempre falava que um louco não ataca outro louco, ele sempre ataca quem sabe de sua loucura. Se o senhor se casou com ela sabendo de sua loucura, ela nunca vai pegá-lo desprevenido, mas, se puder acabar com ele, pode ter certeza de que ela acaba!

***

Isabel ajudava a preparar a sinhá para receber o esposo. Arrumou e perfumou o quarto, colocou flores, e tudo estava em perfeita ordem.

Os feitores estavam satisfeitos com os resultados da queimada, e todas as ordens deixadas pelo senhor foram cumpridas satisfatoriamente. Todos aguardavam sua chegada e daqueles que viriam com ele, ninguém sabia ao certo quem e quantas pessoas seriam.

Lá pelas onze horas, ouviu-se o tropel dos animais. Lá vinham o senhor com os seus filhos e convidados.

Ajudados pelos escravos, desceram as duas crianças juntos com a ama de leite deles, que discretamente cumprimentou os amigos da senzala. Em seguida, desceram alguns senhores de meia-idade e uma moça bela e elegante. Quem seriam aquelas pessoas? As pretas velhas cochichavam:

– Devem ser os tais professores das crianças. Vamos ficar sabendo daqui a pouco. Deixa a Sula cuidar dos meninos, e aí vamos saber dela quem são essas pessoas.

Um escravo limpava a bota e o chapéu do senhor. Outro oferecia água fresca a ele e seus convidados. O senhor, sentando-se em uma rede, perguntou para a preta velha Lucrécia:

– Já avisaram a sinhá que eu cheguei?

– Com sua permissão, senhorzinho, posso ir até lá?

– Vá até lá e a chame aqui. Antes de os meus filhos e de

as outras pessoas se retirarem, quero que ela venha até aqui conhecê-los.

Chegando aos aposentos da sinhá, Lucrécia deparou com Isabel trêmula e a sinhá sentada na cama de braços cruzados.

– Com licença, minha senhora. O senhor a chama até a varanda – disse a preta velha em tom baixo.

– Volte lá e diga-lhe que não posso ir! Invente qualquer coisa! Não vou de jeito nenhum! – respondeu a sinhá em tom agressivo.

– Sinhá, por favor, não nos queira mal. Cumprimos apenas as ordens do senhor; ele não gosta de ser contrariado, principalmente na frente de escravos. Peço-lhe, pelo amor de Deus, vamos até lá, minha sinhá...

– Vá você, Isabel, e fale para ele vir até o quarto. Diga-lhe que não estou bem, que sinto enjoos!

A sinhá então correu e se deitou na cama, puxando o lençol até o pescoço e virando a cabeça de lado.

As crianças, que já estavam aborrecidas e cansadas pela viagem, imaginaram que a madrasta estaria esperando por eles, mas não foi isso o que aconteceu.

Isabel, acompanhada por Lucrécia, foi até o senhor e, pedindo licença, contou que a sua senhora estava passando mal e não tinha condições de ir até a varanda, onde eles se encontravam.

A preta velha Lucrécia, temendo o porvir, antecipou-se, dizendo:

– Senhor, tudo indica que nossa sinhá espera um filho e está com tonturas; mal aguenta ficar de pé. Sente enjoos, por isso ela não pode se levantar e vir até aqui.

O senhor se levantou, permanecendo alguns segundos em silêncio. Depois, apontando para a ama de leite dos seus filhos, disse-lhe:

– Sula, leve as crianças para os seus aposentos, cuide deles para retornarem na hora do almoço limpos e descansados. E você, Lucrécia, leve os professores à casa de hóspedes. Quanto a você, Gorette, vai ser levada por Isabel até um dos quartos de hóspedes da casa, de preferência próximo ao dormitório de minha filha. E, para todos os presentes, esta é a nova governanta da casa.

O senhor entrou pisando forte, as fivelas de suas botas estalando no chão. Lucrécia conhecia bem aquele caminhar nervoso. Enquanto acompanhava os hóspedes aos seus aposentos, rezava para que Nossa Senhora do Livramento tomasse conta da sinhá.

As crianças, agarradas com a ama de leite, reclamavam da falta da mãe.

– Meus meninos queridos, a mãe de vocês está no céu com Nosso Senhor e olhando por vocês. Eu não estou cumprindo o que prometi a ela e a vocês? Passo o dia como um cão farejador, não deixo nada encostar perto de vocês dois. Agora vamos deixar de tristeza! Vou preparar um banho morno para se limparem e vão descansar um pouco até a hora do almoço, combinado?

O menino, pegando no braço da ama, pediu:

– Por favor, Sula, me deixe ficar com vocês duas. Prometo que me comporto; estou assustado! Não quero ficar sozinho no meu quarto, tenho medo.

– Tudo bem. Vamos lá colocar suas malas e depois você vem bem caladinho. Se seu pai souber que você está agarrado comigo, vai brigar com a gente. Mas escute: é só hoje! Amanhã você vai dormir no seu quarto. Vou pedir ao senhor seu pai para deixar um negro velho dormir nos pés de sua cama, está bem?

– Obrigado, Sula! – respondeu o menino, agarrando-a pela cintura. – Você é nossa segunda mãe. Não quero saber de chamar de mãe essa nova mulher do meu pai. Ela nem veio olhar a nossa chegada; acho que nem se importa com a gente!

– Não fale assim. Ela é a esposa do seu pai, é a nova sinhá; todos nós devemos respeitá-la e obedecer às suas ordens. Vocês dois não são filhos dela, mas são enteados. Devem obedecer-lhe e se esforçar para gostar muito dela, porque é ela quem vai estar sempre do lado do seu pai e de vocês.

A menina, jogando as tranças para cima, respondeu:

– É ela quem tem de conquistar a nossa amizade. Nós estamos em nossa casa, na casa da minha mãe! Se ela não me tratar muito bem e ao meu irmão, você vai ver o que faço com ela.

– Entrem os dois! Chega de falar. Vamos ao banho, depois podem brincar um pouco, mas quero os dois bem vestidos, bem penteados, perfumados e mostrando toda a educação que a mãe de vocês lhes deu. Vou ficar de longe, mas de olho nos dois, entenderam? Quero que se comportem na mesa como os dois fidalgos que são.

– Está bem, Sula, já sabemos que você está sempre de olho em nós – respondeu a menina, agarrando o pescoço da moça.

***

Gorette foi levada por Isabel até a suíte que passaria a ocupar na casa. Seria a governanta e já estava tendo ideias de como melhorar a casa, que era sombria demais. Iria deixá-la mais alegre e iluminada. Iria, também, sugerir aos donos da casa janelas em todos os corredores laterais. Além de refrescar a casa, harmonizariam todos os ambientes.

Isabel observava a moça e tinha quase certeza de que ela era uma das amantes do coronel; dava para perceber nos olhos dos dois a intimidade entre ambos. Ela não era tão jovem quanto a sinhá, porém era linda, e dava para perceber o quanto era sábia.

Na senzala e nos arredores da fazenda, o assunto passou a ser os convidados do senhor e a moça que iria morar com eles. Seria parente da sinhá?

Dona Bernardina arriscou um palpite com sua amiga Lucrécia:

– Essa aí pode ser qualquer coisa do coronel, menos parente da sinhá! Mas, cá entre nós, acho que será bom para a sinhá ter uma pessoa educada e fidalga como esta moça que vai morar na casa-grande.

– Os outros são professores, mas essa dona não tem jeito de ser dada ao trabalho, não! – comentou um preto velho que observava os visitantes. – Ela tem jeito de ser uma mulher fidalga e de luxo, isso sim.

O senhor entrou no quarto e ficou parado à porta, observando a esposa, e esta se sentou na cama e começou a chorar.

– O que há, mulher? É assim que sou recebido por você? Passei três dias fora, chego com os meus filhos, que você não conhece, e onde está você para nos receber?

– Perdoe-me, meu senhor, eu estou passando mal. Não consigo ficar em pé, sinto tonturas e enjoos.

– Isabel? – gritou o senhor. – Você não chamou Bernardina nem os feitores para saber o que estava acontecendo com sua sinhá? Por quê?

– Senhor, ela piorou de ontem para hoje. A fraqueza é porque não consegue ficar com alimento no estômago; é gravidez, senhor, é assim mesmo.

O senhor sentou-se na beirada da cama e, olhando para a esposa, falou:

– Vou mandar um feitor em busca de um médico. Você precisa ser tratada com um médico; se está grávida, precisa de cuidados especiais. Não sabia que estava tão mal.

O feitor foi buscar o médico, e o senhor deu ordens para que preparassem tudo e não incomodassem a sinhá. Ele pediu que ela continuasse deitada, em descanso, e que iria se banhar e tomar algumas providências na fazenda. Na hora do almoço, voltaria para saber como ela estava e se poderia ir se juntar aos filhos dele e aos novos moradores da fazenda.

Assim que o coronel deixou o quarto, a sinhá se sentou na cama e, chamando Isabel, perguntou:

– Quem são os novos moradores? Você viu? Fala para mim.

– Ah, senhora, eu vi as duas crianças, dois professores e a moça que será a governanta da casa. Nem sei o que é governanta, mas foi isso que ouvi.

– Governanta é uma pessoa que vai mandar na casa e até em mim!

– Valei-me, mãe de Deus! – respondeu Isabel, indignada. – Então governanta é mais que feitor?

– Digamos que sim, Isabel. Ela pode ser uma pessoa que ajudará as pessoas e a mim ou fará da minha vida um inferno, e da de vocês também.

– Sinhá, a senhora precisa de governanta?

– Sempre tive e nem sempre precisei – respondeu a sinhá, olhando para Isabel. – Vá buscar suco de manga, queijo assado e bolo de fubá, e para você também. Estou com vontade e quero comer.

– Sim senhora, estou indo. Volto já – disse Isabel, saindo às pressas.

Na cozinha, as cozinheiras corriam e preparavam cuidadosamente a bandeja que a sinhá havia pedido. Elas queriam saber como estava a sinhá.

– Vai bem, quer dizer, não entendo mais nada. A sinhá fingiu que estava muito mal, e não está tão mal assim. Tudo bem que sentiu enjoos, mas nada que não pudesse andar. Ontem mesmo vocês ouviram a gritaria dela. Acho que ela não queria era receber as crianças. Coitadinhos, tão bonitinhos! Ainda bem que o senhor acreditou. Até mandou buscar um doutor para examinar a sinhá. O que está me intrigando mesmo é aquela moça que veio com eles, a tal que vai ser governanta. Vocês se preparem para obedecer a ela! Até a sinhá vai acatar a vontade dela, então acho que é mulher do coronel também. O que vocês acham?

– Isabel, mulher de Deus! Se alguém ouvir você falar desse jeito, o que pode lhe acontecer, e a nós também, que estamos ouvindo? Fica de boca fechada, menina! Isso é perigoso. Já pensou se a nova dona entra de surpresa e pega você falando dela?

– Também não é assim! Primeiro porque nós estamos falando baixo e, segundo, se a gente não conversar entre nós, daqui a pouco eu mesma sou uma que não sei como é falar. A gente nunca pode abrir a boca para falar com ninguém!

– Calma, Isabel! No seu estado é natural as mulheres ficarem melindradas por coisas pequenas. Vamos, coma a mesma coisa que está levando para a sinhá. Dá de ficar com vontade também e não sobrar nada, então come antes – disse uma das cozinheiras.

Isabel, lambendo os dedos, falou:

– E desde quando uma negra precisa ficar grávida para sentir vontade de comer o que serve para os seus senhores? Eu rezo para eles deixarem alguma coisa no prato, o que é difícil. Como comem! Não é a toa que são todos gordos!

– Vai, Isabel. Leva a bandeja. Já comeu antes da sinhá, agora não reclame da sorte – falou a cozinheira rindo.

No quarto, a sinhá pegou a bandeja e comeu tudo o que Isabel levou. Depois, pediu que ela levasse a bandeja de volta e não comentasse com o senhor que ela havia devorado a comida.

A moça, pegando a bandeja, pensou: "Ainda bem que eu comi antes! A sinhá comeu tudo e, se eu tivesse com vontade, ia mesmo era ficar com a minha vontade". Mas falou em voz alta:

– Até parece que negro tem vontade!

A lavadeira, que carregava as trouxas de roupas sujas, perguntou, rindo:

– Endoidou, mulher? Anda falando sozinha?

Isabel, gargalhando, respondeu:

– Às vezes, a gente tem de dar uma de doida mesmo. Estava pensando nas diferenças que existem entre as mulheres na mesma situação. Eu estou grávida tanto quanto a sinhá, e ela pode ter vontade de comer isso e aquilo, mas ai de mim se fosse viver de vontade.

A outra moça, rindo, respondeu:

– Quem sabe um dia, como dizem os encantados do terreiro à gente, não voltemos como as sinhás, e elas como nós? Aí poderemos ter todas as nossas vontades atendidas!

– Deus me livre! Você acha que ser uma sinhá é melhor que ser uma escrava? Só se for fora daqui. As duas sinhás do senhor são duas escravas brancas, de luxo e de uso! Nós, pelo menos, temos a liberdade de pensar e até de fazer certas coisas que elas não podem. Exemplo: namorar às escondidas e não pagar o preço que uma sinhá branca paga se fizer o que a gente faz!

– Bom, pensando por esse lado, você está mais do que certa! Mas uma coisa eu digo: sendo sinhá ou escrava, a mulher ainda é quem sofre mais.

Despedindo-se da amiga, Isabel foi até a cozinha. Pegando um copo com um pouco de suco, comentou:

– Não sei o que a sinhá vai aprontar. Comeu feito uma louca. Vocês viram a quantidade que eu levei? Depois me pediu para não falar ao senhor que ela comeu. Dá para entender?

– Dá! Quer apostar que ela vai acompanhar o marido, sentar à mesa, não colocar nada na boca e ainda por cima acabar com o apetite dos outros? – comentou a cozinheira.

– Meu Deus! Já estou ficando com medo do que vou ter de suportar hoje. Nem sei mais se quero ficar ao lado da sinhá. Acho que vou inventar alguma coisa em relação à minha gravidez e ficar no barracão com as outras mulheres.

– Deixe de bobagens, Isabel! Você não pensa que sou uma negra burra, pensa? Esse bucho aí é do senhor! Então, fica do lado da mulher dele e veja se consegue alguma coisa para o seu filho! No barracão, você não vai conseguir nada. Ajeite-se com a sinhá! Você teve sorte de ela se agradar de você.

– Fale baixo! – resmungou Isabel. – Não quero que essa notícia se espalhe por aí e corra de boca em boca; principalmente, que chegue ao conhecimento do senhor, porque a gente não pode imaginar a atitude dele.

– Calma! Os mais velhos todos sabem. É impossível encobrir o sol com a peneira. A gente sabe o porquê de o coronel levar os negros da senzala para dentro da casa-grande. Para as mocinhas novas e bonitas como você há um propósito pessoal, e os velhos para atender outras necessidades.

***

Na suíte particular que foi destinada a Gorette, a moça já estudava mudanças para atender os seus costumes, que eram requintados. Banhou-se a contragosto na banheira, que achou inadequada, pois tudo ali, aos seus olhos, estava fora de padrão. Vestiu-se e penteou-se com rigor, desceu as escadas e foi conhecer a casa. Observou os móveis antigos, quadros e tapeçarias, pensando: "Precisamos mexer em algumas coisas para renovar o ambiente". A sala ao lado poderia se transformar em uma biblioteca e sala de estudos para as crianças. Era necessário, também, montar uma sala de lazer, as crianças precisavam disso. O jardim pedia reformas urgentes!

Já tinha em mente a grande novidade que a fazenda iria ter, para ser copiada por outras fazendas vizinhas, mas ela também queria lucrar com suas boas ideias. Iria construir uma fonte de água natural, uma piscina! Com o rio tão perto! Tendo água boa, mão de obra e o coronel pagando suas ideias, ela iria revolucionar o lugar! Poderia, também, ganhar algum dinheiro só com as ideias. Pediria ao coronel que fossem colocados gangorra, balanço e outros brinquedos nos quais as crianças pudessem brincar e fazer ginástica, ao mesmo tempo. Ela observava o espaço e tinha mil planos. Começava a gostar do lugar. Tinha adorado as crianças e aguardava para conhecer a sinhá. Tendo em mãos as informações que o coronel havia lhe passado, seria mais fácil lidar com a moça; iria se esforçar para ajudá-la.

***

Os escravos cumpriam suas tarefas, alguns rachando lenha, outros socando café no pilão, outros ainda cuidando dos pertences dos animais, e assim por diante. Discretamente, não deixavam de reparar na elegante e bonita moça que andava de um lado para o outro. De cabeça baixa, sussurravam.

– O que será que faz uma governanta? – perguntou um deles.

– Acho que é como um feitor! A diferença é que o feitor manda fora da casa, e ela vai mandar dentro e fora dela.

– Deus me acuda! Onde já se viu uma coisa dessas! A nossa antiga sinhá cuidava de tudo e nunca precisou ter governanta. Essa outra aí não bota a cabeça pra fora de casa e ainda resolve botar uma governanta, que, pelo que você me falou, é um feitor de saia e só Deus sabe o que será capaz de fazer por aqui!

– É assim mesmo, gente. Apesar de respirarmos o mesmo ar, pisarmos na mesma terra, olhar para o mesmo céu e ver o mesmo sol, o mundo dos brancos é um, e o dos negros é outro. Vamos continuar com as nossas tarefas, que a governanta influencia também os senhores e feitores contra ou a favor dos escravos!

***

O senhor, após dar algumas ordens aos seus feitores e se inteirar dos acontecimentos, deixou marcado com o feitor Barbosa que, assim que o sol baixasse, queria ver pessoalmente como estavam suas queimadas. Depois, levantou-se e se dirigiu ao quarto da esposa.

Ela estava bem vestida, e corada, observou o marido. Isabel a ajudava a prender os cabelos, e logo ela dava o braço ao marido, que se sentiu mais tranquilo com a recuperação dela. Enquanto desciam as escadas, ele comentou:

– O doutor deve vir examiná-la. Gravidez é assim mesmo; a mãe dos meus filhos passou por isso. No começo sentia esses enjoos, mas depois passaram. Lembro que no final da gravidez ela comia até demais.

A mesa foi colocada a rigor, e as escravas estavam a postos para servir seus senhores. A sinhá observou cada detalhe e pensou: "Agora vou ter de dividir tudo com pessoas que não escolhi para a minha vida".

O senhor deu um sinal a Isabel e pediu:

– Vá buscar meus filhos e chame Gorette para vir se sentar à mesa conosco. – Olhando para a esposa, completou: – Você vai gostar dela. É uma pessoa inteligente e capacitada para acompanhar a educação dos meus filhos e lhe fazer companhia.

Nisso entrou Gorette, que estava com as faces coradas pelo sol. Aproximou-se da sinhá e falou:

– Estou aqui para ajudá-la em tudo o que for preciso, especialmente com os dois filhos do seu marido e este que está esperando. Gostaria de poder lhe servir bem e também me tornar sua amiga.

A sinhá estirou a mão e, olhando dentro dos olhos da moça, respondeu:

– Seja bem-vinda em minha casa. Meu marido se preocupa muito com a família; tenho certeza de que ele a trouxe aqui com a melhor das intenções, porque sabe que você pode nos ajudar. Com a chegada das crianças e a minha gravidez, você caiu do céu! Espero que goste dos ares da fazenda e se torne um membro da família.

O coronel deu uma olhada para Gorette. Estava surpreso com a boa recepção da esposa.

No quarto, as crianças enrolavam a ama de leite, que, aflita, reclamava do atraso deles, dizendo que receberia advertências do senhor por causa disso.

Isabel, pegando na mão da menina, disse:

– Vamos! Seu pai está à espera de vocês! Obedeça a Sula! Pelo amor de Deus, crianças, calcem os pés e vamos embora.

As crianças entraram na sala, e o pai se levantou e foi ao encontro deles, abraçando os dois. Depois, levou-os até onde se encontrava a sinhá. Esta se levantou também, passou a mão no rosto deles e disse:

– Vocês são exatamente como seu pai havia me dito: duas crianças lindas! Espero que aprendam a gostar de mim. Não estou aqui para tomar o lugar de sua mãe, e prometo que vou fazer o possível para vocês confiarem em mim. Vocês vão ter um irmãozinho ou uma irmãzinha!

As crianças olharam-na e, balançando a cabeça, sorriram discretamente, como Sula havia ensinado.

O pai indicou o lugar delas à mesa e depois perguntou:

– Renato e Raquel, o que acharam da mulher de seu pai?

A menina respondeu:

– Uma moça jovem e muito bonita! Por enquanto é só isso que posso falar sobre ela. Ainda não a conheço. Daqui a uns meses posso responder melhor a essa pergunta.

O menino, corado pela resposta da irmã, falou:

– Acho que você escolheu bem. Ela é bonita e parece que gosta do senhor!

Gorette olhou para Raquel e pensou: "Essa vai dar trabalho... Ela não simpatizou com a madrasta e não escondeu os ciúme que sente por ela ter ocupado o lugar da mãe".

Sula observava as crianças e conversava com Isabel:

– Então você está grávida de dois meses? Vai ter o seu filho primeiro que a sinhá, e quem sabe pode amamentar o filho dela, especialmente à noite. Eu tive a minha filha dois meses antes de o Renato nascer, aí comecei a amamentá-lo, e, quando logo a sinhá engravidou de Raquel, passei a amamentar os dois.

Isabel, olhando para Sula, perguntou:

– Em troca, todo mundo sabe que a sinhá deixou sua filha morar praticamente dentro da casa-grande e deu carta de alforria para os seus pais e para a menina. É verdade que ela estuda em uma escola que tem até brancos?

– É! Ela estuda em uma boa escola, já sabe ler e escrever, e meus pais moram numa casinha cedida pelo coronel, vendem os charutos e o fumo produzido na fazenda e fazem outros serviços para o senhor. Em troca, recebem um pagamento que dá para viver. E eu continuo cuidando dos filhos da sinhá, até o dia que Deus quiser. Serei eternamente grata a ela.

Isabel, olhando para Sula, perguntou:

– Todo mundo fala que a sua filha é linda e que tem os olhos verdes. É verdade?

– É verdade. Ela tem olhos verdes e perto de mim até parece que é branca!

– Não fique brava comigo, mas quero perguntar uma coisa bem chata... Posso?

– O que é que não é chato nesta vida quando falamos da nossa intimidade? Tomara Deus que um dia a mulher negra possa ser considerada como ela é: uma mulher de pele, carne, osso e alma!

– É verdade o que falam por aí, que o coronel é o pai da sua filha?

– Da minha filha e de muitas outras crianças. Por exemplo: o filho que está aí na sua barriga, de quem é?

De cabeça baixa, ela respondeu:

– Do coronel...

As duas ficaram em silêncio e foi Isabel quem falou primeiro:

– Você é mais experiente do que eu, por isso pode me dar um conselho: o que faço em relação à minha gravidez, conto ou não conto para o coronel que o filho é dele?

– A sinhá sabe que você está grávida? – Sula perguntou.

– Sim, ela sabe; só não sabe que o pai é o coronel.

– Então você não precisa se preocupar; ele vai ficar sabendo pela sinhá. Se ele procurar saber de você, não negue! Se não perguntar nada, fique calada. É assim que funciona. Faça o possível, sim, para estar ao lado da sinhá. Assim que nascer o filho dela, você passa a cuidar dele, como eu cuido dos filhos da minha outra sinhá, e quem sabe ela não deixa o seu filho ficar perto de você?

– A finada sinhá nunca desconfiou de quem era o pai de sua filha?

– Nenhuma das sinhás desconfia; elas têm certeza de quem são os pais dos nossos filhos. Apenas não perguntam, nem a nós, nem aos maridos, entendeu, Isabel? E nunca use isso contra o seu filho. Se você falar pelos cantos da paternidade do seu filho, vai parar em outra fazenda, e às vezes vai a mãe e o filho fica. Quer um exemplo? Graças a Deus a minha filha está ótima, mas onde ela está? Bem longe de mim! Temos outros casos, ocorridos aqui mesmo, de filhos do coronel que hoje são feitores de suas fazendas, são filhos dele, mas e quanto às mães? Onde estão? Bem longe daqui. Portanto, fique calada, pense no seu filho e no futuro dele. Nossa vida não é fácil, mas, se soubermos lidar com a situação, podemos amenizar nossos sofrimentos.

– Está certo, Sula. Muito obrigado pelo conselho; nunca mais vou esquecer o que você me alertou. Mas que é engraçado, isso é: meu filho vai ser irmão do seu e de tantos outros, e até dos dois senhorzinhos que estão ali na mesa. Olha lá que gracinha ela tomando suco em uma taça!

Sula observou as crianças e respondeu:

– Por isso é que precisamos respeitar muito as crianças, porque, de uma forma ou de outra, nossos filhos são parentes uns dos outros.

As duas ficaram em silêncio, observando a menina que fazia pose de mocinha para impressionar a madrasta.

– O que você acha da nova sinhá, Sula?

– Sei lá, não convivi ainda com ela. Você é quem deve saber muito. Não cuida pessoalmente da sinhá?

– Olha, vou lhe contar uma coisa: tenho medo do que pode acontecer aqui nesta fazenda. A sinhá está ali comportada como uma santa, mas, se ficar atacada dos nervos como eu e as negras velhas já vimos, você pensa duas coisas: ou é louca ou está possuída por alguma coisa ruim! Ela quebra tudo o que estiver na frente dela, avança para bater, fica fora de si. Temo por ela; se fizer isso com o senhor, com certeza ele vai surrá-la, e agora que está grávida é muito preocupante.

– Creio no sangue do Senhor! E as minhas pobres crianças nas mãos dela? O que será de mim? Você acha que vou permitir que ela maltrate as crianças sem fazer nada?

– Olha lá o senhor. Ele está chamando você, deu sinal. Corre lá! – disse Sula, esfregando as mãos.

A sinhá havia vomitado à mesa, e as crianças gritavam. O coronel se levantou e pediu para Isabel:

– Chame as outras negras; vão cuidar da sinhá. E você, Sula, acompanhe Gorette e as crianças.

Ele saiu batendo as botas com força e praguejando com o feitor que chegava sem o médico, dizendo que o doutor só poderia vir no dia seguinte, pois não estava na cidade.

Ele foi até a varanda do lado direito de sua casa, deitou-se em uma rede e ficou pensando na diferença de uma sinhá para a outra... A finada era educada, culta e prendada; nunca tivera nenhum contratempo por causa dela. Já essa outra começava a lhe desagradar. Será que, de fato, fizera um bom negócio se casando com ela? Trouxera os filhos para casa na esperança de que ela fosse dar atenção a eles e, no primeiro dia, olha só o que havia acontecido! Ainda bem que trouxera Gorette; ia pedir a ela que cuidasse dos seus filhos em sua ausência, pois, com certeza, não podia contar com a esposa para dirigir sua casa.

***

Gorette observou que, para quem não comia nada, a sinhá jogou muita coisa para fora! Alguma coisa não estava certa em relação ao apetite dela.

Raquel, agarrada a Sula, falou alto:

– Que mulher nojenta e mal-educada! Ela fez de propósito, só para estragar o nosso almoço.

Sula, tirando as crianças do salão, pedia:

– Por favor, Raquel, fique calma e não fale alto. Vou buscar comida pra vocês na cozinha e vocês almoçam no quarto.

Enquanto encaminhava as crianças, que resmungavam, Sula pensou: "Santo Jesus Menino! O que será dessas crianças? O que será de todos nós?"

***

Isabel, ajudada por outras negras velhas, amparava a sinhá, enquanto outras mulheres se encarregavam da limpeza.

Gorette se encaminhou até onde estava sentado o coronel e, sentando-se em uma cadeira ao lado dele, falou:

– Descanse um pouco. Vou pedir às cozinheiras para que lhe sirvam o almoço na sala de visitas. E, se você permitir, terá a minha companhia. Não acho justo que os enjoos da sinhá deixem todos nós com fome. Fiquei enojada, é verdade, mas continuo com fome.

– Ainda bem que tive a feliz ideia de trazê-la comigo. Esta noite e muitas outras precisarei dos seus braços e abraços.

– A casa é sua! E os meus braços estarão sempre abertos para recebê-lo. Posso lhe servir uma bebida enquanto providencio o nosso almoço?

– Por favor, faça isso, Gorette. Mas também verifique se os meus filhos estão sendo alimentados. No estado em que está a sinhá, acho melhor mantê-la afastada da mesa nas horas das refeições. Que as faça nos aposentos, até passar os enjoos.

Gorette saiu para tomar suas providências e logo retornou.

– Pegue seu conhaque; vou passar no quarto das crianças para saber como elas estão e retornarei para lhe fazer companhia à mesa.

– Volte logo. Estou tão aborrecido que, se me levantar daqui, nem sei o que posso fazer!

As duas crianças estavam emburradas. Gorette conversou e pediu a elas que se alimentassem direito, que no jantar estariam apenas eles com o pai; a madrasta não iria mais à mesa até se recuperar.

Raquel, agarrando a saia de Sula, falou com alegria:

– Que notícia boa! Tomara que ela não sare nunca! – E, virando-se para Gorette, perguntou: – E você? Vai se sentar à mesa com a gente?

– Se você me convidar, sim! Terei o maior prazer em sentar-me do seu lado, e aí já vamos começar nossas aulas de boas maneiras e etiqueta hoje mesmo. Quero que aprendam como se portar com elegância em qualquer lugar.

– Que legal! Você já está convidada, sim. Só que tem que ficar perto de mim. Aliás, entre mim e meu irmão. Assim nós dois vamos aprendendo tudo. Pode ser?

– Claro que sim. Achei sua ideia brilhante! Seu pai se preocupa demais com vocês dois; ele me contratou para ajudá-los naquilo que for preciso. Não quero desfazer de sua querida ama de leite Sula, por quem já tenho muita afeição, mas ela não teve a oportunidade de aprender e por isso não pode ensiná-los como devem se portar dois jovens ricos e finos na alta sociedade. E olhe só que sorte a sua, Sula: vai aprender muitas coisas comigo. Uma vez que vai estar sempre ao lado desses seus amores, precisa saber para entendê-los.

Sula se sentiu orgulhosa e não escondeu sua alegria em receber um elogio e ser reconhecida por uma dama tão fina. Nunca ninguém lhe dissera que tinha estima por ela. De fato, Gorette, com sua astúcia e experiência de mulher vivida pelo mundo, ganhara a confiança das crianças e de Sula.

A menina de olhos arregalados pegou a mão do irmão e, aproximando-se de Gorette, disse:

– Você fala como nossa mãe! Nossa mãe era linda e inteligente como você; acho que ela está feliz em saber que alguém vai nos ajudar.

– Pois então é hora de almoçar bem e ficar à vontade. Sempre com Sula, que é uma mãe nos cuidados com vocês. Posso ir ajudar seu pai agora? Ele precisa almoçar, e eu também! Posso fazer isso, Raquel?

– Sim. Você é maravilhosa! Desculpe-me por ter desconfiado de você; achava que não iria se comportar bem com a gente, ou seria apenas mais uma professora chata que nos obrigaria a fazer isso e aquilo, mas vejo que é uma amiga.

Gorette saiu satisfeita e pensando: "Meu Deus! Até eu mesma me surpreendi com a capacidade de me comunicar com um monstrinho astucioso e inteligente como é essa Raquel".

Encontrando o coronel novamente, ele desabafou:

– Gorette, não sei se vou suportar ficar muito tempo nesta fazenda. Você sabe que não me casei por amor e muito menos por paixão; casei-me porque era um excelente negócio financeiro para mim, mas já estou prevendo que vou ter muita dor de cabeça e que não valeu a pena ter uma fazenda a mais; por esse preço, não vale.

– É preciso ter calma! Ainda é muito cedo para fazer julgamentos, ainda mais agora que ela está esperando um filho. As coisas vão se ajustando com o tempo; tudo é muito recente para vocês, e farei o possível para ajudar sua esposa. Prometo me encarregar pessoalmente do bem-estar e da educação dos seus filhos; só quero que a ama de leite deles continue me ajudando.

– Você tem carta branca para cuidar desta casa e para me ajudar em todos os sentidos. Saberei recompensá-la por tudo o que fizer de bom. Apenas peço sua discrição. Não quero comentários entre os negros sobre o nosso relacionamento. Para todos os efeitos, sou o seu senhor, e você é a governanta e educadora dos meus filhos.

– Nem precisava me pedir isso, tampouco me lembrar que é exatamente isso que sou para você. E sinto-me honrada, pode ter certeza. Já que estamos falando de sua casa – prosseguiu Gorette –, quero lhe consultar sobre o seguinte: para melhorar e valorizar este lugar, tenho muitas ideias, porém minhas ideias custam dinheiro, tanto para os custeios dos materiais quanto para o meu pagamento. Preciso ganhar dinheiro; não sei o que me aguarda no futuro.

– Se os valores estiverem ao alcance do meu bolso, eu autorizo. Pode me dizer o que pretende fazer?

Quando ela terminou de falar, o coronel, homem de grande visão, respondeu:

– Negócio fechado! Pode começar agora, se assim desejar. E, quando terminar as obras em minha fazenda, vou investir nos seus conhecimentos. Os coronéis que desejarem transformar suas fazendas em casas luxuosas fecham comigo, e você terá sua gorda comissão. Combinado?

– Sim, negócio fechado! – respondeu Gorette, brindando com o coronel.

Ali nascia um grandioso negócio, que faria de Gorette uma grande empresária e do coronel um rico empreendedor.

***

Enquanto isso, nos aposentos da sinhá, ela pegava no braço de Isabel, perguntando:

– E aí? Eles voltaram a almoçar ou ficaram com muito nojo? Vá lá fora e se informe sobre o que está acontecendo. Depois volte aqui para me contar. Vá logo.

Isabel viu Gorette conversando à mesa com o coronel e, pelos olhares, parecia que trocavam informações alegres – os dois sorriam. A moça pensou: "Das duas, uma: ou vamos ter paz ou vamos ter guerra! Essa aí, ninguém me engana... É cacho do coronel, e não sei quais são as intenções dela para com a pobre sinhá. Vou ficar de olho..."

Procurou Sula e viu as duas crianças brincando alegremente.

– E então – perguntou Isabel –, como ficaram as coisas após os acontecimentos à mesa?

– Graças a Deus, tudo foi consertado. Dona Gorette conversou com as crianças e comigo. Sinceramente? Já estou amando essa moça! Pensei que iríamos ter problemas com ela, mas vejo que as intenções dela são as melhores possíveis em ajudar o coronel.

– Tomara que você esteja certa. Temo pela sinhá. Eu e você sabemos que essa aí é cacho do coronel, e como governanta vai ter muito poder e autoridade dentro desta casa.

– Ó, Isabel! Quem é que não foi cacho do coronel por aqui? E lá fora quem é que vai saber dos cachos que ele teve e tem? Minha amiga, temos de nos dar as mãos. Em vez de jogarmos lenha na fogueira, vamos jogar água para apagar o fogo, entendeu? Você, que está próxima da sinhá, nem em sonho deixe escapar esse seu pensamento, e, se ela lhe perguntar a respeito, tente tirar todas as desconfianças e suspeitas, entendeu?

– Entendi. Como você é sábia! Gosto de ouvir seus conselhos porque são sempre verdadeiros. Deixe-me ir que a sinhá me pediu que investigasse e levasse notícias para ela.

– Já que me disse que gosta de me ouvir, então me ouça mais uma vez: cuidado com esse tipo de trabalho! Somos obrigadas a fazer o que elas mandam, mas não somos obrigadas a contar tudo como vimos e ouvimos. Não lhe passe as informações que ela quer ouvir; você não sabe o que ela está planejando fazer, e um desses alvos amanhã pode atingi-la. Se a governanta e o próprio coronel desconfiarem de que você está levando aos ouvidos da sinhá o que eles não querem que chegue lá, sabe o pode lhe acontecer? Ser mandada para outra fazenda e nunca mais aparecer por aqui, ser vendida, e por aí vai. É isso o que você deseja?

Isabel, fazendo o sinal da cruz, respondeu:

– Credo! Deus me livre! Quero envelhecer e morrer nesta fazenda. Nasci e cresci aqui.

– Então pense no que lhe falei. Agora vá, que a sinhá deve estar aflita.

No corredor, Isabel encontrou a lavadeira, que falou baixinho:

– Graças a Deus que a encontrei. Estava com medo de entrar nos aposentos da sinhá. Ajude-me a guardar essa roupa lá? Tenho de correr com as roupas das crianças, da dama e do coronel. A roupa da dama é tão fidalga que dá medo até de tocar.

– São mais finas que as da sinhá? – perguntou Isabel.

– Pelo amor de Deus! As da sinhá não chegam nem aos pés. São roupas de seda com fitilhos e bordados, acho que feitas no estrangeiro. Tudo muito luxuoso e com cortes diferentes. E ela já separou algumas que, segundo disse, só vai nos entregar quando passar os novos ensinamentos. Já avisou às cozinheiras que a semana que vem vai acompanhá-las na cozinha. Vai ensiná-las a fazer comidas francesas!

– E você acha que isso é ruim? Cá entre nós, não sei se é fofoca ou não, mas dizem que algumas cozinheiras de muitas senzalas que conseguiram suas cartas de alforria se deram bem cozinhando e fazendo as coisas como aprenderam com as sinhás. Precisamos ficar atentas a tudo; veja se aprende os truques das roupas com a dama. Nunca se sabe, a sorte pode mudar. Vai que um dia a gente consiga uma carta de alforria, e aí saberemos nos virar no meio dos brancos.

– Ó, Isabel, você andou tomando alguma coisa que lhe deixou fraca dos miolos? Quando é que nós duas vamos arrumar uma carta de alforria? Mulher do céu, vai cuidar da vida e dar graças a Deus pela nossa existência ainda não ser das piores!

– Tem razão. Vamos lá. Entre com calma e eu a ajudo a guardar as roupas. Se a sinhá estiver nervosa, não demonstre medo. Apenas fique calada e não responda nada, nem com o olhar, entendeu?

Isabel bateu à porta e aguardou a autorização da sinhá, que falou em voz branda:

– Entre.

As duas moças se entreolharam, e foi Isabel quem falou, apontando para a outra moça:

– Ela veio trazer suas roupas, sinhá...

– Tudo bem. Verifique se está tudo em ordem e a ajude a

colocar no lugar. Mas, antes, venha até aqui – chamou a sinhá. – Isabel se aproximou e ela perguntou baixinho: – Onde está o seu senhor?

– Ele estava conversando com os capatazes, senhora. Falavam das queimadas. Ouvi um dos capatazes dizer que o senhor iria até lá. Quanto às crianças, estão brincando no jardim com a ama de leite delas, e a governanta está fiscalizando as senzalas.

– Que bom! Estão todos ocupados, assim não precisam se preocupar comigo. Deixe-a aí arrumando as roupas, vá até a cozinha e traga para nós um bom lanche. Estou com fome, coloquei para fora tudo o que comi!

– Sim, senhora, estou indo buscar. – Antes de sair, piscou para a colega dizendo: – Vou servir a sinhá, depois ajudo você. Vá arrumando as roupas nos seus devidos lugares.

No corredor da cozinha, Isabel encontrou a governanta, e esta a fez parar. Queria saber como estava a sinhá.

– Ela deu uma melhorada. Vou buscar alguma coisa para que ela possa comer, uma vez que jogou tudo pra fora.

– Seu nome é Isabel, não é? – perguntou a governanta, olhando dentro dos olhos da moça.

Sentindo um calafrio subindo pelas pernas, a moça respondeu:

– Sim, eu me chamo Isabel.

– Pois bem, Isabel, uma das coisas que me trouxeram até aqui foi a intenção de ajudar toda a família, incluindo sua sinhá. Sabemos que ela tem alguns problemas de ordem pessoal, e, como você está diretamente ligada aos seus cuidados, de hoje em diante quero deixar bem claro para você que deve me comunicar todos os fatos que venham a ocorrer com a sinhá. Sou uma espécie de protetora dela. Quero que me deixe sempre a par de tudo, entendeu?

Antes de a moça falar alguma coisa, ela acrescentou:

– A sinhá vomitou à mesa porque comeu demais, e você sabia, não é mesmo? As pessoas não perceberam porque ficaram enojadas, mas eu percebi, e ficarei de olho em todos os movimentos errados que ocorrerem nesta fazenda. Pode ir buscar comida para sua sinhá. Cuidado com a língua; nem uma palavra do que falamos aqui fora quando a sinhá desejar se inteirar do está acontecendo e começar a caminhar pela casa, entendeu?

Isabel assentiu em silêncio. Quando chegou à cozinha, trêmula e pálida, as cozinheiras indagaram:

– O que aconteceu? Você está tremendo. Peguem um copo com água e açúcar – pediu dona Filomena.

A moça desabou a chorar, sendo acudida pela cozinheira, que a fez engolir água doce.

– O que foi, menina? Tenha calma e nos conte o que foi que aconteceu. É a sinhá?

– Não, dona Filomena. Pobre sinhá, estou com pena dela. É a tal governanta. Ela está de olho em tudo aqui. Fiquem atentas, pois ela vai tomar conta de tudo. Acabei de receber umas ordens dela que me deixaram tremendo até agora.

– Acalme-se e me responda: o que você veio fazer na cozinha?

– Vim buscar comida para minha sinhá; ela está com fome.

– Então enxugue as lágrimas e procure manter a serenidade no rosto e na voz. Leve a comida de sua sinhá e, mais tarde, você volta para trazer a bandeja e aí nos conta tudo o que a governanta lhe passou. Ande logo; ela pode estar nos vigiando. Acalme-se e fique quieta. Não fale nada para a sinhá; não reclame de nada para ninguém, ouviu?

– Sim, senhora, me perdoe. Estou muito nervosa, mas vou tentar me acalmar, senão as coisas vão piorar é para mim.

As cozinheiras falavam baixo, com medo de serem surpreendidas pela governanta.

– O que será que ela quer nos ensinar? Vocês viram o tamanho da lista que ela fez e entregou para o Quinzé? Na semana que vem, ela me disse que vamos mudar o cardápio da fazenda.

– E que diabo é *cardápio*, Filomena? – perguntou uma cozinheira mais jovem.

– É a comida que preparamos! A palavra não quer dizer nada diferente do que já conhecemos. E olha só: vamos fazer o que ela quiser. Se a comida ficar boa, muito bem; se não ficar, não temos nada com isso! Vamos continuar cozinhando o nosso "cardápio" da mesma forma. E quer saber? A comida dos negros é muito melhor que a deles! Eles comem a galinha, nós comemos a cabidela; eles comem os leitões, nós comemos o sarapatel, a feijoada, a farofa com toucinho. Eles pensam que comemos os restos que não prestam... Mas deixe que pensem assim.

***

Gorette andava de um lado para o outro com um caderno de anotações nas mãos. Os escravos observavam e comentavam baixinho:

– Aí vêm chuvas e trovoadas. Essa mulher vai tomar conta desta fazenda, e o coronel vai acabar fazendo o que ela quer. Vamos fazer de tudo para ganhar a simpatia dela, senão quem vai para o tronco somos nós.

As crianças estavam empoeiradas, correndo de um lado para o outro. Gorette observava e pensava: "Logo vou melhorar este jardim; terão uma piscina natural e uma quadra para jogos. Vou mudar tudo por aqui; eles precisam de uma área de lazer".

A menina se aproximou de Gorette. Estava com as faces vermelhas.

– E então, Gorette, onde vamos jantar hoje? Se aquela bruxa vir para a mesa, não vou ficar de jeito nenhum!

Pegando a menina pela mão, Gorette a levou até um banco do jardim.

– Sente-se aqui, vamos conversar. Primeira lição que você deve aprender a respeito de sua madrasta: não pode destratá-la na frente de ninguém; seja uma garota esperta. Se você magoar seu pai, não vai obter dele o que quer, por isso não ofenda sua madrasta com palavras do tipo das que acabou de citar. Não demonstre ao seu pai que não gosta dela, e trate-a com educação e respeito na frente de todos. Precisamos tratar todas as pessoas com educação e respeito, mesmo quando não gostamos delas, como é o seu caso em relação à sua madrasta. Quem sabe você vai gostar dela com o passar do tempo, e, se não vier a gostar, será admirada e respeitada por todos pelo seu esforço em ser educada com ela?

– Tudo bem! Vou seguir seu conselho. Eu me esforçarei para tratá-la com respeito, mas não me peça para beijá-la nem abraçá-la. Isso eu não vou fazer mesmo!

– É claro que não vou pedir isso para você! Contudo, você deve cumprimentar sua madrasta e responder com gentileza às suas perguntas. Vocês nunca vão estar sozinhas; sempre vai haver Sula ou eu entre seu pai e ela, então por que se preocupar tanto? Fique tranquila, que ela não vai se sentar à mesa com vocês até se recuperar.

Gorette contou para a menina as mudanças que pretendia fazer na fazenda. A garota pulou de alegria e perguntou se podia contar para o irmão. A moça, então, disse:

– Pode contar para ele e para a Sula, mas peça segredo. Será uma surpresa para os demais.

Deixando a garota eufórica com as novidades, a moça se despediu e encaminhou-se para a residência dos senhores. Foi até os aposentos da sinhá e, com muita cautela, discretamente, observou tudo e percebeu que, de fato, precisava interferir na vida daquela garota imatura. Se não houvesse um acompanhamento sério, ela sofreria muito. Depois de meia hora conversando com a moça, conseguiu levá-la para dar uma volta em torno da casa.

Com muito cuidado, falou das suas ideias para melhorar a estrutura da casa, e que o senhor estava de acordo. Perguntou para a sinhá se ela tinha alguma outra ideia a respeito, e ela respondeu que não tinha nada a acrescentar, que confiava no bom gosto da outra.

CAPÍTULO III

Grandes mudanças

O senhor, acompanhado do feitor e de alguns negros de confiança, foi até as queimadas e ficou satisfeito com o que viu. Deu algumas ordens aos escravos e retornou à fazenda, encontrando Gorette com seus filhos no jardim. Ficou observando e pensando: "Foi a melhor coisa que fiz por eles trazer Gorette para a fazenda...".

– Boa tarde, meu coronel – disse a moça, aproximando-se dele, de mãos dadas com a menina. Sula observou a troca de olhares entre os dois e não teve mais dúvida: ela era íntima do senhor, mas não deixava de ser uma pessoa maravilhosa, e com certeza iria ajudar a melhorar a vida de todo mundo.

– E então, Gorette, começam quando as suas reformas? Avise quando for quebrar as paredes da casa; não quero que as crianças e a senhora fiquem no meio do pó. Estou pensando em levá-los para a nova fazenda, embora minha mulher nem a conheça. Essa fazenda veio junto com ela, como herança. O lugar é muito bonito e fica perto daqui.

– E como são as acomodações? Será que eu poderia ir até lá verificar a casa? Se estiver precisando de algo, providencio antes de eles partirem para lá.

– Se quiser, amanhã mesmo podemos ir até lá. Saímos de manhã e retornamos no fim do outro dia. Tenho mesmo de resolver algumas pendências por lá, o que acha? E também aproveitamos enquanto as crianças estão com o tempo livre. Semana que vem tudo deve estar em seus devidos lugares, e eles devem iniciar as aulas, inclusive com você. Quero meus filhos bem preparados para a vida.

– Por mim, tudo bem. É bom ganharmos tempo, assim ninguém perde nada – respondeu a moça.

A menina, que só ouvia, colocou-se entre o pai e a moça, perguntando:

– E eu, não sou consultada se quero ir ou não? Antes de me fazerem a pergunta, já dou a resposta: quero ir!

– Tudo bem, mocinha. Se Gorette não se opuser, pode ir. Mas terá de obedecer às ordens dela, pois eu tenho muito a fazer por lá e não posso lhe dar atenção. Então, só irão se ela concordar em ficar com vocês. E a Sula, claro, também vai ficar com os dois. Aproveitem bem, porque a sala de aula já está sendo preparada e vocês vão estudar o dia todo depois, entenderam?

– Sim, senhor. Por isso queremos aproveitar tudo – respondeu a menina.

– Vamos levar as crianças, mas e quanto à senhora? – quis saber a governanta.

A menina fez cara feia para Gorette, mas lembrou-se dos conselhos dela: tratar bem a madrasta, especialmente na frente do pai.

– No estado dela, a viagem pode ser cansativa. Não pretendo levá-la, pelo menos por enquanto. Assim que começarem as reformas, ela deve ser transferida para lá com as crianças.

Os olhos da pequena brilharam de alegria. Ela trocou um olhar de cumplicidade com Gorette.

– Vamos nos preparar para a viagem – disse a moça com otimismo.

– Ótimo! Amanhã cedo estejam prontos; peça à Sula que prepare as crianças. E quanto a vocês, mocinhos, vão se cuidar que daqui a pouco vai escurecer e quero todos prontos na hora certa. Não gosto de atrasos, vocês sabem disso – falou o senhor.

– Vou levá-los, fique tranquilo – respondeu Gorette –, assim já falo também com a Sula para preparar o que vão precisar na viagem de amanhã.

Ao se afastarem, a menina pegou a mão da moça e pediu:

– Por favor, não peça mais ao meu pai para levar a esposa dele conosco a lugar nenhum! Ficaremos muito melhor sem ela.

– Raquel, já conversamos sobre isso. Parece que você não entendeu. Suzanne é a mulher do seu pai, e vocês devem respeitá-la; é para o bem de vocês. Caso comece a implicar com ela, seu pai pode se aborrecer e dificultar as coisas para vocês dois. Pense bem: vocês têm tudo aqui na fazenda: professores, a Sula, têm a mim e toda a liberdade. E se, de repente, seu pai resolver colocar vocês em um colégio interno? Já pensou nisso, Raquel? A maioria das crianças na sua idade estuda em colégios internos. Seu pai se esforça para tê-los perto dele, então, seja boazinha e se comporte. Faça como o seu irmão.

– Tudo bem, eu vou me comportar. Não quero ficar longe do meu pai. Mas, na ausência dele, não vou fingir que gosto dela. Sou criança, mas não sou boba. Ela não gosta de nós! Você sabe que ela retirou da casa tudo o que era da minha mãe e colocou nos nossos quartos?

– Melhor assim! Já pensou se ela tivesse jogado fora? – respondeu Gorette, abraçando a menina. – Você vai crescer e entender que tudo na vida se conserta com o tempo. Vamos lá, vamos nos cuidar! Daqui a pouco é hora do jantar, e seu pai gosta de pontualidade.

***

O coronel entrou no aposento do casal e encontrou a esposa sentada à janela. Deduziu que ela observava o movimento lá embaixo, inclusive devia ter visto ele com Gorette e as crianças enquanto conversavam no jardim.

Vendo Isabel sentada em um banco tecendo uma costura, dirigiu-lhe a palavra sem nem mesmo se voltar para ela, pedindo que se retirasse do quarto.

Assim que a moça saiu, ele se aproximou da esposa e perguntou:

– E então? Como está?

– Ainda sinto muito enjoo e um estranho mal-estar.

– Amanhã o médico deve examiná-la e receitar alguma coisa para ajudá-la. Só passei por aqui para saber como você está e lhe comunicar que vou com as crianças e a nossa governanta até a fazenda que pertenceu ao seu pai. Sei que não a conhece, mas entendo que, nessa situação, você não poderia nos acompanhar. Ficaremos fora o dia todo e voltaremos depois de amanhã. Se precisar de alguma coisa, peça a Isabel, que ela comunica ao feitor. Vou me preparar para jantar com os meus filhos e cuidar dos meus negócios. Dormirei no quarto de hóspedes até você melhorar do enjoo. Essa situação não é agradável nem para você nem para mim. Alguma objeção?

– Absolutamente! Agradeço pela sua compreensão. Só tenho um pedido a fazer: por favor, permita que Isabel durma aqui comigo; às vezes tenho dificuldade até para me levantar.

– Tudo bem. Vou autorizar que ela fique lhe fazendo companhia.

Assim que deixou o aposento, o senhor aproximou-se de Isabel, que esperava lá fora. Ela estremeceu. Ele olhou para a barriga dela e perguntou:

– É impressão minha ou você está engordando? Espera um filho?

– Sim, senhor, estou esperando um filho.

– Ótimo! Fique ao lado de sua sinhá e procure aprender tudo com as negras velhas sobre como cuidar bem de crianças. Assim que a sinhá tiver o filho dela, você poderá ajudá-la a cuidar dele. Tudo vai depender de você, de saber cativar sua senhora. De hoje em diante, você vai dormir nos aposentos da sinhá até segunda ordem. Se esse filho que está aí em sua barriga for de quem estou pensando, o silêncio sobre a sua origem verdadeira vai lhe dar muita sorte, entendeu?

De cabeça baixa, as mãos suando frio, ela respondeu:

– Sim, senhor, entendi.

Trêmula, Isabel entrou no aposento da sinhá. Esta rasgava a camisola e se debatia em cima da cama, mordendo o travesseiro.

– Sinhá, por favor, se acalme. Não fique assim; procure se controlar! Se o senhor voltar aqui e achar a sinhá nesse estado, pode se aborrecer e mandar a senhora para uma casa de doentes.

– Você também acha que sou doente, não é? – perguntou a moça, apertando o braço da outra.

– Não, senhora! Acho que a sinhá precisa de ajuda, mas não é doente.

A moça agarrou-se à escrava e desabou a chorar, enquanto dizia:

– Quero morrer; não quero esta vida! Não quero este filho. Esse homem com quem me casei nunca gostou de mim, apenas fez um acordo com o meu pai, que é outro animal. Vocês, escravas, são vendidas como mulher e valem mais do que a mulher branca. O pai de uma mulher branca, quando não vende a filha, amaldiçoa a sorte de tê-la como filha. Lamenta que, em vez de lhe render dinheiro, eles sejam obrigados a pagar uma fortuna para se livrar delas. Entendeu o que fazem os pais das mulheres brancas?

A escrava, quebrando o protocolo, abraçou a moça dizendo:

– Acalme-se, minha sinhá. Prometo que não vou deixar lhe acontecer nada, nem com o seu filho. Deixe-me ficar a seu lado e confie em mim. Além de sua escrava, eu lhe serei fiel por toda a minha vida.

Isabel pegou um copo com água e colocou nos lábios da moça.

– Beba, sinhá, e, por Deus, se acalme. Estarei do seu lado dia e noite.

A moça deitou-se na cama, tremendo como se estivesse com frio, embora a temperatura estivesse elevada. Isabel jogou um cobertor sobre o corpo dela. Fitando a sinhá, ela se perguntava: "Meu Deus, o que vou fazer? Já sei! Vou até a cozinha pegar um chá quente e chamar uma mãe velha para vir dar uma olhada na sinhá; ela não está nada bem".

No corredor, encontrou tio Antonio, como ela o chamava. Ele cuidava dos meninos da fazenda.

– O que foi, minha filha? Que cara é essa?

– Ai, tio Antonio, é a minha sinhá! Ela está trêmula, parece que está com muito frio. Vou buscar um chá quente e ajuda de uma mãe velha para examiná-la. O que me preocupa é que ela está grávida.

– Então se apresse, menina, que com essas coisas não se brinca. Não posso correr, pois as pernas já não me permitem, mas você, mesmo nesse seu estado, ainda pode correr.

Chegando à cozinha, a moça relatou o que estava acontecendo. A preta velha pegou um chá e pediu que ela colocasse umas brasas em um abanador de fogão (feito de ferro), pegasse algumas sementes de mostarda e levasse até o quarto da sinhá.

A sinhá estava gelada, respirando com dificuldade. A preta velha colocou o chá quente em sua boca e aqueceu seus pés, colocando mais uma coberta sobre o corpo. Jogou algumas sementes de mostarda nas brasas e logo uma fumaça branca se elevava. A preta velha andou pelo quarto, especialmente em volta da cama da sinhá.

Minutos depois, a sinhá respirava normalmente, as mãos já aquecidas. Ela adormeceu.

Isabel acompanhou a preta velha e, assustada, queria saber o que tinha acontecido com a sinhá.

– Ela se descontrolou. No estado dela, isso pode acontecer. Nós somos escravas; nossos sofrimentos como mulher são grandes, porém os sofrimentos dessas meninas brancas são bem piores que os nossos. Imagine, Isabel: elas crescem e, se porventura alguma desgraça acontecer com elas e o pai não encontrar um rapaz de família e de posses para casá-las, eles as vendem por uma fortuna, para não manchar o nome da família. Essa menina não teve o direito de escolher se queria ou não se casar com o nosso senhor; ela foi obrigada a se casar, a se entregar a ele, como qualquer escrava. Você acha que essa menina é mais feliz do que você?

– Pelo que ouvi agora da senhora, não é não! Eu, pelo menos, tenho pessoas que gostam de mim, e ela não tem ninguém aqui por ela.

– É isso mesmo, Isabel. Apesar da nossa revolta de vez em quando, é preciso parar e analisar que cada um tem o seu sofrimento; até mesmo o nosso senhor tem os dele.

– Ah, não! Ele não tem sofrimentos, não. O senhor sofrer com quê? Ele é um deus, tem tudo: riqueza, beleza, poder; só tem alegria e felicidade.

– Isabel, minha filha, você ainda não entendeu que não podemos comprar a vontade de Deus? Esse nosso senhor não pode ter felicidade nem paz, pois só vive aborrecido, brigando, revoltado com tudo, desconfiado de todos. Isso é felicidade?

Isabel, pegando as mãos da preta velha, pediu:

– Por favor, durma comigo lá nos aposentos da sinhá. Estou com medo de ficar sozinha com ela. Eu falo que pedi para a senhora e ela não vai ficar aborrecida.

– Está bem, Isabel. Vou ficar com você. Não podemos nos descuidar, afinal, as duas grávidas precisam de cuidados.

O senhor chamou os feitores e passou as ordens que deveriam ser executadas, recebendo deles as notificações a respeito de alguns escravos – problemas que poderiam ser resolvidos com alguns castigos. Analisou caso a caso e deu ordens aos feitores: mandou trocar as tarefas de muitos negros, aumentou o trabalho de outros, cortou certas regalias de alguns, preparou uma lista e deu aos feitores, que deveriam preparar certos negros para fazer uma troca de fazenda. Era assim que administrava seus negros.

Já estava tudo escuro na fazenda, avistando-se apenas alguns lampiões aqui e ali, candeeiros nos barracões, e as crianças, filhos dos escravos, já se preparavam para dormir. A casa-grande era a única que estava iluminada. O senhor, acompanhado dos dois filhos e da governanta, jantava com tranquilidade, trocando sorrisos com os que estavam à mesa e falando sobre as novas mudanças que modificariam a estrutura da casa, embelezando-a e valorizando-a.

As escravas observavam de longe os senhores à mesa e falavam baixinho o que pensavam deles. Uma ajudante de cozinha disse para Sula:

— Acho que o senhor deveria ter se casado com essa tal aí. Parece que se dá muito bem com ela, e, para falar a verdade, ela combina com ele muito mais do que a nossa sinhazinha, que não parece interessada em nada. Essa aí, pelo menos, caminha por aí, mostra que tem interesse nas coisas dele.

Sula então respondeu:

— A gente não pode dar palpite. Quem é que sabe o que se passa na mente deles? Essa dona aí, de repente, pode ir embora e largar tudo. Ela não tem nenhum compromisso com ele. Com a sinhá já é bem diferente: ela se casou com ele, e sabemos que essa só pode sair daqui morta. Vamos ficar atentas, pois a senhora Gorette está olhando em nossa direção. Ela é como gato: pula e pega as coisas no ar.

— E a sinhá? Sabe notícias dela? – quis saber Sula.

— Nem te conto! Está o maior segredo lá na cozinha entre dona Lucrécia e a Isabel. Elas estão escondendo alguma coisa da gente. Repare que a sinhá não está na mesa com eles, e, pelo que vi, nem as crianças, nem a governanta foram lá saber como ela está. Estou sabendo que vocês vão viajar amanhã. Por que não levam a sinhá?

— Agora você está exagerando! A sinhá não está bem; esse é motivo pelo qual ela não pode viajar. Está com enjoos, coisa de mulher grávida. Não fique por aí fazendo fuxico com as outras, entendeu? Já pensou se essa história cai no ouvido do senhor?

— Credo, Sula! A gente só está comentando com você. Sabemos em quem podemos confiar, e você é nossa amiga.

***

Sentados nos bancos improvisados com tocos de madeira, os negros velhos pitavam seus cachimbos e falavam baixinho. O velho Januário disse aos demais:

– Meus amigos, quando éramos jovens, não tínhamos sonhos nem ilusões de uma vida diferente da que temos hoje, mas tínhamos força e juventude; sabíamos que algum valor possuíamos. Mas, agora, o que nos resta a não ser medo da fraqueza e velhice? Fico preocupado com os nossos filhos e netos. Com essa chegada de tantos estrangeiros por aqui, nossas filhas estão indo embora, deixando nossos netos. Eles as levam para longe, só Deus pode saber o destino, prometem que vão libertar seus filhos e nunca mais ficamos sabendo notícias. Vejam o meu caso: minha filha foi vendida, e muito bem vendida! Ela não teve escolha; o tal prometeu que, assim que fosse possível, voltaria para buscar o menino e a nós. Olhem o resultado: meu neto já está se formando um rapazinho, e nem notícias dela! Rezo todos os dias, e temo pelas coisas que vêm em meu coração. Sabem, às vezes, vejo coisas que vêm à minha mente, mas que não queria ver... Não falo o que penso com a Bernardina para que ela não sofra, mas ando desconfiado de que algumas meninas que estão indo embora com esses moços brancos não serão esposas deles como nos dizem, e sim viverão outro tipo de escravidão.

– Santo Deus! Conte-nos, Januário, o que você viu? Minha neta foi levada embora faz três anos. O moço Miguel, de cabelo cor de fogo, me garantiu que voltaria com ela no próximo ano, e olha só! Já se passou todo esse tempo, e a minha pobre filha, agoniada no coração e na alma, caiu na besteira de perguntar ao nosso senhor se ele sabia para onde ela fora levada.

Em represália, ele a mandou para outra fazenda, então a gente nem se atreve a perguntar nada.

Um negro velho de cabelos brancos como flocos de algodão, que só ouvia de cabeça baixa, com os olhos marejados de lágrimas e a voz embargada pela tristeza que vinha de sua alma, falou:

– Pois é. O que o Januário está falando é a mais pura verdade. Eu estive em outra fazenda do senhor, fiquei um bom tempo por lá. Um dia, enquanto engraxava os sapatos de couro de um senhor, visitante do nosso senhorzinho, ouvi o que diziam: que iam embora levando uma menina e dizendo que seria esposa, mas, na verdade, ia alugar a menina para homens com muito dinheiro. Falou que esse negócio estava dando mais dinheiro que criar bois ou plantar café. Os dois estavam fechando um negócio, que era encontrar meninas que atendessem às necessidades deles. Só desta fazenda já se foram umas trinta, e dez das outras fazendas do senhor. Com certeza, outras tantas também já se foram. Essas meninas, pelo que entendi, vão servir nas camas dos doutores e enriquecer o seu senhor. E não é só isso – o negro velho continuou. – O que vou contar para vocês é de arrepiar; tenho medo até de contar, mas é verdadeiro. Eles também estão levando moços com a mesma finalidade: servir às loucuras dos homens brancos e doentes, que são casados e têm família mas, às escondidas, servem-se dos moços para realizar suas fantasias. Dizem que entre os moços e moças também existem muitas crianças sendo usadas para tais fins.

O silêncio foi geral, e as lágrimas molhavam o rosto daqueles senhores que tinham a vida marcada pela cor de sua pele.

Januário quebrou o silêncio, dizendo:

– Seja como for, não podemos mudar o rumo e o destino dos nossos filhos, mas podemos rezar e ensinar os mais novos a pensar diferente de nós. Futuramente, eles poderão libertar nosso povo. Quantas coisas já mudaram desde os nossos tempos; os escravos estão mais unidos e atentos. Precisamos preparar nossos jovens; eles precisam conhecer a verdade, assim vão pensando em um jeito de se defender. Há coisas que não podemos silenciar; precisamos, sim, ser cuidadosos e cautelosos em como transmitir coisas tão sérias, pois entre nosso povo, que já é tão sofrido, ainda temos aqueles que, em vez de ajudar seus irmãos de sina, traçam caminhos amargosos para eles. Precisamos ir conduzindo isso devagar e não deixar que vaze ao conhecimento do senhor. Se o senhor descobrir que conhecemos os negócios sujos dele, certamente vai mandar nos jogar para servirmos de comida às piranhas lá no alto do rio, ou simplesmente, como já vimos acontecer tantas vezes, seremos um velho que morreu com um tombo, quando sabemos que não foi de tombo nenhum, mas sim porque sabia de algum segredo perigoso. Vamos pensar com cuidado; algo deve ser feito.

O velho Tomé avisou:

– Mudem de assunto. – De todos os velhos, ele era o que mais enxergava no escuro. – Lá vem o feitor da noite.

O feitor se dirigiu aos negros velhos:

– De longe, a gente sente o cheiro bom do tabaco. Seu Januário, tem um cigarro de palha dos seus para me dar?

– Está na mão! O senhor quer com ervas ou puro? Pegue uma quantidade que dê para passar a noite. O cigarro espanta o sono e o cansaço.

O feitor sentou-se entre os negros e velhos e, falando baixo, perguntou:

– Vocês ouviram alguma coisa por aí dessa viagem do senhor com essa governanta?

O velho Tomé respondeu:

– Estamos sabendo que eles vão viajar amanhã cedo e voltam depois de amanhã. A governanta vai verificar se o local é adequado para as crianças, porque, como o senhor sabe, dizem que vão fazer reformas na casa-grande e que eles não podem ficar no meio da poeira.

– Estou sabendo que ela vai fazer mil reformas por aqui, e que, por conta disso, muitos de nós também vamos ter de acompanhá-los em suas mudanças. Rafael vai acompanhá-los, e ele me contou uma coisa que me deixou alegre: o Salu está trabalhando como feitor na nova fazenda do senhor. Já faz uns dez anos que ele foi embora; tínhamos praticamente a mesma idade, e eu estava com vinte anos. Agora completei trinta, então é mais ou menos isso que ele tem.

O velho Tomé comentou:

– Menino bom aquele, educado, inteligente e muito interessado em aprender. Viveu nesta fazenda até quando o senhor velho viveu. Com a morte do senhor velho, nosso novo senhor vendeu muita gente. O Salu e sua mãe foram mandados para a outra fazenda, mas continuaram como herança. A última notícia que tive foi de que a mãe dele faleceu e que ele continuava na fazenda servindo o senhor. Mas que boa notícia! Então ele tem um ofício: é feitor do senhor.

O feitor, tragando o cigarro, completou:

– O Salu era muito parecido com o senhor. Os negros faziam muitas brincadeiras com ele, falavam pra ele que, se enfiasse um saco branco na cabeça e deixasse só os olhos de fora, todo mundo ia se borrar de medo pensando que fosse o senhor. Um mulato de olhos azuis chamava muito a atenção; não dava para esconder de ninguém que ele era filho do senhor; era o único com olhos daquela cor. O senhor velho tinha amizade por ele; nunca o colocou em tarefas pesadas, e o senhor novo sabia disso, porém nunca aceitou. Tanto que, quando o pai morreu, mandou ele embora daqui junto com a mãe. Tomara que ele esteja bem. Quem sabe, em breve, eu possa revê-lo... Crescemos juntos, eu gostava muito dele. Senti sua falta.

Levantando-se, o feitor deu boa-noite aos negros velhos e recomendou:

– Sei que a idade é inimiga do sono; vejo isso no meu pai e na minha mãe. Mas não demorem muito aí no sereno da noite, que não é nada bom para os pulmões. Aprendi isso com vocês.

O feitor se retirou, passando em frente a casa-grande, onde o senhor estava sentado em sua cadeira de balanço. As crianças brincavam com Sula na grande sala de visitas; dava para ver pelas enormes janelas de carvalho, que estavam abertas. A governanta estava sentada em frente ao senhor, e os dois conversavam só Deus sabe sobre o quê, pensou o feitor.

Na cozinha, as negras velhas também se preparavam para dormir; a lida para elas começava cedo. O café dos cativos da senzala que trabalhavam no campo era servido às cinco horas da manhã. Às quatro horas da manhã, os negros velhos já estavam acendendo os fogões de lenha, colocando água no fogo para esquentar, outros ralando milho para o cuscuz, enquanto as negras velhas já preparavam os pratos, os canecos e as colheres. Milho ralado, massa peneirada, os cuscuzes amarrados nos panos, café sendo coado, leite que já chegava dos currais e era fervido. Tudo pronto, era hora da primeira refeição da negrada, muitos brincando, um empurrando o outro, e os negros velhos ralhando com eles. Um dia era cuscuz, outro dia era mandioca, inhame, bolo de puba, de fubá e outros. Depois que os negros do campo eram servidos, outros cuscuzes eram preparados – era hora de os outros escravos se servirem e, por fim, as crianças.

Após toda a correria com os cativos, era hora de preparar o café dos senhores. Aí entravam o queijo, as frutas, os sucos, o leite, o café, pão caseiro, bolos, carne assada na brasa, inhame, mandioca – tudo o que era do gosto dos senhores deveria estar à mão. Outras cozinheiras já estavam a postos, preparando o almoço dos cativos, e um feitor vinha buscar a comida na fazenda com um negro e um carro de boi. Às onze horas, tudo deveria estar pronto para a viagem. O almoço dos cativos internos era servido cedo, e o dos senhores, mais tarde, quando o senhor ou a sinhá ordenasse.

À tarde, era outra correria: limpeza da cozinha e das panelas e preparação para o jantar dos cativos, que chegavam famintos. Também havia o requintado jantar dos senhores, que exigia cuidados e atenção especial. Essa era a vida das cozinheiras da senzala; ali era o lugar delas, a vida delas. A cozinha.

Não era diferente com as lavadeiras e passadeiras da senzala, que diariamente lavavam, engomavam e passavam pilhas e pilhas de roupas da casa-grande. As lavadeiras dos cativos também tinham muitas roupas para lavar: a das crianças pequenas; das cozinheiras, pois o senhor exigia que elas trocassem de roupa diariamente para mexer na comida; das escravas internas, que também deviam usar sempre roupas limpas para se aproximar dos senhores. Os únicos que passavam a semana toda com a mesma roupa eram os trabalhadores do campo e os que cuidavam dos animais, das cercas e de outros trabalhos rudes. Eis por que entre os escravos havia muitas desavenças e rivalidade – alguns se sentiam perseguidos e marginalizados, enquanto outros gozavam de algumas mordomias.

***

A sinhá, naquela noite, comeu pouco. Estava agitada, e virava na cama de um lado para o outro. Isabel lhe ofereceu água e ela aceitou. Sentando-se na cama, encostada nos travesseiros, disse para a escrava:

– Ajude-me a morrer! Não quero mais me levantar desta cama; não quero andar por esta casa; não quero este filho que está aqui dentro de mim. Não quero mais ver a cara desse senhor, que nasceu para fazer desgraças; não quero nunca mais ver nem ter notícias do meu pai, da minha mãe, de ninguém!

Lucrécia ouvia tudo, pois estava do outro lado da divisória, no mesmo quarto. "Meu Deus! Sinto que vamos ter muitos problemas com essa sinhá e esse bebê que está em seu ventre; ela rejeita o próprio filho."

Isabel, abraçando-a, disse-lhe:

– Tenha calma, minha sinhá. A senhora não vai ficar sozinha nunca. Se me deixar ficar do seu lado, minha vida será cuidar de sua vida e da vida do seu filho.

– O que estou fazendo neste mundo? Não sirvo para nada. Não sou nada! Quero morrer, quero desaparecer, quero me dissolver e apagar as minhas lembranças; elas me devoram por dentro. Odeio o mundo, odeio as pessoas.

Com muito cuidado, Isabel fez com que a sinhá relaxasse e adormecesse.

Na varanda, o senhor ouvia as propostas da governanta e analisava o quanto poderia lucrar com as ideias dela. Acertavam os detalhes do negócio sobre o qual já haviam conversado antes: transformar e reformar os casarões das fazendas dos seus concorrentes. Ele financiaria, ela cuidaria de tudo, e queria a porcentagem de trinta por cento nos lucros. Ele achou justo. Por fim, ela deu sua cartada final:

– Andei experimentando e analisando. Você tem o melhor fumo da região. No exterior, não temos fumo com essa qualidade. O que acha de investirmos em charutos finos, fumo para cachimbos, e vendermos para o exterior? Eu me encarregarei também de exportar, mas quero trinta por cento dos lucros.

O senhor retrucou:

– Nas reformas, sim, eu lhe darei os trinta por cento. Na exportação dos meus produtos, porém, fecho com você pela metade disso, quinze por cento! Pense bem comigo; o jogo com você deve ser sempre aberto: vou exportar os meus produtos com ou sem você. Jamais tinha pensado nisso, mas você me deu a ideia de graça; quer dizer, de graça não. Você está em minha casa e tendo a possibilidade de, no futuro, ter com que se manter. Não vou dar tempo para você pensar não, a hora é agora: é pegar ou largar! O que deseja?

– Tenho outra escolha? – disse ela, bebericando um copo com licor de jabuticabas feito na senzala.

Ele, acendendo um charuto e encarando-a, respondeu:

– Não, não tem. Quero lhe dizer uma coisa muito séria, sincera e verdadeira: você seria a esposa ideal para qualquer homem ambicioso. Gosto das suas ideias, gosto do seu requinte, do seu rebolado, do seu cheiro. Gosto tanto que hoje você vai dormir no quarto de hóspedes e me fazer companhia.

– E se eu me recusar a aceitar este convite? – respondeu ela com ar coquete.

– Alguém aqui lhe fez algum convite? Eu lhe disse que você vai dormir no quarto de hóspedes comigo hoje, e talvez muitas e muitas outras noites.

– Quer saber de uma coisa? Vou mesmo! Dane-se a sua mulher. Se ela fosse esperta, passaria por cima de muitas coisas e estaria aqui com você. Eu já vivi o suficiente para saber que o mundo pertence aos espertos. Estou aqui, estou viva, quero conquistar minha independência, e, se esse é seu preço, eu me rendo primeiro, porque não é sacrifício nenhum estar em seus braços.

– Ótimo! Sirva-me mais um pouco desse licor; está bem apurado. O gosto está suave, não acha?

– Tem muitas coisas aqui que podemos melhorar e nas quais investir, a fim de obtermos grandes lucros. Se acreditar no meu talento, garanto que vou fazer grandes melhorias na sua vida.

– Você já está fazendo! Quero toda a atenção na educação dos meus filhos. Acompanhe os professores e veja se estão, de fato, capacitados para ensinar o que eles precisam aprender.

– E quanto à sua mulher, o que devo fazer?

– Sinceramente, não sei com quem me casei. Vou deixar você descobrir quem é a Suzanne e me dizer com sinceridade o que devo fazer e como devo tratá-la.

– Sente alguma atração ou desejo por ela? – quis saber Gorette.

– Não! Ela não é uma mulher como você, que sabe o que fazer com um homem. É apenas uma menina bonita e sem graça. Não tenho a menor intenção de procurá-la mais na cama. E, por falar em cama, mande a Sula levar as crianças para os seus aposentos. Vou tomar um banho e me recolher; a porta vai estar encostada.

Ele se levantou e se dirigiu para onde estavam as crianças, que o abraçaram, desejando-lhe boa-noite.

Gorette pediu que Sula levasse as crianças e as colocassem na cama, que no dia seguinte bem cedo teriam de viajar para a outra fazenda. Deu ordem à escrava para que verificasse as portas e apagasse as luzes, pois ela também iria se recolher.

A casa-grande e a senzala estavam em silêncio. Os escravos que serviam na casa-grande andavam na ponta dos pés, evitando qualquer barulho que viesse a incomodar seus senhores.

Isabel, na ponta dos pés, deixou o quarto da sinhá e, escondida atrás de uma cortina, viu quando a governanta entrou no quarto do senhor. "Eu estava certa; ela é cacho do senhor! Coitada da sinhá... Está com uma cobra branca dentro da casa dela. Enquanto a coitada está sozinha, ele se diverte com outra. E o pior é que eu não posso ser sincera com a minha sinhá, e ainda tenho de ser obediente e boazinha com essa tal."

Toda noite, nas fazendas dos senhores, aconteciam muitos fatos interessantes: era o amor e o ódio que se espalhavam entre cativos e não cativos. Muitos segredos, muitos mistérios, muitos encontros e desencontros. Os feitores da noite se entregavam às suas paixões noturnas, às vezes até facilitando aos negros cativos seus encontros amorosos. E assim a vida seguia seu curso – brancos e negros, cada um vivendo a sua saga de vida.

No outro dia, logo cedo, os viajantes estavam prontos para seguir viagem. A sinhá olhava pela janela do quarto, enquanto duas lágrimas corriam dos seus belos olhos. Aquelas pessoas não lhe diziam nada! Viu quando o marido estendeu a mão para a governanta, ajudou-a a subir e, logo em seguida, sentou-se a seu lado. Ela era fina, bonita, combinava com ele em tudo e, se estivessem os três juntos e alguém perguntasse quem era a esposa, por certo apontariam para ela. Fingiu que não percebia; fingiu que não se importava, mas, lá no fundo de seu coração de mulher, sabia que Gorette era amante do marido. Então que ficassem juntos; ela não queria mais saber mais dele, aliás, daria tudo para não existir mais naquele momento.

– Sinhá, seu café chegou. Venha se alimentar – chamou Isabel.

– Não tenho vontade de comer; tenho vontade de sair correndo e gritando, e desaparecer para sempre.

Com jeito, ela conseguiu que a moça comesse alguma coisa. Depois, pegando as duas mãos da sinhá, pediu:

– Sinhá, deixa eu guiar você. Vamos sair um pouco do seu quarto. Que tal ver outras coisas? Eu a ajudo. Passearemos pelo jardim, podemos ir até a beirada do rio, podemos fazer o que a senhora quiser, mas vamos andar um pouco. O senhor, as crianças, a governanta e os escravos já partiram, a senhora não vai se aborrecer. É bom sair e ver coisas diferentes.

– Tudo bem. Ajude-me a vestir alguma coisa; acho que preciso mesmo andar por aí. Quem sabe o vento me leva, uma cobra me pica, um animal me pisoteia, e eu ficarei livre de tudo isso.

Logo mais, os escravos, sem levantar os olhos, viam a sinhá caminhando ao lado de Isabel, parecendo alheia a tudo. As crianças, que brincavam ao lado da senzala, quando viram a sinhá, encolheram-se e ficaram em silêncio.

– Por que essas crianças estão assim? – perguntou a sinhá.

– Elas ficaram com medo, sinhá, achando que a senhora iria castigá-las.

– Eu causo medo?

– Não, sinhá, é porque é a sinhá!

– É tão engraçado ouvir isso. Dá a impressão de que sou alguma coisa! Eu não sou nada, Isabel. Se fosse, estaria realizando alguma coisa, como você ou esses negros que estão trabalhando, ou até mesmo como aquela governanta que está com meu marido. Sabe o que eu acho? Que os dois são amantes. Mal chegaram aqui e já dar para a gente sentir que há alguma coisa entre os dois. Posso não ser tão inteligente como ela, mas não sou uma imbecil que não percebe o olhar entre um homem e uma mulher. Você notou alguma coisa entre os dois?

– Não, minha sinhá! Pelo amor de Deus, tire esses pensamentos errantes de sua cabeça. O senhor não traria uma amante para dentro de casa; ela veio por causa das crianças e para ajudá-la a cuidar da casa. A senhora é muito mais bonita e muito mais jovem que ela; o senhor não faria essa troca.

– Pois eu tenho certeza de que tem alguma coisa estranha com essa mulher. Ela vai infernizar a minha vida com o apoio da filha do meu marido. A menina olha para mim quase me matando com os olhos. Ela me odeia, e não posso negar que também não gosto dela. O menino não dá para saber, mas a menina visivelmente me detesta.

Os negros se alegraram em ver a sinhá dando uma volta nos arredores da casa. Era um bom sinal, apesar de que a opinião de todos era uma só: ela era a sinhá, mas quem dominaria aquela casa e o senhor seria a governanta.

Um jovem se aproximou do grupo que comentava a respeito da sinhá e, sussurrando, comentou:

– Vou contar o que vi porque confio em vocês. Pelo amor de Deus, nem uma palavra com ninguém! Quando fui buscar a peneira para coar o leite, vi a governanta saindo do quarto do senhor como se fosse uma negra qualquer, na ponta dos pés, e me escondi. Graças a Deu,s ela não me viu, senão estaria perdido. Hoje mesmo, com certeza, seria vendido ou mandado para bem longe. Precisamos tomar cuidado, muito cuidado. Se perceberem alguma coisa, façam o possível para se esconder, assim estarão livres do castigo, porque quando os brancos, fazem coisas erradas, os castigados são os negros, porque tiveram a infelicidade de ver.

A viagem foi tranquila. Chegaram antes do almoço, e, enquanto as crianças brincavam, o senhor verificava a fazenda e dava ordens aos feitores. A governanta estava encantada com o estilo da fazenda; era uma construção bem mais nova que a outra. Não precisavam mudar muita coisa; as condições eram boas. Ela já sabia como prepararia cada ambiente e com qual finalidade: a sala de aula das crianças, a área recreativa, os aposentos bem distribuídos, inclusive o quarto que iria ocupar na casa dava porta com porta ao quarto de hóspede, onde, com certeza, ficaria o senhor. Do aposento que a sinhá iria ocupar não dava para ver os aposentos reservados para eles.

No fim da tarde, Gorette foi à senzala verificar como estavam as instalações, e tomou um susto enorme quando deparou com um rapaz, ainda jovem, vestido com um casaco de couro cru e chapéu de couro na cabeça. Ele ficou parado à sua frente; não sabia se falava, se andava ou o que deveria fazer. Quem seria aquela senhora? A sinhá, mulher do senhor?

Gorette, então, se antecipou. Com as mãos na cintura, perguntou:

– Quem é você, meu rapaz? Vestido assim de boiadeiro, só pode ser alguém que cuida de uma boiada, e, como sei que aqui é onde se concentra o maior rebanho do senhor, realmente você deve ser um feitor boiadeiro, estou certa?

– Sim, senhora. Sou o feitor que comanda a boiada. Eu me chamo Salu; estou às suas ordens.

– Sou a governanta do senhor. Estamos aqui para acertar alguns detalhes sobre a nossa vinda para cá enquanto reformamos a fazenda matriz.

– A senhora é a sinhá do senhor?

– Não, sou a governanta. A sinhá está esperando um filho, por isso tem sentido muitos enjoos. Coisas de mulher grávida. Devido a esse fato, ela não pôde vir. Você sabe o que quer dizer governanta?

– Não sei não, senhora! – respondeu o rapaz cujos olhos azuis brilhavam como duas pedras preciosas.

– Governanta quer dizer aquela que cuida da casa e dos interesses do senhor e de toda a sua família.

De braços cruzados para trás, em posição de obediência, o jovem respondeu:

– Estou às suas ordens, senhora.

– De quem herdou esses olhos azuis? Do pai ou da mãe? – perguntou Gorette, apenas por perguntar, pois aqueles olhos eram idênticos aos do senhor, e aquele rapaz não tinha idade para ser filho dele, portanto, só podia ser irmão.

– Não sei não, senhora. Perdoe-me por não poder responder a essa pergunta.

Assim que Gorette se afastou, pensou: "Esse coronel tem segredos que até Deus duvida! Esse rapaz é irmão dele. Bem, por outro lado, parece-me que o rapaz está muito bem colocado aqui na fazenda, então esse meu coronel tem seu lado bom. Naturalmente, ele sabe de quem se trata, e eu vou ficar de boca fechada; não vi nada, não desconfiei de nada! Se ele quiser me contar, vou adorar. É mais um segredo a guardar; um a mais não vai pesar nada".

Enquanto andava pelos jardins, lembrou-se de que ajudara a instruir muitas garotas negras, que seriam enviadas para fora do Brasil como mercadorias de luxo. Algumas saíam iludidas, achando que iam se dar bem. Com uma carta de alforria nas mãos, consideravam-se livres para começar uma nova vida. Era tudo formalidade, no entanto – as garotas com carta de alforria em mãos tiravam de seu senhor qualquer responsabilidade, além de o senhor receber uma fortuna dos seus clientes.

Enfim, a vida lhe ensinara muitas coisas; uma delas é que cada um devia lutar com as armas que tinha, e as armas que ela possuía não eram as mais bonitas, mas as únicas que conseguiu obter: segredos e favores de muitos coronéis.

O coronel apareceu acompanhado dos feitores e, detendo o belíssimo cavalo malhado do seu lado, perguntou:

– E então? Já concluiu seus projetos? O que achou da fazenda?

– Você está de parabéns! Esta construção é nova e muito bem estruturada; podemos mudar amanhã, se você quiser, está tudo em perfeitas condições.

– Ótimo. Não vou lhe dizer que vamos mudar amanhã, mas na semana que vem nada nos impede. Para mim não vai mudar nada; pelo contrário, fico entre as duas fazendas e bem mais próximo da terceira. Aqui fica mais perto da cidade; acho que vou aproveitar bem a nossa estada aqui. Não posso negar que a minha paixão é a casa onde nasci, mas tenho de reconhecer que esta fazenda é perfeita.

– As crianças já foram se arrumar para o jantar e estão empolgadas com a novidade. Sabe como são as crianças: tudo o que é novo chama a atenção delas.

– Vou verificar como estão os preparativos para o jantar e depois a esperarei para um drinque, está bem?

– Certo. Daqui a pouco me reúno com vocês.

Os escravos levaram o cavalo para a cocheira, e o coronel ficou andando em frente da casa-grande, fumando um charuto feito em sua fazenda e que em nada ficava devendo aos importados. Aproveitava para admirar o jardim, que estava muito bem cuidado. Reconhecia que os cuidados ali eram bem melhores do que os aplicados em sua casa favorita, mas isso iria mudar agora; com Gorette lá para inovar, tudo ficaria bem. Ali, o estrume era aproveitado e distribuído nas hortas, nos pomares e jardins. Iria mandar preparar o estrume e encaminhar para a sua fazenda predileta; talvez fosse hora de fazer um rodízio entre seus escravos. Com a negrada era assim: quando começava a relaxar, era hora de mudar.

Estava tão compenetrado em seus pensamentos, que não percebeu a chegada do feitor Salu. Detestava esse jeito dele de andar em silêncio. Estava frente a frente com o feitor, que o cumprimentou respeitosamente, curvando-se.

– Como vão as coisas, feitor? – perguntou o coronel, olhando o rapaz e notando que a cada dia ele lembrava mais e mais seu falecido pai. A voz, os olhos e o porte físico eram idênticos.

– Está tudo bem, meu senhor. Seu rebanho aumentou e está engordando bem. Nasceram mais dez bezerros, que estão fortes, todos mamando bem, e o leite está sendo entregue para venda em quantidades maiores. O gado de corte está no ponto de ser vendido; amanhã o senhor poderá conferir, tenho passado, todos os dias, ao administrador, as informações que ele me pede, está tudo sob controle.

– Muito bem, Salu. Reconheço que você faz um bom trabalho; nasceu para cuidar de bois e cavalos. E então, já arrumou alguma pretendente para se casar? Ou continua se deitando com todas as negras da fazenda? Não quero saber de confusões por aqui.

– Ainda não encontrei ninguém que me prendesse a atenção, mas pode ficar tranquilo que não ando arrumando nenhuma confusão com as mulheres da fazenda não, senhor.

Batendo o chicote na bota de couro – esse era um hábito antigo do senhor –, ele disse:

– Boa noite, feitor, até amanhã.

– Boa noite, senhor, até amanhã – respondeu o feitor, olhando o vulto do senhor, que desaparecia na penumbra da noite.

"Esse aí é avarento. Casou-se com uma moça problemática só para agarrar esta fazenda, como um gavião que pega uma caça. E essa dona que está com ele? Deve ser mulher dele também, cheia de autoridade assim... Só cego para não enxergar a verdade. E ainda tem o desdém de vir me perguntar por que ainda não me casei. Só vou me casar com alguém que entre em meu coração; não vou ser infeliz nem fazer a infelicidade de ninguém. Como será essa esposa dele? Disseram-me que é muito bonita e jovem, mas que é louca. Dele não tenho nenhuma pena; dela sim. Mais uma infeliz de pele branca que vai pagar um preço alto na vida." Ele apertava um cigarro de palha entre os dedos e tecia os próprios pensamentos a respeito do senhor, que também era seu meio-irmão, quando surgiu uma bela jovem muito bem-feita de corpo e com um sorriso que mostrava dentes perfeitos. Aproximando-se dele, perguntou:

– E então, meu boiadeiro, não quer ir ao rio tomar banho? Vou ter uma hora de folga; podemos tomar banho juntos. Não posso demorar, por isso não quero perder tempo.

– Vamos lá! Estava aqui esperando você. Adoro tomar banho a essa hora; a água fica aquecida pelo sol e, acompanhado por uma deusa, torna a minha noite um sonho. Lavo todo o cansaço do corpo, solto o meu espírito para se misturar ao vento e adormecer em seus braços. Eu vou tomar banho com você, mas hoje a espero lá no meu quartinho para me aquecer em seus braços, tudo bem?

– Não sei, Salu. Minha mãe já anda desconfiada de nós dois; ela sempre me dá aquele remédio de losna que não deixa as mulheres engravidar, mas não espalhe isso por aí. Se cair no ouvido do senhor, pobres de nós. Mas, veja bem, se cada vez que a gente se deitar com alguém sair grávida, pelo amor de Deus! É encrenca para nós, mulheres, porque vocês não estão nem aí.

– Não fale assim. Você sabe que eu me importo com as mulheres; não fico por aí me aproveitando delas e, quando posso, eu as escondo dos olhos do senhor e dos de outros feitores.

Com você é diferente; gosto de estar a seu lado, e, enquanto estiver comigo, não quero que se deite com mais ninguém. Seja sempre sincera.

Enquanto mergulhavam nas águas mornas do rio, a moça perguntou se ele havia visto a tal da governanta que viera junto com o senhor. E contou que ela já tinha dado muitas ordens na cozinha e na arrumação da casa, tudo isso em pouco tempo.

– Agora, imagine: ela mesma disse que viriam todos para a fazenda, pois a casa-grande vai ser reformada, e a família tem de se instalar aqui na fazenda.

– Fique tranquila. Ela não vai mexer em muitas coisas aqui não. O interesse dela está na outra fazenda; lá é a menina dos olhos do senhor. Aqui ficam o gado e os cavalos, mas lá ele tem outros interesses maiores. Ela vai ficar aqui até arrumar o que quer por lá.

– E a tal nova sinhá, cadê? Estava curiosa para vê-la; dizem que é bem nova e bonita, mas é doida!

– O povo fala demais. A gente nem conhece a pessoa; como podemos repetir o que ouvimos? Não fique falando essas bobagens por aí que uma hora elas caem no ouvido do senhor ou mesmo no da sinhá, e aí as coisas podem piorar pra você – disse o rapaz.

– Vamos mudar de assunto – pediu a jovem.

Enquanto se vestiam, Salu pegou no braço da moça e pediu:

– Dália, por favor, procure ficar afastada e longe dos olhos do senhor. Ele pode obrigá-la a se deitar com ele, e eu não gostaria que isso acontecesse com você.

– Está com ciúme, Salu? – perguntou a garota.

– Eu me preocupo com você; não quero que lhe aconteça nenhum mal, entendeu? Não gostaria de ver você passando pelo que já vi outras moças passar, sendo vendidas, indo embora e deixando os filhos aqui, entendeu?

– Entendi. Não vou servir à mesa, não. Vou lavar a louça e depois vou me deitar e dormir. Donona já me escalou; botou as mais velhas para servir o senhor à mesa e no banho.

– Espero você lá no meu quartinho. Aguarde sua mãe adormecer e saia na ponta dos pés. Amanhã, às quatro horas, eu acordo para a lida e você volta para o seu quarto, está bem?

– Certo. Não prometo, mas, se der, eu vou. Agora tenho de me apressar!

– Não vai me dar um beijo antes de ir? Gosto de ficar com você, menina.

– Eu também gosto muito de você. Se me pedisse para ficar com você no seu quarto e contasse pra todo mundo que sou sua mulher, eu seria a pessoa mais feliz do mundo. Assim, não viveríamos às escondidas – disse a moça, agarrando-se ao pescoço dele.

– Dália, não posso fazer isso comigo nem com você. Gosto de você, mas ter um compromisso sério, filhos, e hora de entrar e sair de casa ainda não faz parte do que quero da vida, entende?

– Não! Não entendo, mas o que posso fazer? Só me conformo, e ainda tenho esperança, porque não vejo você arrastando asas para as outras.

– Vá, menina – disse ele, dando um tapinha em suas nádegas.

Ela se afastou rapidamente, sorrindo, e ele ficou pensativo. "É uma jovem e tanto!" Talvez fosse a companheira ideal para ele: era trabalhadora, honesta, saudável e muito bonita, mas ainda não sentia em seu coração esse laço que prende as pessoas à paixão e ao amor. Daria mais um tempo. Se não acontecesse com ele o que via acontecer com muitos dos seus companheiros – a chegada do amor e da paixão –, então se casaria com Dália. Assim, seu irmão e senhor o deixaria em paz.

***

Fazia parte da vida daquela fazenda, todos os dias à noite, encontrar casais que corriam para as margens do rio, entregando-se uns nos braços dos outros, vivendo suas paixões, seus amores. Cada casal tinha seu ponto marcado, especialmente os que chegavam do campo; ninguém se assustava com o balançar das moitas à beira da estrada. Os feitores facilitavam esses encontros, mas sempre chamando a atenção para que cada um tivesse seu par e não tirasse a mulher do outro. Mesmo com toda a marcação deles em cima dos escravos, volta e meia aconteciam brigas entre eles por causa de uma mulher ou de um homem. Na fazenda havia uma negra, já de idade madura, que ficara com uma cicatriz enorme no rosto depois de ter levado um tição de lenha em brasa, por causa do ciúme de outra.

Também era comum entre os jovens disputar a mesma mulher. Quando isso acontecia, resolvia-se o problema mandando um dos homens para outra fazenda, e a mulher geralmente era vendida. Nesse caso, não ficava nem para um, nem para o outro. Como o homem era bem mais valorizado que a mulher, tinha-se com isso a intenção de evitar afrontas entre eles, e a venda da mulher servia de exemplo para as outras, que se sentiam temerosas de entrar em uma situação como aquela.

O trabalho de um feitor também era de psicólogo – ele deveria saber lidar bem com os negros e conquistar a confiança e a amizade daqueles que tinham o dom da liderança. Os feitores, além de facilitar encontros amorosos, também forneciam o fumo, às vezes liberando aos escravos a caça e a pesca, que, naturalmente, dividiam em segredo, fazendo banquetes particulares. Com isso, esses negros gozavam de certas regalias e ajudavam a manter a ordem interna. Um escravo morto sem a ordem nem o conhecimento do senhor era o fim da carreira para qualquer bom feitor. De feitor, passava a ser um escravo branco a serviço do seu senhor durante anos a fio, trabalhando e suportando todas as humilhações do senhor pelo prejuízo causado.

Havia os velhos feitores que orientavam os mais novos – era uma profissão para homens destemidos, inteligentes e astuciosos. Eles mantinham bons contatos e se relacionavam profissionalmente com os capitães do mato, que conheciam bem as saídas e entradas das grandes fazendas. Quando um negro desaparecia, o capitão do mato era contratado para encontrá-lo e, geralmente, o pagamento era descontado do feitor, pois ele era pago para cuidar dos negros e, se um escapasse, a responsabilidade era dele – era assim que rezava o contrato assumido com os senhores coronéis, donos de escravos.

O feitor da noite encontrou Salu e pediu-lhe um cigarro. Acendendo-o, comentou:

– Você está sabendo das mudanças que vamos ter por aqui?

– O que estou sabendo é que a casa do senhor será reformada e a família ficará aqui até terminarem as obras. Tem mais alguma coisa que não estou sabendo?

– O feitor que acompanha o senhor me contou, em segredo, que essa dona aí é amante dele e que se comenta que ela vai virar de cabeça para baixo as fazendas do senhor. Devemos ficar atentos com ela. Diz ele que a sinhá é quase uma menina, bonita, mas completamente alheia a tudo; não aparece ao lado dele em momento algum e não se envolve com a vida na fazenda. O negro velho Artur me disse que devemos colocar as barbas de molho com a experiência dele; tem quase certeza de que o senhor vai levar negros daqui pra lá e trazer negros de lá pra cá. O negócio é a gente esperar. Fico preocupado porque justamente agora a minha mulher se prepara para ter um filho, e não gostaria de sair da fazenda neste momento. Mas, enfim, vamos aguardar. Andei pensando que ele vai trazer alguns feitores de confiança e mandar alguns de nós pra lá. Você eu acho que não! Duvido que lá na fazenda matriz tenha um capataz que lida com bois e cavalos como você.

– É, companheiro, não vamos colocar os problemas na frente do que virá. Imaginamos, às vezes, que o senhor não vai fazer isso por tal e tal motivo, e ele faz o contrário. Se eu bem o conheço, vou ser o primeiro da lista a sair das vistas dele. Esqueceu de como ele não suporta me ver por perto? Ele tem seus motivos, e eu pago o preço desse motivo por lembrá-lo de alguma coisa de sua vida.

– Desculpe, Salu, não queria chegar a esse assunto, mas saiba que vou torcer sempre por você. Quem sabe, direcionado pela cabeça dessa mulher, ele não venha a ter outras atitudes?

Os feitores se despediram, e Salu saiu pensativo: "Ele quer me mandar embora da fazenda? Será um dos motivos querer saber se eu já tinha escolhido uma mulher? Ainda bem que não tenho de arrastar ninguém comigo para as loucuras dele. Vou sentir falta desta fazenda, pois em tão pouco tempo me acostumei a ela, da mesma forma que o gado se acostumou comigo. O que vou fazer nas outras fazendas? Não conheço nada de café, nada de fumo; meu negócio sempre foi bois e cavalos".

***

Dália estava na cozinha ajudando a preparar as travessas para serem levadas à mesa. Ficou trêmula com a entrada da governanta na cozinha. Aproximando-se dela, Gorette lhe disse:

– Vou ensiná-la como melhorar a aparência de um prato. Não se come apenas pela fome; come-se também pelo encanto dos pratos, do requinte como se coloca cada coisa nos devidos lugares.

E, de repente, usando a comida, a salada e as frutas, fez das travessas enfeites belíssimos. Dália ficou boquiaberta com o talento e a agilidade dela em fazer coisas tão bonitas.

– Muito bem. A partir de hoje, quero todos os pratos muito bem montados, no café da manhã, no almoço, no lanche da tarde e no jantar. Vou ensinar você, mocinha. Como é seu nome?

– É Dália – respondeu a jovem.

– Bonito! É o nome de uma rosa muita linda. Gosto de dálias vermelhas e amarelas. Mas vamos lá: lembre-se que essa é uma tarefa nobre e de requinte daqui para a frente, e no futuro você vai me agradecer muito. Se conseguir se sair bem, isso pode lhe garantir permanência na fazenda. Agora você vai me acompanhar até a sala de jantar. Quero mostrar-lhe onde vai dispensar cada prato. É muito importante a distribuição de cada prato, pois temos que avaliar o que será servido por ordem e colocar na sequência, de modo que todos possam se servir sem precisar se levantar para pegar o prato. Não é difícil; basta você prestar bastante atenção.

Na sala de jantar, Dália ficou encantada em aprender como arrumar a toalha, os vasos de flores, as velas, os talheres, os guardanapos, os copos, os pratos, e, conforme as travessas iam chegando da cozinha, Gorette explicava como ela devia colocá-las e o porquê. A mesa ficou tão linda que não dava para acreditar. Nunca tinha visto algo semelhante, meu Deus! Que moça inteligente e educada, além de bondosa. Ela a havia tratado muito bem e chegara a elogiá-la. Quando terminaram de colocar a mesa, ela falou para Dália:

– Você tem jeito para a coisa.

Os olhos da moça brilhavam. Estava encantada com a governanta e faria tudo o que ela lhe pedisse. Apenas em uma noite havia aprendido coisas que nunca imaginara fazer na vida, e ela lhe disse que aquilo era requinte.

– O que será que é *requinte*? – a jovem perguntou depois para a negra velha Lucrécia, que respondeu:

– Deve ser coisa de luxo!

– E o que será *permanência*?

– Ah, isso eu não sei, não. Esse povo arruma cada palavrão pra falar com gente, que até parece que entendemos a linguagem deles. Mas quem sabe Bernardina ou o velho Tomé saibam? Eles vivem mais nas conversas dos senhores; são obrigados a ouvir. Decore o palavrão e depois a gente pergunta pra eles.

***

Sula arrumava as crianças, que teimavam em não querer vestir as roupas e os sapatos que haviam sido separados para elas.

– Meninos, pelo amor de Deus! – pediu Sula. – Foi a governanta quem escolheu para usarem hoje. Se aparecerem com outra roupa e sapatos, sabe o que pode acontecer? Ela vai me dispensar e colocar outra pessoa para cuidar de vocês, e pode ser alguém bem mais rigoroso que eu. Precisam compreender que eu tenho de obedecer a governanta, e vocês devem se comportar como dois nobres diante do pai de vocês.

– Tudo bem, Sula! Faremos isso só por você. Não vou ficar minha vida toda vestindo e calçando o que eu não quero.

– Tudo bem, minha pequena, amanhã você vai junto com ela e escolhe suas roupas, e aí eu não preciso brigar com vocês. Estão prontos? Vamos prender esse cabelo? Meu Deus, como vocês estão traquinas hoje.

– Vai falar perto do meu pai que nós estamos traquinas, que vai levar uma boa chamada. Fale que estamos rebeldes!

– E o que é *rebelde*, Raquel?

– A mesma coisa que traquinas! Mas em uma linguagem moderna, entendeu?

– Entendi. Vamos lá, seus rebeldes! E, chegando lá, lavem as mãos, entenderam? A Dalila vai despejar um pouco de água em suas mãos, vocês esfregam o sabonete, ela despeja mais água e vocês enxáguam as mãos. Ensino isso todo dia, e todo dia levo carão do pai de vocês porque não fazem certo!

– Não é carão, Sula! É bronca!

– Deus! Não vejo a hora de vocês crescerem e pararem de fazer tantas bobagens – falou a moça, pegando os dois pelas mãos.

O senhor estava sentado à mesa e, com a chegada dos filhos, puxou a algibeira. Olhando para o relógio, falou:

– Estão atrasados três minutos. Amanhã não quero um segundo de atraso. Gorette, por favor, ensine aos meus filhos o que é pontualidade e à ama deles também. Sula, tenha mais responsabilidade. Arrume as crianças a tempo, porque a culpa do atraso deles é sua. Agora pode se retirar!

Gorette, com muita sutileza, abrandou a conversa.

– Pobre Sula, ela não teve tanta culpa assim. Não a defendi na frente dela para não tirar sua autoridade, mas preste atenção em como sua princesa está vestida e penteada. Olhe para seu príncipe e veja como estão trajados a rigor. Estou ensinando-os a se vestirem melhor. Como Sula não tem ainda experiência em fechar tantos botões e amarrar tantos laços, bem como em arrumar gravata, ela se perdeu um pouco, mas amanhã vou treiná-la mais e, quando o senhor chegar à mesa, todos já estarão presentes.

– Levante-se, Raquel. Dê uma volta que eu quero ver sua roupa. Você está linda mesmo! E você, filho, levante-se e venha até aqui perto de mim. Deixe-me arrumar esse nó de gravata, está torto. Mas, de fato, vocês dois estão de parabéns. Os dois estão perdoados pelo atraso. Você também, Gorette. Só nos resta agora começar a jantar. Gosto de tranquilidade e de comer sem pressa.

Assim, o jantar transcorreu em um clima de alegria, e o senhor disse que pretendia fazer a mudança na outra semana. Gorette já havia preparado a sala de aula e os aposentos para os professores. Logo que estivessem todos acomodados, ele pretendia fazer uma viagem de negócios. Ficaria três ou quatro dias fora, e iria confiar a guarda dos filhos a Gorette. Os feitores de sua confiança viriam ficar com eles o tempo que fosse necessário, e ele faria um rodízio: levaria alguns escravos e traria outros, o que aconteceria também com os feitores.

– Quanto a você, Gorette, passe-me a lista do que precisa que encaminharei para que seja providenciado. Apenas os acabamentos e algumas peças você deve ver pessoalmente, mas, para começar as obras, não acredito que seja necessário você se deslocar até a cidade.

– Já estou com a lista pronta, meu caro. Ia mesmo lhe pedir que mandasse buscar, assim começamos imediatamente as obras. Vocês deixam a casa, e o pessoal já começa. A única coisa é que preciso dar as instruções; não preciso ir todo dia, mas tenho de ir com frequência. Na minha ausência, as crianças vão ficar sob os cuidados da Sula e dos professores. Vou cedo e no fim da tarde estarei de volta. Não ficarei uma noite sem jantar com vocês, crianças.

– Quanto tempo temos de esperar até voltar para a casa da nossa mãe? – perguntou a menina.

– Vocês vão voltar para a casa da família assim que terminarem as obras. Se tudo correr bem, vai levar uns seis meses. E, diante do senhor seu pai, mais uma vez eu lhe ensino que não é a *casa da nossa mãe*, é a *casa da nossa família*.

– Desculpe, papai; desculpe, Gorette. É que eu gosto tanto daquela casa... Ela me lembra a mamãe, tão meiga, tão linda, tão boa.

– Bem, voltaremos em cerca de seis meses. Estão satisfeitos? – perguntou o pai.

– Sim! – responderam as duas crianças ao mesmo tempo.

– Temos duas opções de sobremesa, e vocês podem escolher – disse Gorette, dando sinal à criada que se aproximava trazendo um pudim de leite e doce de goiaba caseiro.

– Posso pegar as duas? Eu gosto das duas! – disse a menina.

– Pode sim. Eu ajudo a preparar metade de uma, metade de outra – respondeu Gorette, já servindo a menina.

– Por que metade e metade? Eu quero uma de cada!

– Raquel, por que não aprende com o seu irmão a se portar como uma verdadeira dama? Olhe só como ele é cavalheiro, educado, e não reclama o tempo todo como você.

– Ele é ele, e eu sou eu – respondeu a garota.

Assim que se serviram, o pai permitiu que fossem para a sala de estar e que cada um fizesse o que gostava, sem arrumar confusões um com o outro; Sula que ficasse de guarda.

Assim que eles se retiraram, o coronel comentou:

– Meu filho é fino e requintado como a mãe; minha filha é muito parecida comigo. Quando criança, eu me comportava igualzinho a ela. Queria saber tudo, questionava todas as pessoas, e os escravos se viam comigo. Mas nem por isso quero que ela cresça parecida comigo nas atitudes. Primeiro porque é mulher, e, com esse gênio, como vou casar minha filha? Ela precisa ser preparada por vocês para ser uma dama!

– Calma, meu coronel. Ela é apenas uma criança, e prometo que vou preparar sua filha para ser uma verdadeira dama. O senhor vai ter dezenas de famílias querendo pagar um alto dote para ter sua filha como prenda para qualquer fidalgo.

– Conto com sua ajuda, porque da minha esposa não posso esperar nada. Aliás, eu não sei o que vou fazer com ela. Quando tiver esse filho, preciso tomar providências. Não vou deixar que ela se apegue a ele, senão vou ter mais problemas no futuro. E tive uma ideia que parece um tanto cruel, mas talvez venha a ser a solução para todos nós.

– Posso saber qual é, meu coronel?

– Pode sim! Até mesmo porque já temos tantos segredos juntos que, se um dia você resolvesse me trair, eu teria de mandar cavar vários túmulos para enterrá-los. E também ficaria muito triste em perdê-la, mas, como você sabe, essa é a lei que a vida nos obriga a ter: quando confiamos em alguém, obrigatoriamente, esse alguém deve ser fiel a nós até o fim dos seus dias. Bem, vamos lá, quero que você conheça as minhas ideias para com a sinhá. Não é nada definitivo ainda; é apenas uma ideia, e até aceito sugestões. Vou trazê-la para a fazenda na semana que vem e, assim que nascer esse filho, ele vai ser levado para a minha casa, e ela vai permanecer aqui. Não pretendo levá-la de volta; vou ter problemas com os meus filhos. Aliás, já estou tendo problemas até com os negros. Estou sabendo de muitos comentários a meu respeito, que me casei com uma louca. Não posso perder minha postura diante da sociedade, então vou amenizar a situação. Como esta fazenda fica um tanto afastada dos meus relacionamentos empresariais, não vou ter problemas em receber amigos e manter a minha vida social, o que ultimamente não tenho feito. Realmente, meu casamento com ela foi para aumentar a minha fortuna, e disso não posso me queixar: praticamente dobrei meus negócios, minha rendas, minhas fazendas. Em matéria de negócio, foi o melhor de toda a minha vida.

– Entendi, meu coronel, a sua carinhosa lembrança me alertando sobre os riscos que corro caso faça uma besteira contra o senhor. Sei que o senhor não é homem de brincadeiras. Contudo, eu lhe asseguro: antes a morte do que me voltar contra o senhor. Quando escolhi acompanhá-lo, escolhi também qual seria o meu destino. Quero ganhar muito dinheiro, penso no meu futuro, mas, naturalmente, que o lucro maior será seu. Só deixarei estas terras se o senhor me mandar embora. E saio de boca fechada. Mas, se depender de mim, aqui ficarei até o fim de minha vida.

– Que bom que você tem essa consciência; saberei recompensá-la por sua fidelidade. Mas quero saber sua opinião sobre as minhas ideias a respeito da sinhá.

– Grata pela confiança. Vou dizer o que penso no momento a respeito de sua ideia, mas tanto eu quanto o senhor podemos mudar esse nosso pensamento. Vamos ter um pouco de paciência e cautela; há muitos comentários a respeito do seu casamento. Se, porventura, algo vier a vazar para a sociedade, sua imagem pode ser queimada. O senhor é um dos homens mais respeitados e invejados da cidade e no país. Vamos trabalhar com a ideia, mas fazer as coisas de tal forma que tudo seja natural. Temo que ela venha a fazer algo contra a própria vida. O senhor não pensou nisso?

– Pensei, sim. E seria ótimo! Já fiquei viúvo uma vez, não vejo crime nenhum em enviuvar outra vez.

– Aí é que está o problema: iria despertar na sociedade uma desconfiança. Poderia até ser investigado por seus inimigos, e o senhor bem sabe como é, meu coronel: uma faísca de fogo jogada em um paiol, o estrago que faz. Juntos, encontraremos uma solução.

– Vou delegar algumas providências aos meus feitores, e você, por favor, acompanhe os meus filhos e cuide de examinar a casa, sem se esquecer de dar as ordens. Não preciso lembrá-la de que a porta do meu quarto está apenas encostada.

Ele saiu batendo as botas no chão. Os feitores já estavam reunidos com o administrador, esperando por ele, e aquela pancada forte no chão dizia que ele estava a caminho.

Na sala de estar, o menino tocava piano, e a menina desenhava modelos de vestidos dizendo que mandaria confeccioná-los exatamente daquele jeito. Sula, sentada em um canto, às vezes ria da forma como a menina falava.

Gorette entrou e aplaudiu o menino, dizendo:

– Vou conversar com seu pai. Acho que precisamos trazer um professor de música para ajudá-lo, pois você tem muito talento.

Raquel, gargalhando, respondeu:

– Até parece que o meu pai vai querer ter um filho músico. Ele já disse várias vezes que o meu irmão deve ficar no lugar dele, da mesma forma que ele ficou no lugar do meu avô. Meu pai disse que ele pode tocar piano para se divertir, da mesma forma que faço desenhos das minhas roupas. Eu também não vou ser modista, nem costureira; faço apenas para me divertir. Meu pai quer que eu seja uma dama e, quando ficar uma moça, seja cobiçada por muitos jovens da alta sociedade.

– Tudo bem, acho que me expressei mal. Não quero transformar seu irmão em um músico profissional; quero que ele toque tão bem ou melhor que os maiores músicos da história e não precise ganhar a vida tocando, entendeu, Raquel?

– Ah, sim! Sendo dessa forma, até eu concordo que ele tenha um professor. Eu não gosto de piano; ele puxou a minha mãe. Ela tocava piano tão bem que até os pássaros saíam dos ninhos para ouvi-la, o meu pai é que dizia isso.

– Sula, vou delegar as ordens para amanhã. Você, por favor, cuide desses dois anjos, não os deixe tanto tempo acordados. Devem se cuidar para ter uma noite de sono tranquila. O pai de vocês me disse que vai passar no quarto para olhá-los, mas não se preocupem em estar acordados. Ele pode demorar a voltar; está com os feitores e o administrador, cuidando dos negócios, entenderam? Vou cuidar das minhas tarefas, depois dou um beijo de boa-noite e um até amanhã para vocês.

Assim que Gorette deixou a sala, Sula falou:

– Eu gosto muito dessa senhora. Ela é educada, me trata como se eu fosse uma pessoa especial.

– Mas você é uma pessoa especial! É a nossa ama de leite, esqueceu? Isso é para qualquer uma? Você só está conosco porque é especial; se não fosse, não estaria! Quando eu me casar, você vai comigo. Jamais quero ficar longe de você – respondeu a menina.

Os olhos da criada se encheram de lágrimas. Ela se aproximou da menina e a abraçou, dizendo:

– Você e seu irmão são as recompensas de todas as perdas da minha vida.

Enquanto isso, o senhor estava reunido com todos os feitores e o administrador da fazenda. Após delegar ordens e mudanças em algumas áreas, pediu o nome dos escravos com prática em determinadas tarefas, tanto homens quanto mulheres. Com a lista em mãos, levantou-se e marcou uma reunião com todos na parte da manhã, para determinar suas decisões.

Os feitores ficaram conversando, e cada um comentava sua preocupação:

– Vamos ter mudanças por aqui, e as coisas não vão melhorar para nenhum de nós. Senti nos olhos dessa mulher que acompanha o senhor que ela é como erva daninha; arrasta-se em silêncio e domina tudo. Ela está fazendo a cabeça dele – disse o feitor que veio da outra fazenda.

– Só nos resta aguardar até amanhã para saber o que o senhor vai decidir com cada um de nós. Vamos nos espalhar antes que o administrador venha em cima de nós – disse Salu, levantando-se e dando boa-noite.

***

Salu rolava na cama, feita por ele mesmo. Sentia que alguma coisa pairava sobre sua cabeça. Seu senhor, com certeza, iria mandá-lo embora para outra fazenda, ou até mesmo vendê-lo. Por que não? Ele não aceitava cruzar o mesmo caminho onde ele se encontrava. Não tinha entendido ainda por que ele o conservava em suas fazendas.

Aos poucos, as luzes foram se apagando na casa-grande, e o silêncio exigido pelos senhores foi se cumprindo. Até as crianças na senzala eram proibidas de chorar à noite. Mães ou mães velhas que cuidavam delas davam um jeito de abafar; nada podia atrapalhar o sono da casa-grande.

No outro dia, Gorette se levantou cedo e foi até a cozinha ensinar Dália a preparar a arrumação da mesa e esperar pelo senhor e pelas crianças para a primeira refeição do dia. Enquanto esperava pela família, resolveu dar uma volta em torno da casa-grande e verificar o movimento. Todos os escravos se locomoviam de um lado para o outro, cada um fazendo o seu serviço. De repente, ela sentiu a vista escurecer, encostou-se em uma cerca viva e respirou fundo. Santo Deus! Seria cansaço? Ou porque ainda estava em jejum? Nunca tinha sentido aquilo; era muito estranho.

Uma preta velha que peneirava tapioca largou a peneira e foi até a moça. Pegou sua mão, que estava gelada.

– Valha-me, sinhá. O que está sentindo?

– Uma tontura repentina que escureceu tudo à minha volta. Já está passando; deve ser porque estou em jejum. Que sensação horrível; nunca senti isso antes. Graças a Deus, passou.

– Quer ajuda até a casa-grande, sinhá?

– Não precisa. Fique sossegada; vou comer alguma coisa. Não comente com ninguém que me viu passar mal, entendeu?

– Sim, senhora. Não vou comentar, mas muitos negros viram. Se sair alguma conversa, não terá sido da minha boca.

– Então espalhe por aí que, se eu ouvir uma conversa a respeito, não sou eu que vou passar mal, e sim farei muita gente aqui passar mal, entendeu?

– Sim, senhora – respondeu a preta velha de cabeça baixa.

Entrando em casa, Gorette encontrou o senhor, que reclamava com Sula a presença dos filhos. Correu tudo bem à mesa do café: as crianças, eufóricas, queriam andar a cavalo e aproveitar, porque após o almoço voltariam para casa.

O senhor se levantou e pediu que Gorette cuidasse de tudo. Após o almoço, descansariam um pouco e seguiriam para casa.

Assim, ela cuidou de tudo e não sentiu mais nada, graças a Deus. Havia sido um mal-estar passageiro; não podia ficar doente justamente agora, que tentava fazer a própria vida. Devia ser fraqueza mesmo; iria se cuidar um pouco mais. Tudo correu bem, e Gorette até esqueceu o acontecido.

O senhor levaria alguns escravos para ajudar nas tarefas da fazenda, totalizando quinze escravos e três feitores. Para a surpresa de Salu, além de continuar na fazenda, o senhor ainda elogiou seu trabalho, recomendando ao feitor que colocasse mais dois escravos para auxiliá-lo, pois o trabalho nesse setor aumentara muito, e o rendimento superava o desejável.

***

O senhor, com sua família e os escravos, seguiu viagem. Os negros velhos se reuniram alguns instantes longe dos olhos dos feitores. Os que ficaram redobrariam as tarefas, e no outro dia deveria chegar o novo grupo de trabalhadores. Como seriam, quem seriam, conheciam alguns deles? – tais eram as perguntas dos escravos.

Uma mocinha trazendo uma trouxa de roupa na cabeça se aproximou deles dizendo:

– Sinhá Gorette disse que esta roupa já fica aqui, porque na semana que vem todos eles vêm para ficar; acabou nosso sossego! Diz ela que vem uma tal de Júlia, que sabe lavar, engomar e passar como muitas de nós aqui não sabemos. Falou, também, que ela vem para nos ensinar, e com essas roupas aqui ela me orientou como deveria fazer. Fiz tudo do jeito dela, e pediu que não passe a ferro nada; é para esperar pela tal Júlia. Vão trazer cozinheira, lavadeira, arrumadeira, tudo isso vão trazer. E Deus proteja a todos nós dessa nova sinhá, que dizem que é doida!

A tia velha chamou a atenção dela:

– Menina, deixe de falar bobagens! Você nem conhece a sinhá; como pode ficar falando besteira?

– Oh, tia Chica! Não fui eu que inventei essa história; todo mundo fala isso. Os escravos que caminham por aí, os feitores, todos dizem que ela é louca, que grita e quebra tudo o que estiver na frente dela. Eu já estou com medo de levar as roupas dela na casa-grande.

– Vamos continuar nossas tarefas. O que já foi escrito pelo dedo de Deus, o dedo do homem não apaga, por isso vamos nos espalhar, minha gente.

Assim que os demais escravos saíram, tia Chica comentou com o negro velho Bastião:

– Posso estar errada, meu amigo, mas eu acredito que nós vamos ter muitas surpresas chegando por aí! Hoje de manhã, a sinhá Gorette estava examinando o nosso trabalho. De repente, eu a vi encostando-se na cerca de melão. Estava branca como a flor de açucena, gelada que nem o sereno da noite. Corri, pois pensei que fosse até cair, e me ofereci para ajudá-la. Perguntei o que tinha sentido, e ela me disse que as vistas escureceram e que teve uma tontura. Quer saber o que estou pensando? Essa sinhá está cheia. Está grávida! E é do senhor! Quando é que esse homem vai parar de fazer filho, meu Deus? É um atrás do outro! Pelas minhas contas, e você sabe que eu tenho muitos contatos por aí, vão nascer juntinho um do outro uns cinco filhos do coronel. Isso só dos que eu sei. E dos que eu não sei? A sinhá mulher dele está de pouquinho também, e a Isabel, filha de Maria Preta; você lembra dela, não é? Fiquei sabendo pela boca da Sula que a Dondinha, de Zé Grande, está de pouco tempo também. Tem a filha do Mané leiteiro e agora essa aí. Todas de pouco tempo. Vai nascer uma fileira, e deve ter mais por aí que a gente desconhece. E a dona me pediu que não contasse para ninguém o que eu vi. Coitada dela... Não adianta esconder, daqui a uns meses vão aparecer de qualquer jeito, a barriga e o filho.

O negro velho, acendendo um cigarro de palha, respondeu:

– Mulher de Deus, como é que você sabe de tanta coisa assim? Fico só pensando: se você fosse uma mulher livre e pudesse transitar por aí, o que é que ia escapar de você, hein? Como é que você consegue tantas informações assim?

– Ah, Bastião, conversando por aí, remendando as roupas dos feitores, ajudando a mulher deles, prestando alguns favores. Em troca, escuto e vejo, e não venha me recriminar dizendo que isso é um erro, porque eu tenho ajudado muito com as minhas informações, ou você não reconhece isso?

– Não estou recriminando, não. Estou é admirado da sua capacidade. Agora me fale uma coisa: se essa mulher está grávida, onde esse filho vai ser criado? Dentro da casa-grande? Na senzala não pode ser; vai nascer com a cara dos dois. Quer saber? Eles que são brancos que se entendam, porque problemas a gente já tem de sobra. Tenho pena, mesmo, é desses pobres inocentes que nascem e não são brancos nem negros, e vivem sendo rejeitados pelos dois lados. Mas os brancos de pele alva já nascem com um destino certo, mesmo não tendo pais assumidos, que nem era o caso dos filhos dos vigários, que, como não podiam reconhecer, colocavam em colégios fora do Brasil e, quando voltavam, eram todos doutores. Os pobres dos mulatos, por sua vez, só servem para ser capitães do mato, capatazes e olhe lá. Na hora de escolher uma mulher para se casar é outro dilema: as brancas não querem saber deles, e eles não querem saber das negras. Cessando a conversa, ambos se despediram e voltaram aos seus afazeres.

CAPÍTULO IV

O destino da sinhá

O coronel, ajudado pelo seu feitor de confiança, desceu da montaria e foi até onde se encontravam Gorette e seus filhos. De uma bela carruagem desciam as duas crianças sorridentes, ajudadas pela ama de leite Sula, com a bela governanta sendo ajudada pelo senhor. A sinhá observava a cena pela janela do quarto. "Odeio esses dois", pensava ela. "Não vou suportar mais viver ao lado desse homem. Ou eu me mato, ou o matarei. Mas o que vou fazer com os filhos dele nesse caso? Por obrigação, terei de cuidar dos dois? Não; quem deve morrer sou eu!"

Os escravos estavam sendo conduzidos aos seus novos aposentos. Os rapazes trocavam olhares e piadas a respeito de duas meninas novas e bonitas que estavam entre eles.

Isabel entrou no quarto da sinhá para avisá-la de que o esposo acabava de chegar e que ela deveria ir recebê-lo.

– Não quero vê-lo. Sinto nojo e ódio desse homem e dessa coisa que está aqui dentro de mim. Só de pensar que é algo dele me dá vontade de rasgar meu próprio ventre e arrancar.

Essa Bernardina não quis me dar o chá; e você, Isabel, não fez nada por mim! Ainda está em tempo; consiga esse remédio e eu lhe dou uma pulseira de ouro com diamante, que é muito valiosa. Ajude-me a não ter esse filho.

– Minha sinhá, por Nosso Senhor que está no céu, não fale assim! Que culpa tem essa criança que está aí dentro da senhora? É a mesma culpa do filho que está aqui dentro de mim! Eu nunca faria isso com um inocente, minha sinhá.

A sinhá parou, fitou Isabel e, pegando-a pelos ombros, perguntou:

– Não minta para mim. Esse filho que está aí é dele, não é? Fale a verdade, Isabel! Eu tenho o direito de saber. Se me contar a verdade, eu vou compreender, porque estamos na mesma situação. Andei notando também que existem muitas crianças negras com traços dele por aí. Você deve saber: quantos filhos esse homem tem, Isabel?

– Minha sinhá, pelo amor de Deus, não faça isso comigo. Não posso lhe contar coisas que não sejam verdade. Todos os filhos desta fazenda são filhos de Deus; ninguém pergunta nem quer saber quem é o pai. A senhora precisa viver sua vida e se esforçar para se dar bem com o seu marido. Ele é poderoso, jovem, e não faltam mulheres brancas, jovens e bonitas atrás dele. Quanto às negras a senhora pode sossegar seu coração, mas com as brancas é preciso tomar cuidado. Dizem que às cidades estão chegando muitas mulheres belas e finas, como a dona Gorette, e que os coronéis estão montando casas de luxo pra elas.

– E você acha que eu não sei o que essa mulher está fazendo aqui? Ela é mulher de luxo dele, fina, requintada, experiente e muito mais bonita do que eu. Repare em mim e repare nela. Ela faz questão de mostrar a ele quem sou eu e quem é ela.

Percebi isso no mesmo dia em que pisou aqui, e vai fazer dos filhos dele algo parecido. Se eu tiver esse filho, o que vai ser da minha vida?

Ouviu-se uma batida à porta do quarto. A sinhá se manteve no mesmo lugar, e Isabel se encolheu a um canto de cabeça baixa. O senhor, batendo as botas no chão, aproximou-se da mulher e, sem tocá-la, perguntou:

– Como está? Melhorou dos enjoos? Passei por aqui também para avisá-la de que vá aprontando o que pretende levar com você, e quem quer levar com você. Na próxima semana, vamos seguir viagem para a fazenda que você ainda não conhece. Ela pertenceu ao seu pai, e vamos ficar por lá um bom tempo; acredito que seu filho vai nascer lá. Tenho muitas coisas a decidir por aqui e estarei ocupado. Se precisar de alguma coisa, os feitores estão sempre rondando por aí e me localizam facilmente. A Gorette também está aí; você não precisa se preocupar com nada, ela vai se encarregar de tudo. E você, Isabel, também prepare as suas coisas porque seguirá junto com a sua sinhá.

Sem levantar os olhos, a moça respondeu:

– Sim, senhor.

A sinhá estava corada. Olhando fixamente para ele, perguntou:

– Não vai levar o pai do filho de Isabel? Eu gostaria que o pai do filho dela também a acompanhasse, uma vez que ela vai se dedicar a mim e ao nosso filho. Pelo menos isso eu gostaria de oferecer a ela.

O senhor, sentindo-se ameaçado, coisa que não admitia, pegou o queixo dela e, suspendendo-o com força, indagou:

– E a senhora sabe quem é o pai do filho dela? Se souber, me fale agora, e, se não souber, vai saber agora! – Pegando Isabel pelo braço, praticamente a empurrou em cima da sinhá e, mais uma vez, erguendo o queixo da sinhá, disse: – Pergunte a Isabel quem é o pai do filho dela!

A moça o empurrou e, gritando enlouquecidamente, respondeu:

– Só pode ser você, seu miserável! Quantos filhos tem por aí, além desses dois bonecos de cera que vive exibindo?

Sem esperar que ela parasse de gritar, ele lhe deu uma bofetada e ela caiu na cama. Os lábios sangravam.

– Nunca mais me faça esse tipo de pergunta. Isso é só para você começar a entender que eu sou seu marido e, além de obediência, você me deve respeito. Se ousar falar dos meus filhos como fez agora, mando prendê-la na masmorra sem ver a luz do sol pelo tempo que eu assim desejar. Aqui eu sou o senhor; quando estiver falando, apenas me ouça. Aqui ninguém se atreve a me fazer perguntas indesejadas. Nunca mais abra sua boca para repetir o que fez hoje! Esse filho que essa negra carrega na barriga é meu. Todos os negros aqui são meus. Não há diferença em pensar se fui eu que fiz ou mandei fazer; ele será meu de qualquer jeito! Todas as crianças desta fazenda são minhas. Ou eu fiz, ou mandei fazer, mas, de qualquer forma, elas me pertencem. Espero que nunca mais eu precise levantar a mão para lhe ensinar o que é ser mulher de um coronel. Paguei um preço alto por você. Tirá-la da casa do seu pai e aliviar o peso das costas dele não lhe dá o direito de imaginar que vou suportá-la para o resto da minha vida. Se houvesse meios legais para devolvê-la à sua família, faria isso hoje mesmo. Infelizmente, não há, então é bom que você se habitue à sua nova condição de vida. Tentei ser gentil com você, dei-lhe uma oportunidade de mudar, no entanto, você tentou me afrontar. E o que fez, então, com meus filhos?

Voltando-se para Isabel, que estava trêmula, o senhor gritou:

— E você aí, não facilite as coisas para essa louca, ou a punição para você ainda será maior! Preste bem atenção no que vou lhe dizer: se vier a ter um dedo de aborrecimentos por causa dessa maluca, você vai experimentar a masmorra com ela.

Dizendo isso, saiu batendo a porta do quarto e, encaminhando-se ao alpendre da casa, berrou com o feitor que arrumava algumas ferramentas:

— Reúna a negrada da fazenda. Hoje à noite quero falar com todos, escravos e feitores.

***

Gorette tinha mandado Sula levar as crianças para o outro lado do jardim, e ficou fingindo arrumar os livros na sala ao lado. Também estava apreensiva; nunca havia presenciado uma cena de agressão do coronel. Sabia que ele não era homem de brincadeiras, mas não imaginava do que ele era capaz.

De pé no alpendre da casa-grande, ele gritou:

— Gorette, onde está você?

— Estou aqui, meu senhor. Estava arrumando os livros que as crianças retiraram da biblioteca.

— Faça-me uma lista de todos os escravos, homens e mulheres, maiores de treze anos. Quero, ainda hoje, em minhas mãos. Antes do jantar, quero todos reunidos na frente da casa. Ah, e não esqueça de mandar buscar o Isidoro, o moleque do fumo da fazenda. Quero todos reunidos, sem exceção.

— Sim, senhor, pode deixar que vou tomar as providências — respondeu Gorette, intimamente se perguntando se fora mesmo uma boa escolha ter acompanhado o coronel.

Ele desceu as escadas batendo suas botas com mais força, encaminhando-se para a casa onde ficava a administração.

Os negros estavam atemorizados, pois conheciam a fúria do coronel. Quando era contrariado, descarregava em todos a sua raiva. O que será que a sinhá havia feito para que ele ficasse daquele jeito? Todos se entreolhavam, fazendo-se essa pergunta em silêncio.

Na cozinha, as mulheres rezavam, pedindo a Nossa Senhora do Desterro que levasse embora esse bento ruim que se encostara no senhor. Uma delas pensava, enquanto rezava: "Meu Deus! Como a nossa sinhá faz falta; quando ela era viva tudo aqui era melhor. Quando o senhor entrava nessas crises, ela sabia contornar a situação. Essa nova sinhá, ao contrário, era uma menina doente e mimada. O que seria dela e dos outros que dependiam do senhor?"

Gorette entrou na cozinha com uma lista nas mãos e começou a fazer o levantamento solicitado pelo coronel, avisando que às sete em ponto da noite era para todas se encontrarem na frente da casa, e que, para isso, corressem com o jantar para não haver atrasos.

Assim que a governanta deixou a cozinha, os comentários foram os mais diversos. Dizia-se que o senhor tinha dado uma surra na sinhá que a deixara caída e sangrando, e que tudo começara porque a Isabel havia contado à sinhá que o filho que estava em sua barriga era do coronel.

– Mas eu avisei tanto pra essa maluca que não abrisse a boca pra dizer nada! Agora olha só a confusão que ela arrumou. Com certeza, a sinhá não vai mais querer ela dentro da casa-grande nem na fazenda. Lá vai mais uma para ser despachada, e tudo porque não ouviu nossos conselhos.

– Alguém já viu Isabel para saber, mesmo, o que aconteceu? – quis saber a negra velha, enxugando as mãos no avental.

– Não! Ninguém se atreveu a ir até lá – respondeu uma das ajudantes.

– Pois vou eu mesma – disse a cozinheira, pegando um bule de chá. – Alguém tem de ir até lá. E se as duas estiverem machucadas?

Quem foi que assistiu à cena? – perguntou uma negra velha, colocando uma xícara na bandeja.

– Foi a arrumadeira que nos contou. Ela está apavorada, pois arrumava as roupas nos armários da sinhá quando o senhor entrou e a sinhá foi perguntar a ele se o filho da Isabel era mesmo dele. Aí começou tudo.

– Tenho de ir até lá, senão vamos ficar nesse foi que foi e ninguém sabe de nada! E Isabel foi alertada. Se ela fez essa besteira, já deve saber também o que a espera – disse a preta velha, saindo com a bandeja na mão.

Dona Lucrécia estava tão agoniada que entrou no quarto sem bater. Isabel, com um pano molhado, aliviava os lábios da sinhá, que chorava encolhida como uma criança. Isabel também derramava lágrimas em silêncio.

– Vim trazer um chá de camomila pra nossa sinhá. Vamos beber o chá, sinhá, que vai lhe fazer muito bem.

Isabel ajudou-a a se sentar, pois a sinhá não tinha forças para reagir. A preta velha colocou a chá em sua boca, recolheu as toalhas sujas de sangue que estavam caídas e pediu a Isabel que também tomasse um pouco de chá.

Deitada, sem abrir os olhos, a sinhá pediu:

– Lucrécia, pela fé que tem em Jesus, me ajude a não ter esse filho. Ajude-me a morrer, e lhe serei eternamente grata. Tenho algumas coisas valiosas que ganhei de minha mãe; deixo tudo para você, mas me ajude, por favor!

– Sinhá, nós vamos ajudá-la a ter seu filho. A senhora vai levantar dessa cama, tomar conta da sua casa e dos criados. A senhora pode ser feliz e ajudar muitas pessoas fazendo isso.

Não desista assim da vida nem desse filho, que na verdade não lhe pertence, e sim a Deus. A senhora não tem o direito de matá-lo. A lei de Deus não é matar, é salvar. Um dia os homens vão entender isso, e aí a vida será vista com outros olhos. Reaja, minha sinhá. Tenha fé na vida, em Deus, permita-se viver e nos ajudar a cumprir nossa missão. A vida de todos os escravos desta fazenda está em suas mãos, minha sinhá. A senhora tem poder para fazer muitas coisas boas, pois as leis dos coronéis dão essa liberdade às sinhás, para cuidar da casa dos senhores e de seus escravos.

A sinhá fechou os olhos e adormeceu de dor, cansaço, tristeza – o sono dos que buscam o abrigo da espiritualidade. Logo ela estava sendo amparada por espíritos amigos que a consolavam e a animavam a não desistir e ir até o fim com a missão que lhe fora entregue. Aquele filho que estava em sua barriga iria transformar a história de muitas pessoas, inclusive a dela. Ele precisava nascer, e ela precisava aceitar todas as provações que ainda estavam por vir.

Lucrécia arrastou Isabel para fora do quarto e a interrogou:

– Você contou pra sinhá que o seu filho é do coronel? Foi a causadora dessa desgraça?

– Tia Lucrécia, jamais faria isso com a pobre sinhá, que sofre mais do que qualquer escrava desta fazenda. Ela é mulher, tia Lucrécia, tem os próprios instintos. Ela sabe o que fazem os senhores coronéis, o que faz o pai dela, e andou vendo por aí tantos negros sarará de olhos claros e nariz fino que começou a desconfiar daquilo que já conhece. Ela me perguntou, eu neguei. Aí ela perguntou direto para o coronel, e ele bateu nela e lhe disse que todos os filhos feitos nesta fazenda são dele, que ou foi ele que fez ou mandou fazer. E não é mentira, é? Fique tranquila, tia Lucrécia. O que eu puder fazer para ajudar a sinhá, vou fazer, mas não tenho a experiência de vocês, que já viveram tantos anos mais que eu. Preciso ser orientada naquilo que vou fazer, e que seja feita a vontade de Deus.

– É, minha filha, começo a sentir o cheiro de trovoadas chegando a nossa vida. Agora, mais do que nunca, precisamos estar juntos e unidos para aguentar o que está por vir.

Às sete da noite, na frente da casa do senhor, estava lotado de escravos. Ele, em pé no alpendre da casa, chamou todos os feitores e começou a falar:

– Vamos começar de cima para baixo – e foi dando os nomes aos feitores que iriam acompanhá-los, os que continuariam ali e os que ainda viriam.

Queria o empenho de todos eles para dobrar os lucros na lavoura e na venda de fumo. Escalou o velho responsável pelo fumo e o menino, seu neto, para irem à nova fazenda; era necessário um estudo do preto velho para tentar uma nova plantação de fumo; colocaria mais negros na plantação e desejava triplicar as vendas dos charutos e do fumo para cigarros e cachimbos. A novidade era que todos os cigarros de palha seriam preparados na fazenda, assim se tiraria dos negros um tempo que deveria ser aplicado em outras coisas, também com a intenção de economizar mais fumo, pois eles desperdiçavam muito fumo e muito tempo na preparação dos cigarros. Por fim, acrescentou ao negro velho que cuidava do fumo:

– Esse garoto aí logo, logo pode dar conta sozinho de uma das casas do fumo. Leve o menino e o vá instruindo, pois depende de você o futuro desse moleque: ou fica nas tarefas do fumo ou vai para a lavoura.

O menino tremia, agarrado à camisa surrada do avô.

O negro velho, por sua vez, tomou coragem e respondeu:

– Meu grande senhor, garanto que ele vai dar conta melhor do que eu!

– Assim espero; estou precisando de negros bons. Vamos reformar a casa e os costumes por aqui também.

O senhor passou ao administrador a lista dos negros que deveriam seguir na próxima semana para a nova fazenda. Escolhera muitos jovens, meninos e meninas, e vários deles iriam se separar dos pais pela primeira vez. Os pais, com dor no coração, mesmo assim agradeciam a Deus – era melhor do que serem vendidos e levados com outros senhores para terras distantes.

Em seguida, o senhor apresentou Gorette a todos dizendo que dali para a frente ela iria se encarregar de suprir as necessidades deles, como roupa, calçados etc., e que já estava com boas ideias na cabeça, começar a fabricar doces, bebidas, roupas, calçados e muitas outras coisas de uso pessoal ali mesmo na fazenda. Com isso, diversas tarefas seriam tiradas de um lado para serem acrescentadas em outro.

Encerrando as ordens, retirou-se acompanhado de Gorette. Os feitores dispensaram os negros pedindo silêncio e bom comportamento; não queriam ver rodinhas nem tumultos aqui e ali.

As crianças já aguardavam o pai para o jantar. A menina, de cabeça erguida, aproximou-se do pai dizendo:

– Hoje foi o senhor quem se atrasou, e eu acho que não foram apenas três minutos não! A lei do atraso só serve para os filhos ou também serve para o pai?

– Sente-se aí e ouça o que vou lhe falar.

Ela se sentou e ficou com as duas mãos sustentando o queixo, esperando o que ele tinha a dizer.

O senhor, com voz compassiva, respondeu:

– Vou lhe fazer três perguntas, e você me responda pensando nas respostas corretas e objetivas. Primeiro: já ouviu falar de quem é que manda no céu? Segundo: já ouviu falar do significado da palavra senhor *coronel*? Terceiro: já ouviu falar de quem é que manda no coronel dentro das suas fazendas? Estou aguardando as respostas – finalizou o coronel, olhando-a.

– Vou responder – disse a menina. – Quem manda no céu é Deus. A palavra *coronel* quer dizer que ele é dono de tudo e manda em tudo e em todos. E não existe ninguém que manda em um coronel dentro de suas fazendas.

– Muito bem. Por aí você vê que eu posso tudo. E que vocês só podem aquilo que eu quiser. Nunca mais ouse me fazer perguntas tolas como essa. Você está sendo educada para se tornar uma dama, e não uma mulher de cabeça vazia, como tantas que existem por aí. Agora quero os dois sentados e bem-comportados à mesa, porque vamos começar a jantar.

Sula, de longe, tremia de medo e preocupação pela menina. Ela era ousada; às vezes falava demais o que não devia. Temia que, de uma hora para outra, o senhor resolvesse mandá-la para um colégio. Como ela se sentiria então? Precisava conversar mais com a menina, adverti-la sobre o que falar diante do pai.

Gorette, fingindo tranquilidade, também estava inquieta. Não tivera coragem de perguntar pela sinhá, embora estivesse preocupada, pois ouvira os gritos do senhor.

Percebeu que o coronel estava irritado e agressivo, e começava a temer por seu futuro.

***

Nos barracões, o clima era de angústia e temor. O negro velho comentava baixinho com Bernardina:

– Minha velha, as coisas não estão boas para ninguém. Eu vou ter de levar nosso moleque pra outra fazenda; ele quer que eu prepare o Tião para tomar conta de uma das casas de fumo, e acho que vamos nos separar, porque, se o menino vai tocar uma das casas, vai ser ele em uma e eu na outra. Já estou com o coração apertado desde já; sei que isso vai acontecer, e vou rezar e pedir muito ao filho branco de Deus que deixe o Tião aqui e me leve para a outra casa. Quero que ele fique perto de um de nós. Sei que você não participou da tal reunião porque estava cuidando da sinhá, então vou lhe contar tudo o que ouvi e no que estou pensando, e depois quero sua opinião. Às vezes, quem está de fora tem uma visão melhor.

E, assim, ele relatou tudo o que vira e ouvira. A preta velha só escutava de cabeça baixa. Quando ele terminou de falar, ela respondeu:

– Meu velho, as coisas são do jeito de Deus, e nunca do jeito que gostaríamos que fossem. Eu tenho sonhado todos os dias com a nossa filha, e nos meus sonhos não a vejo nem feliz nem usufruindo da tal liberdade que recebeu. Não acredito que ela venha buscar o Tião e muito menos nós dois. Então o que nos resta é aproveitar o tempo que Deus está nos concedendo e fazer alguma coisa por esse menino. Se ele se dedicar com gosto e cuidado a essa tarefa da preparação dos charutos que o senhor quer mandar pro estrangeiro e vender para os outros coronéis, pelo menos sabemos que ele vai ter certas regalias na vida. Quanto a quem vai pra nova fazenda, só Deus é quem pode saber neste momento, mas, pela nossa vivência, podemos supor que seja você, primeiro porque é preciso cuidar das terras e afirmar tudo por lá, e o nosso Tião não tem esses conhecimentos ainda; e, se forem mais negros começar a tarefa lá com vocês, também corremos o risco de, entre esses negros, algum se destacar mais que o nosso Tião, e aí olha só o que pode acontecer...

– Não vai acontecer isso, não! – respondeu o negro velho. – Há segredos, minha velha, que só para o meu Tião eu vou passar. Não vá chegando e pensando que tudo é fácil assim não. E muitos desses segredos meu moleque já sabe; ele é muito esperto, ninguém vai passá-lo pra trás.

Os dois ficaram discutindo o destino do neto, e logo após se deitar em sua velha rede o preto velho ficou matutando nas saídas das meninas que, iludidas com a tal carta de alforria, achavam que em breve voltariam cheias de riquezas e bem resolvidas na vida. Nenhuma delas tinha voltado, e não havia notícias nem da sombra delas. Sua filha, com certeza, estava vivendo esta vida – uma carta de alforria dizendo que ela era livre, e sua alma escravizada nas mãos de um perverso senhor.

Naquela noite, a fazenda viveu uma noite de pesadelos. Todos os moradores viviam seu inferno particular – as meninas agarradas com suas mães, muitas delas já temendo o que seria de seu destino, além de jovens apaixonados que deixavam as namoradas sem nenhuma expectativa de um futuro com elas.

A sinhá havia entrado em um estado de torpor, de olhos abertos, deitada na cama, as mãos cruzadas sobre o peito e os lábios inchados. Não reagia a nada.

Isabel, encolhida em um canto, não sabia se rezava ou se chorava. Olhava para sua senhora e sentia uma pontada de dor no coração. O que aconteceria com essa pobre coitada?

Lucrécia entrou com um chá e um mingau, pedindo ajuda a Isabel, e forçou a sinhá a engolir um pouco, dizendo que era mole e não ia doer sua boca, e que ela precisava comer e reagir.

O senhor dispensou Gorette dizendo que aquela noite queria ficar sozinho, pôr a cabeça no lugar.

Deitado em uma rede com um copo de conhaque na mão e um charuto na boca, era intuído pelos amigos afins. Sentia falta das noitadas na cidade, dos papos entre coronéis, das mulheres que chegavam de longe, novas, bonitas e perfumadas. Ia levar os filhos e entregar aos cuidados de Gorette, e precisava ficar umas três noites nas delícias que a cidade oferecia. Agora, com essa fazenda nova prosperando, pensava em adquirir um lote bom de escravos para aumentar a produção nas lavouras de fumo. Precisava fazer as contas de quantos novos escravos estavam para chegar a suas fazendas; o número que lhe passaram estava bem abaixo do normal. Precisava verificar o que estava acontecendo; talvez estivesse sendo traído por alguns feitores, que, sendo os pais dos novos escravos, roubavam os recém-nascidos, escondiam a gravidez das mulheres e, assim, a fazenda acabava tendo prejuízo. Isso estava acontecendo com muita frequência, e os coronéis já tinham enviado um abaixo-assinado às autoridades competentes para que os amparassem, que o infrator deveria pagar ao seu senhor entregando-lhe tudo o que tivesse, inclusive a família. Só assim poderiam pôr fim, de uma vez, a esse comportamento fora da lei dos feitores.

Ele se lembrou das meninas escolhidas para ser levadas à nova fazenda. Eram garotas de rara beleza, e uma delas lhe chamou muito a atenção. Queria essa jovem para dormir com ele. Estendeu a mão, pegou alguns papéis que estavam em uma mesa ao lado e viu que ela se chamava Otacília – era a menina que ajudava a decorar a mesa.

Todas as garotas escolhidas por ele passariam por sua cama e depois seriam vendidas. Iriam para o exterior, e os rapazes teriam o mesmo destino. Naturalmente que não gostava de homens, mas, se tinha alguém com esse hábito, que pagasse pelo preço justo e pelo segredo. Riu, imaginando o quanto aumentava a procura de homens pelos próprios homens. Fez as contas de quanto lucraria com esse lote bem selecionado. O negrinho do fumo ainda não podia ser incorporado aos demais, mas, dali a uns dois anos, era a caça favorita para alguns maníacos que gostavam de homens e descreviam suas preferências físicas.

Precisava fazer uma vistoria na meninada: idade, sexo... Precisava saber o que estava acontecendo com as mulheres que não engravidavam; das duas, uma: ou a negrada velha estava fazendo suas garrafadas diabólicas, ou ele teria de colocar um bom produtor e cobrar dele o serviço. Na sua loucura, contabilizando os lucros, não percebia as figuras negras ao redor.

Os negros velhos, escondidos, rezavam e conversavam baixinho entre si.

– Olha lá, Tomé. Está vendo o que eu estou vendo? – perguntou Bernardina. – Nosso senhor está recebendo os infelizes amigos, que devem estar passando novos horrores contra nós. Vamos orar por ele; é a única coisa que podemos fazer.

***

Gorette levantou-se acometida de um mal-estar: ânsia de vômito acompanhada de dor no estômago. Foi procurar a ajuda de Isabel, e esta correu até o barracão, chamando tia Lucrécia para preparar um remédio para a governanta. Ela dizia que estava passando mal do estômago, provavelmente por causa de algum alimento que ingerira no jantar.

A negra velha ajudou a governanta, que estava pálida e sem forças.

– Descanse, senhora. Beba este chá e descanse. Vou espalhar folhas de hortelã, e a senhora pode colocar um galhinho do lado do seu coração. Isso vai ajudar a passar o enjoo.

Logo mais, a governanta já não tinha mais enjoo e adormeceu.

As negras velhas conversavam bem baixinho, pois o feitor não podia ouvir o que falavam:

– O que você acha, Maria, não é gravidez?

– Só não é se o Sol mudou de cor, a Lua mudou de fase e nós perdemos o faro. Claro que essa dona está grávida! É curioso ver os três filhos do senhor chegando juntinhos. A sinhá e a Isabel, e essa aí também. A diferença vai ser de dias. O filho da Isabel nós sabemos que vai nascer e crescer na senzala. Mesmo que venha misturado, será filho de escravo. Mas e o filho da governanta? Como será que vai ser? Vai crescer junto com o filho da sinhá, dentro da casa-grande?

– Sei lá, minha amiga! Esses brancos fazem coisas que Deus duvida! Não sei se tenho dó da sinhá ou da governanta, ou das duas! Vamos esperar pra ver como é que vai ficar.

***

Os feitores da noite estavam de plantão, prontos para atender a qualquer chamado do senhor. Às vezes ele mandava chamar alguma das moças da senzala, e eles iam lá e traziam a garota, sendo ela comprometida com algum negro ou não. Todos eles eram propriedade do senhor.

De repente, o senhor se levantou e foi até a sacada do alpendre. Deu sinal para um dos feitores, que veio correndo atender ao seu senhor. Com certeza, era para buscar alguma moça pra ele, pensou o feitor.

– Sobe até aqui, Juarez, quero conversar com você – disse o coronel.

Respeitosamente, com o chapéu cruzado no peito, o feitor já estava à sua frente falando:

– Pois não, meu senhor, o que deseja?

O senhor sentou-se na cadeira de balanço e apontou ao feitor um banco, dizendo:

– Sente-se aí e me responda sem invenções: como é que estão os envolvimentos dos feitores com as negras da fazenda? Exijo que os meus feitores se casem para diminuir esses envolvimentos, mas, mesmo assim, é difícil controlar. Fale-me a verdade, porque vou abrir uma sindicância e levantar o que está havendo nesta fazenda. As negras pararam de parir e, se descobrir que você mentiu para mim, vai ser muito difícil voltar a confiar em você.

– Senhor – disse o feitor –, eu falo por mim. Procuramos obedecer às suas ordens; tudo bem que, às vezes, o senhor como homem pode compreender, é difícil resistir a essas mulatas fogosas, mas, se acontecer uma gravidez, os primeiros a querer proteção somos nós mesmos. Não vamos assumir nossa falta de jeito nenhum, então esses filhos que, porventura, nasçam por aí gerados pelos feitores da noite são todos escravos do senhor. Também acredito que esteja acontecendo alguma coisa estranha, principalmente com as mulheres que trabalham na lavoura. Lá, não há tanto controle, os negros fazem sexo a qualquer hora do dia. É só dar uma brecha, e os feitores até facilitam, pois, além de o negro dobrar o serviço, é lucro pra fazenda mais um escravo do senhor. Talvez tenha alguém preparando e fornecendo às mulheres da fazenda remédios para não engravidar ou remédios que as façam perder os filhos. Isso é muito difícil de a gente provar.

– Quem está encarregado da preparação dos medicamentos na fazenda?

– O Julião é quem sai para procurar ervas, raízes etc. que os mais velhos pedem para o preparo de remédios. Mas eu também não sei se ele conhece cada erva e para o que serve; o perigo está nas mães velhas e nos pais velhos, que fazem tudo no silêncio. Eles ajudam a gente, mas se aproveitam dos conhecimentos para comprometer os feitores. Sei que circulam por aí boatos de que muitos feitores estão escondendo e até vendendo seus filhos misturados, mas aqui na sua fazenda eu garanto que isso nunca aconteceu!

– Amanhã de manhã traga-me o Julião e todos os negros mais velhos da fazenda. Vamos fazer uma acareação; quero levantar o que está acontecendo. Pode se retirar e passe aos outros as minhas preocupações; se descobrir que tenho um traidor em minha casa, mando dar fim nele, como pagamento do prejuízo, escravizo a família toda.

– Boa noite, meu senhor, suas ordens serão levadas adiante e cumpridas.

Assim que desceu as escadas, o feitor secou a testa, que estava encharcada de suor. Santo Deus! Tinham de conversar entre si e sustentar a palavra, todos falando a mesma linguagem. Ele mesmo tivera dois filhos com uma mulata, sendo que um estava sendo criado pela avó paterna e o outro pela esposa. Já pensou se fosse pego? E todos os seus companheiros tinham histórias semelhantes – as negras até preferiam se deitar com eles, para ter um filho livre!

Afastando-se do senhor, ele falou baixinho com o companheiro, que já o aguardava para saber das novidades.

– Avise os outros que, quando o senhor se recolher, quero conversar com vocês. A coisa vai ficar complicada para nós se não tomarmos uma providência em conjunto.

– Pela sua cara, a coisa é séria mesmo – respondeu o outro feitor.

– Pior do que você imagina – disse o feitor, já se retirando.

***

O senhor, bebericando seu conhaque importado, teve uma ideia: "Vou mandar preparar um remédio para acabar com a gravidez da sinhá! Não vou ter lucro nenhum com essa barriga! Ela não vai ter condições de cuidar desse filho; já tenho problemas suficientes para abraçar mais um. Vou matar dois coelhos com uma pancada só! Com o remédio em mãos, também vou ter certeza do que está acontecendo por aqui. Tenho de mandar esses mais velhos embora daqui e trazer os mais velhos da outra fazenda, advertindo que, se cometerem novamente o mesmo desatino, aí vou libertá-los. Vou pagar pela liberdade deles um copo de cachaça! Vou expulsá-los das minhas terras, e eles sabem muito bem que não sobreviverão mais que um mês perambulando por aí. E, uma vez livre desse incômodo da sinhá, posso deixá-la na outra fazenda e pensar no que fazer para enviuvar e ter testemunhas de que fui vítima do destino. Quando for acontecer, quero estar longe, e também levarei Gorette, para não despertar desconfianças. A mãe dos meus filhos, que era uma dama, eu encaminhei para o céu. Essa eu vou encaminhar para o inferno!" Ele se recolheu bastante tarde, observando os feitores, que davam sinais aos negros para não saírem para seus encontros noturnos, sendo que até eles mesmos haviam perdido os encontros à beira do rio naquele dia.

No outro dia, bem cedo, as crianças estavam de pé. Sula corria atrás delas, pedindo que não se sujassem. Como iriam se sentar sujas à mesa do café?

Trançando os cabelos loiros da menina, pediu:

– Meu amor, luz de minha vida, por mim, faça o que lhe peço. – Lágrimas escorriam dos olhos da moça.

– O que foi, Sula? Por que está chorando? – perguntou a menina, abraçando-a.

– Não faça perguntas ao seu pai do jeito que fez ontem na hora do jantar. Não responda quando ele lhe falar; temo que se aborreça com você e muito mais comigo, achando que sou eu a culpada por sua rebeldia.

– Não sabia que você estava tão triste assim por causa disso. Prometo que não faço mais. Você me perdoa? Nunca quero ficar longe de você. A pessoa mais importante da minha vida é você, Sula!

– Então se comporte como uma verdadeira mocinha. Não responda para sua madrasta nem para a senhora Gorette, nem aos seus professores, e muito menos ao seu pai.

– Prometo! Nunca mais vou fazer você chorar por essas coisas, está bem? Agora, enxugue os seus olhos e vamos esperar pelo papai e por Gorette. Por que ela ainda não está aqui?

Sula olhou para os lados, procurou com os olhos no jardim, mas não avistou a governanta. Estranho... Ela sempre acordava cedo e ia dar ordens na cozinha. Vai ver que ainda estava conversando com as cozinheiras.

Avistou Otacília trazendo os pratos que comporiam a mesa, e, aproximando-se discretamente dela, perguntou:

– Dona Gorette está na cozinha?

– Não. Também estranhamos. Ela sempre chega cedo para dar instruções sobre como deve ser colocada a mesa. Como não chegou, tia Lucrécia mandou que eu viesse e fosse colocando a mesa mesmo assim.

"Que estranho mesmo!", pensou Sula. Quem poderia ir até os aposentos dela para ver o que estava acontecendo? Talvez ela tenha demorado para dormir. Quem sabe o senhor tenha ficado bastante tempo na varanda e, como os dois dormiam juntos, ela o esperou e ambos tenham perdido a hora, pois o senhor também não aparecera ainda.

A menina chegou perto da ama e perguntou:

– Posso pegar um biscoito? Estou morrendo de fome. O meu pai briga com a gente quando nos atrasamos, mas veja: o Sol já está aí, e cadê ele?

– Sobre o que conversamos agora há pouco? – perguntou Sula, olhando dentro dos olhos da menina.

– Perdão, não posso falar sobre isso! Mas posso pegar um biscoito?

– Pode! Pegue rápido e venha até aqui. Se o seu pai perceber que eu deixei você fazer isso, o que poderá acontecer comigo?

A menina, seguida pelo irmão, correu até a mesa, encheu as mãos de biscoitos, e voltou correndo e sorrindo pela façanha.

A governanta apareceu quase correndo e, olhando para os lados, percebeu as crianças, que mastigavam. Fingiu não notar e, dando um alegre bom-dia, perguntou:

– E o papai, onde está?

– Não sabemos. Estamos esperando por ele e com muita fome – respondeu a garota. Sula a encarou; ela entendeu o olhar e se calou.

– Vamos, então, nos sentando à mesa. Vou dar lições de boas maneiras até o papai chegar. Assim, vocês podem aprender como se sentar com elegância.

Enquanto Gorette explicava posições de talhares, pratos, copos e xícaras, o coronel apareceu batendo as botas no chão e deu um sério bom-dia a todos.

Assim que terminaram o café, as crianças foram levadas por Sula, mas, antes, receberam instruções de Gorette de que teriam aulas de inglês e história de manhã, e à tarde aulas de português, matemática e conhecimentos gerais.

Gorette criou coragem e perguntou ao senhor:

– Já foi olhar a sinhá?

– Não! E nem pretendo. Por favor, vá até lá e faça o que achar melhor, contanto que não me traga aborrecimentos. Aproveite para alertar os escravos de que se mudarão na semana que vem. Nada de aprontar nenhuma infração. Todos serão bem tratados ou muito maltratados, cabe a cada um deles o que deseja de mim. Comece a separar os trabalhadores que ficam e dê instruções sobre o que deve ser feito. Não quero atrasos na obra nem estragos em nenhuma peça da casa. Tudo deve ser feito com muito cuidado. Nesta vida, nunca tenho prejuízos; alguém sempre paga muito caro por qualquer dano que me cause.

Gorette ia perguntar se tinha feito alguma coisa que o aborrecera, pois ele não olhara para ela durante o café. Antes de abrir a boca, porém, ele se levantou e encaminhou-se ao local onde os feitores e os mais velhos estavam reunidos.

– E então? Estamos aqui com os meus velhos escravos, tia Maria, minha ama de leite. A senhora parece que não fica velha, não é, tia Maria?

– Fico sim, meu filho. Todos nós envelhecemos; é a lei da natureza – respondeu a bondosa tia Maria, com um lenço amarrado na cabeça, encobrindo os seus cabelos brancos.

Olhando para aquele homem austero e elegante, notou que em nada lembrava o seu pequeninho de cabelo de fogo; era assim que ela o chamava. Tinha tido o seu primeiro filho, e logo em seguida a sua sinhá tivera esse menino tão lindo, e ela fora escolhida para amamentar o filho da sinhá. Seis negras foram fazer o teste, mas ela fora a escolhida, e o menino mamou mais e melhor. Com isso, ela passou a morar dentro da casa-grande, separando-se do seu filho. Foi proibida de ir até a senzala; o senhor dizia que lá ela poderia trazer doença para o menino. De vez em quando, ela avistava de longe o seu pequeno José. Ele era tão lindo, gordinho e sorridente; que vontade de poder abraçar o seu bebê, beijá-lo e ensiná-lo a chamá-la de mamãe, como ensinava o pequeno senhorzinho a chamar a sinhá de mamãe... Uma vez ou outra, quando não tinha um feitor por perto, e a sinhá ficava entretida nos bordados, ela corria e beijava o seu pequeno às escondidas.

O filme de sua vida aparecia diante dos seus olhos. Um dia, ela brincava no jardim com o pequeno bonequinho da sinhá; esta fazia um bordado em uma linda tela. O menino corria e se escondia para que ela o encontrasse. Uma carroça saiu da senzala e ela avistou sua mãe, sua irmã, seu pai e seu filho, que iam com outros escravos para longe da fazenda. Desesperada, gritou:

— Meu filho! Meu filho está indo embora, minha sinhá!

A sinhá largou o bordado e correu até a carroça. Ela seguiu a sinhá, desobedecendo às ordens do senhor. Agarrou-se ao filho, desesperada e chorando. Fora a primeira vez que gritara em voz alta pelo seu filho. Virara ama de leite do filho do senhor e se conformava em ver o seu filho de longe, mas sabia que ele estava ali, de uma forma ou de outra, diante dos seus olhos, perto do seu coração. Agora ele estava indo embora. Por que o senhor fizera isso? Será que sua sinhá não sabia? Ela também era mãe!

— Quem deu ordem para levar esses escravos e para onde os estão levando? – perguntou a sinhá ao feitor.

— Estou, minha sinhá, cumprindo as ordens do senhor seu marido. Ele trocou esses escravos por seis vacas leiteiras e um boi de raça. Foi um excelente negócio, e pode ficar sossegada que eles estão indo para uma fazenda muita boa e continuarão juntos, serão bem tratados. A família que os adquiriu queria uma família de escravos assim: pais, filha e neto. Não posso demorar muito aqui parado, sinhá. O administrador responsável pelo meu trabalho pode me punir.

A mãe retirou o bebê dos seus braços dizendo:

– Minha filha, acalme-se. Prometo que cuidarei do seu filho, vamos agradecer a Deus por estarmos seguindo juntos, e sei que você vai ficar amparada. Vamos continuar rezando uma pela outra; Deus não vai desamparar nenhum de nós.

Ela sentiu as pernas tremer e a cabeça girar. Acordou no seu quartinho, sendo tratada pela avó Aurora. Ela lhe aplicava folhas de cânfora nos pulsos e queimava uma resina de folhas perto do seu rosto.

– Meu Deus! Meu filho! Meu filho! Levaram o meu filho! Por que levaram o meu filho? – Abriu os olhos e deparou com os olhos da sinhá. Ela chorava com o seu pequeno nos braços, chorando e pedindo para mamar.

– Por favor, Maria, alimente o meu filho. Ele chora de fome e não aceita outro seio. Eu não sabia, Maria, que o seu filho tinha sido vendido. Prometo que vou lutar muito e pedir ao senhor que renegocie e traga a sua família de volta. Se eles não puderem vir para esta fazenda, que sejam levados para a nossa nova fazenda. Você sabe, Maria, que na venda de um escravo existem éticas entre os senhores; eles não voltam mais para o destino que deixaram, porém há essa chance de levar seus familiares para a outra fazenda.

Ela estendeu os braços, tomou o menino da sinhá e limpou o seio. O menino sugava o leite com tanta força que o leite escorria pelo canto de sua boquinha, e dos olhos de Maria escorriam lágrimas por seu filho.

A sinhá também chorava com sinceridade e dor no coração; o seu senhor e marido não podia ter feito aquilo! Ela jamais iria perdoá-lo; tirar um filho de uma mãe é muito doloroso. Quando o seu bebê nasceu, Maria foi a escolhida e teve de se afastar do seu filho. Ela pediu para que o pequeno pudesse vir de vez em quando ver a mãe, mas o marido não permitiu, dizendo que não admitia esse tipo de liberdade dentro de sua casa. Por isso, quando ele saía, ela corria até o jardim com a desculpa de levar o garoto para brincar, e assim fingia não perceber as escapadas de Maria para ver o filho. Às vezes, ela pegava o filho e deixava Maria livre para abraçar e beijar o seu bebê.

O tempo passou depressa, e a sinhá implorava ao marido para trazer a família de Maria de volta, que fosse para a outra fazenda, mas que fizesse alguma coisa. Três anos depois, o senhorzinho já montava e andava com o pai pela fazenda, era um menino esperto, e ele veio e contou para Maria que eles fariam uma viagem e que ela também iria junto: iriam para a outra fazenda.

A sinhá pediu a Maria que pegasse os seus pertences, pois passariam uma semana na outra fazenda. Ela não imaginava a surpresa que a esperava: seus pais e seu filho estavam lá! Todos bem. A sinhá permitiu que ela dormisse na senzala com seus familiares, e foi uma semana de felicidade. A partir daí, ela obtinha notícias deles, e uma ou duas vezes por ano ia com a sinhá à fazenda para passar uma semana de plena alegria e felicidade. O seu filho, sua irmã e sua mãe ainda viviam na fazenda; o pai havia falecido. E ela continuava ali. Os outros se foram para longe, deixando o senhorzinho no comando dos negócios. Ela não tinha do que reclamar ao senhor; amava-o como a um filho. É impossível uma mulher que amamenta uma criança não amá-la por todo o sempre. Jamais sofreu algum castigo imposto por ele; de alguma forma, quando se encontravam, ele ainda tinha aqueles olhos de menino, que viam nela algo bom, afinal, era sua ama de leite.

O senhor a tirou de seu devaneio.

– ...e então, meus velhos escravos, eu gostaria de fazer uma mudança também entre vocês. Estive analisando que alguns têm familiares na outra fazenda e vice-versa. Por isso, com ajuda do administrador, fiz uma avaliação. Por exemplo, minha ama de leite, tia Maria, há quanto tempo não vê os seus familiares?

– Há mais de oito anos, meu filho. Quando a nossa sinhá foi embora, nunca mais retornei à fazenda.

– Pois, então, a senhora vai viver com a sua família! A semana que vem já deve estar sendo transferida. Vá anotando, administrador.

E assim ele foi apontando quem iria, com certeza, terminar os seus dias na outra fazenda.

– Você também vai, Tomé. Mudar de ares faz bem em qualquer idade!

– Lucrécia e Bernardina, Serafim, Tenório e você, Julião, por enquanto ficam. Os demais arrumem seus pertences; seguem viagem amanhã mesmo. Espero que todos estejam satisfeitos. Conversei com o administrador e ele conhece a vida de vocês mais do que eu; sei que muita gente aqui vai aproveitar bem essa oportunidade. A senhora gostou, tia Maria, de ir ao encontro dos seus?

– Foi o maior presente que eu recebi de Deus. Rever e conviver com os meus não tem preço!

Os negros velhos saíram conversando, alegres com a surpresa e a grande alegria de rever seus entes amados, mas, ao mesmo tempo, já saudosos um do outro.

– Não vamos mais nos ver, minha gente – disse um preto velho, batendo nas costas da Lucrécia. Com a idade que estamos, acredito que não nos veremos mais neste mundo dos encarnados. Levo de vocês os meus melhores pensamentos, minhas maiores lembranças, e guardarei dentro do peito a imagem de todos. Quando a saudade bater, só as minhas lágrimas serão o meu consolo. Vivemos e tivemos uma história em comum.

– É verdade, Joaquim – disse tia Maria. – Nós não vamos mais nos encontrar neste mundo, mas sabemos que não deixaremos de existir. Se Deus está nos separando nessa altura de nossas vidas é porque, futuramente, e não acredito que seja um tempo maior na que o que já vivemos na Terra, vamos novamente estar juntos, rindo e construindo uma nova história. Não vamos chorar de tristeza, vamos chorar de saudade, afinal vivemos e suportamos todas as tormentas de nossas vidas porque nos apoiávamos um no outro. Estamos indo ao encontro daqueles que não tiveram a chance de dividir conosco os momentos de alegria e tristeza. Sinto tanta saudade deles quanto sei que vou sentir de vocês.

– Fomos pegos de surpresa... Não estou preparado para deixar esta fazenda! Mesmo tendo na outra fazenda uma filha e um irmão, criei raiz nesta casa. Não sei se vou me adaptar a uma nova rede. E o que vou fazer lá? Nessa altura de minha vida, não posso oferecer muito. O que será que nós vamos fazer? – lamentou o velho Tomé.

– Vocês estão falando dos seus sentimentos, e agora falo eu por todos os que ficam – disse Bernardina. – Vejam bem: vocês são um número bem maior do que os que estão ficando; além de reencontrarem seus familiares, vão estar juntos. E nós, que ficaremos sem vocês? Não lamente, minha gente. Maria tem razão quando disse que nós não vamos viver mais tanto tempo na Terra, então vamos aproveitar e preparar nossos caminhos futuros, que é a partida para a Casa do Pai Criador e, quem sabe, teremos a chance de, mais uma vez, estarmos juntos.

– Bem, pessoal, vamos começar a arrumar nossa mudança, que amanhã a gente parte. Hoje à noite, quando formos dispensados, vamos nos reunir no lugar de sempre, faremos nossas orações e ouviremos o que dizem nossos mestres. Assim nos despediremos. Levarei nossa bebida preferida, e você, Tomé, prepare nossos cigarros; acho que poderemos comemorar sossegados. Os feitores não vão se importar conosco, será, com certeza, a nossa última noite nesta fazenda. Olha como somos sortudos: vocês acham que são muitas as pessoas que têm certeza de passar os últimos momentos ao lado dos amigos? Cada minuto deve ser apreciado e dividido com os que vão e com os que ficam.

O senhor ficou olhando-os se afastarem e pensou: "Assim que eles partirem, vou apertar as duas velhas. Vai ser amanhã mesmo! Elas vão ter de preparar o remédio da sinhá, e aí também vou ter a resposta das minhas desconfianças". Deu ordens para os feitores e foi até a Gorette, dizendo:

– Vou cuidar dos meus afazeres e confio a suas mãos a minha casa e o que tenho de mais valioso: meus filhos. Você sabe o que sou capaz de fazer por coisas menores, imagine por eles!

– Pode ir tranquilo, meu coronel! Farei o melhor por tudo o que é seu.

Assim que ele se afastou, ela ficou pensativa e, olhando para o vazio, se perguntou: "Será que foi a melhor escolha da minha vida ter acompanhado esse homem?" Enfim, estava ali e daria o melhor de si. Começou a dar ordens e a fazer mudanças, dentro e fora de casa.

Próximo ao almoço, Gorette resolveu que iria ao quarto da sinhá. Não podia ignorar que ela estava li e fazia parte da casa do coronel. Ela tentou se aproximar da sinhá, mas ela não lhe deu nenhuma chance. Ela devia lutar pela sua vida, e não se deixaria levar por uma menina doente e mimada. O sofrimento também ensinava as pessoas; ela iria aprender sofrendo.

Bateu à porta do quarto. Isabel abriu, e a sinhá estava recostada nos travesseiros, com olheiras profundas. Assim que viu quem era, se sobressaltou:

– O que você quer aqui no meu quarto? Não chega já ter tomado conta de tudo, agora quer invadir a minha privacidade? Vá contar para o coronel que eu a ofendi; quem sabe ele não venha aqui me castigar. Fique de uma vez com ele e me deixe em paz! Você pensa que engana a quem? A mim? Você é amante dele! Se tivesse decência, pediria a ele para montar uma casa para você e não ficaria aqui dentro, pois, a partir do momento que me casei com ele, está é a *minha* casa! – gritou a sinhá.

– Venho tentando convencê-la de que minhas intenções para com você são as melhores possíveis, mas vejo que perdi o meu tempo. Então, minha senhora, já que não me aceita como eu sou, eu vou aceitá-la do jeito que você quer, ou seja, vou ignorá-la! Tenho carta branca do coronel e aqui quem manda é ele, e não você. Pode me odiar, pode se fazer de vítima e morrer sufocada neste quarto, que não vou me importar. Agora sou eu que a alerto: quer reclamar com o coronel que eu estive aqui e lhe disse tudo isso? Experimente fazê-lo, e acredito que saiba o que acontecerá neste quarto. Com sua licença, senhora, eu tenho muito o que fazer! E você, Isabel, me acompanhe por favor – pediu Gorette.

– Você não vai sair deste quarto – berrou a sinhá.

Gorette, olhando para a escrava calmamente, disse:

– O que você escolhe: quer permanecer na fazenda ou deseja

partir amanhã mesmo com os outros? Se deseja permanecer nesta fazenda, obedeça à minha ordem. A sinhá você vai apenas servir, e não ouvir!

A escrava seguiu Gorette sem prestar atenção nos rogos da sinhá. Na despensa, onde os escravos eram chamados para receber ordens, ela conversou com Isabel, dando-lhe as seguintes ordens:

– Você não levará nenhuma informação do mundo fora do quarto para a sua sinhá. Se ela resolver se misturar com o mundo, ela vai ter de deixar o quarto, e aí sim a ajude a caminhar por onde ela desejar. Pode animá-la a sair, mas não pode dar nenhuma informação do que se passa do lado de fora do quarto, entendeu? Vai continuar dando assistência a ela, cuidando da alimentação e da higiene pessoal; o resto é ela quem deve escolher. Na próxima semana, nós vamos partir para a nova fazenda; permaneceremos por lá uns seis meses, até as obras serem concluídas. Você deve ir conosco, e as ordens que estou dando aqui servem para a outra fazenda também, fui clara? O seu bem-estar depende do que você entendeu nesta conversa. Uma palavra de desagrado passada por você e tomarei decisões drásticas. Pode ir, e nenhuma palavra sobre o que conversamos. Deixe-a gritar, espernear; não precisa ficar com medo, ela não sabe o que faz.

– Sim, senhora, eu ficarei de boca fechada. Já entendi o meu papel: é apenas cuidar da sinhá em silêncio, estou certa? – disse Isabel.

– Está corretíssima! Não se preocupe; ela não pode dispensar você desta tarefa, a não ser que não me dê ouvidos. Aí, sim, você vai sair para bem longe daqui, e só Deus para saber o seu destino e o do seu filho.

Quando Isabel retornou ao quarto, a sinhá estava de pé e veio como uma fera para cima da moça, gritando para que ela deixasse o quarto, que não a queria mais por perto.

Isabel, procurando se defender dos objetos jogados em sua direção, respondeu:

– Minha sinhá, por favor, eu lhe dei minha palavra de que cuidaria da senhora, e quero cuidar! Entenda, sinhá, uma governanta é mais que um feitor; se não a obedecesse, ela me tiraria daqui, e seria pior pra senhora ficar sozinha com alguém que não tenha sua confiança.

A sinhá parou e abaixou o objeto que ia jogar na moça.

– O que ela queria com você, Isabel? Fale-me: o que ela queria?

– Pediu-me que eu cuidasse bem da senhora; foi apenas isso, minha sinhá. E que eu a chamasse por qualquer coisa de que viesse a precisar, a qualquer hora do dia ou da noite.

– Isabel, essa mulher quer acabar com a minha vida! Ela fez isso para me provocar, para me mostrar que tem muito mais poder do que eu! Mas juro que vou me vingar dela. Perdi tudo na minha vida, não sei por que existo, mas ainda resta um pouco de ódio dentro de mim. Vou acabar com esses dois que me usaram; ele se casou comigo para aumentar sua fortuna, e ela veio para me humilhar. Queria morrer, mas agora mudei de ideia: quero viver! Vou fazer da vida deles um inferno. Quero e vou ser parceira do demônio. Dou a minha alma a ele, se me ajudar a liquidar com esses dois da forma como desejo.

A sinhá não percebeu, pois estava envolvida pela energia da raiva e da vingança, seres do baixo astral infiltrando algo pegajoso em seu corpo astral, e ela foi se sentindo muito mais forte, o ódio invadindo sua alma. Ela queria viver, queria tomar conta de tudo! Iria destruir aquela mulher e humilhar aquele homem a ponto de vê-lo se arrastar a seus pés. A vida lhe roubou todas as chances de felicidade, mas ela faria o próprio destino. Se, de fato, houvesse forças diabólicas como sempre ouvira dizer, que essa força se aproximasse dela; estava disposta a pagar qualquer preço – tomara que existisse mesmo, porque esse tão amado e tão falado Deus não passava de uma invenção!

Isabel sentiu um calafrio subindo pelas pernas, arrepiando todo o seu corpo. Uma falange de espíritos errantes, que já vivia dentro da casa, aproximou-se da sinhá. Satisfeitos, conversavam entre si:

– Conseguimos! Conseguimos! Ela vai nos ajudar. Desta vez, nosso plano vai ser concretizado. Vencemos! – Riam e se abraçavam; aqueles seres perdidos comemoravam o mal como se fosse felicidade.

Isabel não tinha vidência, mas pôde sentir algo ruim e nefasto por ali. Ela começou a pedir de dentro do seu coração ajuda às forças maiores e sagradas, para que iluminassem aquele ambiente, aquela casa e a sua sinhá; para que protegessem e defendessem o bebê que estava guardado em sua barriga.

Um espírito trevoso, aproximando-se dela, gritou para que os outros ouvissem:

– Esta aqui está tentando nos impedir. Olhem só ao redor dela os fios luminosos que estão aparecendo. Não cheguem perto; vocês podem tomar choque. Os amigos pareciam enfurecidos; queriam atacar a moça.

– Podem deixar, eu sei como cuidar desses fios e trazê-la para o nosso lado; é apenas uma questão de cuidado e de saber jogar o laço na hora certa.

A sinhá se levantou e pediu a Isabel que preparasse a sua roupa. Tomou banho, arrumou-se como nunca fizera antes, usando um perfume importado, e, de repente pegou uma tesoura e ela mesma cortou os cabelos, como se tivesse outra mão conduzindo a tesoura. Ficou com outra aparência; nunca, em sua vida, ela tinha usado pintura no rosto, embora tivesse tudo ali à mão. Por isso, começou a se maquiar. Conforme ia se pintando, olhava-se no espelho e realmente via outra pessoa. Dentro de si um só pensamento: "Vou destruir tudo o que tiver à minha frente. Da mesma forma que acabaram comigo, vou acabar com eles. Aquela imbecil de quem cortei os cabelos morreu; acabou! Sou outra, e essa outra não vai mais chorar nem se apiedar de ninguém". Um pensamento surgiu dentro dela como raio de luz: a imagem de sua mãe chorando. "Dane-se; não quero mais pensar nem sequer lembrar que tive mãe e muito menos pai! Eu o odeio tanto quanto este maldito que tenho por marido; não tenho ninguém no mundo, apenas eu existo para mim mesma." Outro raio de luz em forma de pensamento brilhou dentro dela: o filho que carregava dentro de si. "Quero ter esse filho, mas não para amá-lo. Quero usá--lo para destruir e acabar com esse maldito. Vou acabar com as únicas coisas que ele ama: os filhos. Ele vai ficar da mesma forma que eu sempre me senti: sozinho!"

A sinhá parecia outra mulher. Levantou-se e pediu a Isabel que a acompanhasse. Antes de deixar o quarto, ela indicou à moça que apanhasse um chapéu que estava no armário, pois precisava se proteger do sol. Deu ordens para que cuidasse do quarto e mudasse tudo. Quando retornasse, queria tudo novo.

Isabel não acreditava no que estava acontecendo. "Santo Deus! Será que a minha sinhá enlouqueceu de vez?" Deveria chamar a governanta? O que fazer? Onde ela estava indo daquele jeito? Como o senhor iria recebê-la?

– O que está esperando, Isabel? Imagino o que você deve estar pensando: que enlouqueci de vez. Mas lhe asseguro: não enlouqueci, não. Abri os meus olhos para uma grande realidade. Carrego um filho dentro de mim e vou lutar para que venha ao mundo forte e saudável, então preciso também eu estar forte e saudável para recebê-lo.

A sinhá desceu as escadas do alpendre de sua casa, e os escravos corriam de um lado para outro; estavam assustados com o que viam. O que acontecera com a sinhá? Ela nunca saía, nunca estivera com o marido e, de repente, em plena luz do dia, estava ricamente passeando nos jardins da casa-grande sem nenhuma criada ao seu lado?

Otacília correu e avisou dona Gorette que nem ela sabia se, de fato, era a sinhá; se fosse, ela estava mesmo completamente diferente, passeando no jardim e conversando com os escravos.

A governanta largou o que fazia e saiu correndo; só faltava isso. E se aquela louca estivesse aprontando mais uma das suas? Foi ao encontro da moça já prevenida: se tivesse de tomar alguma providência, não iria pensar duas vezes.

Sem se mostrar abalada, a sinhá virou-se para trás com uma rosa na mão e disse:

– Veja só que maravilha nascida neste jardim. Notei que todos os canteiros estão floridos; a primavera é a estação mais linda do ano. Vou caminhar por aí, nunca fui aos barracões da senzala. Hoje quero conhecê-los, mas não precisa se incomodar em me acompanhar; prefiro ir sozinha. Por favor, atenda a todas as ordens do meu marido; eu estou em minha casa e, com certeza, não vou me perder – e, antes de terminar a última frase, já dava as costas para Gorette.

A governanta ficou sem palavras; a sinhá estava linda e parecia outra pessoa. Estava diante de uma mulher adulta e pés no chão. Realmente ela agora parecia incorporar outro ser. Gorette não podia ver, mas tanto a sinhá quanto Isabel sentiram um arrepio subindo pelas pernas e chegando ao alto da cabeça. Um ser das trevas ria, olhando para Gorette, e comentava com um amigo ao lado:

– Essa aí também vai ser um instrumento muito importante para nós.

A sinhá saiu andando lentamente. Parecia tranquila e segura do que fazia. Gorette puxou o braço da criada e perguntou:

– O que está acontecendo, Otacília? Quem cortou o cabelo da sinhá e quem a ajudou a se vestir e a se maquiar assim? Cadê Isabel, que não está acompanhado a sinhá?

– Segundo Isabel, ela fez tudo sozinha, senhora. Também estou assustada; temo que ela tenha perdido de vez o juízo. Isabel me disse que foi de repente. Quando a senhora deixou o quarto, ela se levantou da cama e já era outra pessoa.

O senhor retornou próximo ao almoço. Sula estava trêmula, abraçada às duas crianças. A menina percebeu e lhe perguntou:

– Por que você está tão nervosa, Sula? Fizemos alguma coisa errada?

Ela, abraçando as duas crianças, não suportou as emoções e começou a chorar.

– Não, meus amores, vocês não fizeram nada. Vocês são as únicas alegrias de minha vida. A Sula está triste por outras coisas, não por vocês.

A mesa estava pronta para receber a família. Quando todos se sentaram à mesa, Suzanne apareceu, bela e tranquila. Pedindo licença a todos, sentou-se no lugar que lhe era reservado e que não ficaria mais vazio.

O marido tomou um susto duplo, pela atitude dela e pela mudança física. Ela estava bonita e provocante, e ele se sentiu atraído. Nunca tinha prestado atenção em seus olhos, que eram belos e profundos, nem nos lábios sensuais, no colo provocante...

A menina fez cara de zanga, mas, ao mesmo tempo, de surpresa – o que acontecera com a sua madrasta? De repente, havia ficado tão diferente e educada, pedindo até licença e cumprimentando-os com educação e bons modos.

Após o término do almoço, Gorette levou as crianças, recomendando a Sula os cuidados que deveria ter com elas. A sinhá acompanhou o coronel até o alpendre e sentou-se em uma cadeira de balanço. Ele estava em silêncio, tentando descobrir o que acontecera com Suzanne.

Otacília se aproximou perguntado ao senhor se podia servir o licor. Enquanto ela o servia, o coronel observou seus seios redondos e as ancas bem-feitas, e foi despertado em suas sórdidas intenções. Queria ter aquela negra à noite em sua cama. Daria ordem ao feitor para que a trouxesse até seu quarto assim que a fazenda se aquietasse no silêncio da noite.

A criada perguntou se a sinhá aceitava o licor, ao que esta respondeu:

– Sua sinhá está grávida, espera um filho do seu senhor. Não é recomendado se servir de bebidas que contenham álcool, por mais leves que sejam.

Acendendo um charuto, o coronel não acreditava no que ouvia. Ela queria aquele filho? E falava com tanto carinho que o surpreendeu.

O coronel dispensou a escrava e, olhando para a esposa, perguntou:

– Você está bem? Foi a Gorette quem a ajudou a ficar assim tão diferente?

– Obrigado por ter notado que estou diferente! Não foi a Gorette que me ajudou, não. Fui eu mesma que decidi mudar um pouco, não apenas por fora, mas por dentro também. Estou com você e preciso aprender a amá-lo e ensiná-lo a me amar. Nosso casamento não foi feito pela escolha dos nossos corações, mas ainda temos uma chance de descobrir o que une um homem e uma mulher, que começa na cama e se estende pela vida. Quero você como meu marido e estou pronta para você como sua mulher. Peço-lhe perdão pelos incômodos que lhe causei; prometo que de hoje em diante será diferente; serei sua sinhá.

Um dos amigos trevosos jogava sobre o coronel uma energia pesada. Ele a olhou de repente e se encheu de desejos por ela. De fato, ela lhe pertencia, e parecia uma linda borboleta saída de um casulo.

Suzanne percebeu o olhar dele, e os amigos maliciosos a orientavam sobre como seduzi-lo. Ela se levantou e foi até o outro lado do alpendre; o perfume que emanava dela deixou o coronel enlouquecido. Ela se virou para ele e, maliciosamente o convidou para acompanhá-la ao jardim. Queria lhe mostrar algo muito bonito e importante que eles tinham ali na fazenda.

Inebriado pelo aroma que ela exalava, simplesmente a seguiu.

Gorette observava de longe e sentia uma pontada de ciúme em seu coração. O senhor ia cair nos braços da sinhá e só Deus poderia saber do que seria capaz uma mulher machucada. Precisava tomar cuidado e não vacilar. Ela havia escolhido seguir aquele homem para mudar de vida, ter segurança e estabilidade no futuro, e agora estava diante de um grande perigo.

Suzanne, pegando uma rosa que balançava ao vento, disse:

– Eu sei que você já permitiu que destruíssem tudo isso, mas devo lembrá-lo de algo que senti hoje tocando nessas roseiras. Todas elas foram plantadas aqui por seus pais. Fiquei sabendo que foi o coronel, seu pai, quem desenhou esses canteiros e plantou essas roseiras, cujas mudas trouxe de longe, e hoje elas se espalharam por aí. Fiquei pensando se era mesmo necessário arrancar tudo isso para se criar algo novo; sua história está em cada detalhe desta casa. Sou a favor de fazer algo para melhorar o visual da nossa casa, criar novos espaços para as crianças; aliás, hoje são duas, mas em breve teremos três, e, com minha ajuda e sua proteção, criaremos uma nova história de família.

Como se estivesse hipnotizado por ela, ele começou a se lembrar de como a mãe amava aqueles canteiros. Ela ficava horas a fio ali no jardim, e o seu pai se orgulhava de mostrar cada muda nova que obtinha de fora do Brasil. Suzanne tinha razão – não permitiria que Gorette arrancasse as memórias de seus pais dali!

Os dois andaram cerca de uma hora pelos jardins. Gorette continuava a observar o casal, sendo também observada pelos criados mais velhos, que comentavam entre si:

– Quanto mais vivemos, mais aprendemos. Olha se isso é para qualquer um entender: o coronel sendo a pedra de um jogo nas mãos de duas mulheres.

Os dois entraram na casa-grande. Isabel tinha cumprido as ordens de sua sinhá: o quarto estava todo arrumado e perfumado, lençóis de linho cobrindo a cama. A sinhá pediu ao coronel que a ajudasse a abrir o vestido. Ao tocar a pele de Suzanne, não resistiu e a puxou para si, beijando-a com paixão e cego de desejo. Ela estava satisfeita, pois seus planos estavam dando certo!

Os amigos desencarnados riam entre si, comemorando a vitória de Suzanne e a habilidade deles de vencer os distanciados de Deus.

***

Isabel conversava na cozinha com as cozinheiras, contando tudo o que acontecera depois que a sinhá tivera uma discussão com a senhora Gorette.

– Ela se levantou e fez juras malignas, que me deixaram toda arrepiada. De repente, transformou-se em outra pessoa. Cortou os cabelos sozinha, arrumou-se como uma dama, jogou tanto perfume no ar que o quarto ficou todo cheiroso. Pediu que arrumasse tudo, trocasse as roupas de cama, colocasse coisas novas e flores em seu quarto. Eu a obedeci direitinho; o quarto está um luxo!

Lucrécia fez o sinal da cruz e falou baixinho:

– Minha gente, nós precisamos rezar mais. O que é que está acontecendo nesta fazenda? Parece que tem algo ruim influenciando todas as pessoas, brancos e negros. Eu já estou aqui com as pernas tremendo de medo e inquietação. Hoje à noite vamos nos reunir para receber nossas orientações espirituais e nos despedir de pessoas que vão embora de nossas vidas antes de morrer. É difícil quando você enterra um amigo, mas os sentimentos não são diferentes quando nos despedimos de pessoas vivas, que vão embora e que temos certeza de que nunca mais voltaremos a ver. Vocês acham que ainda vamos ver a Maria? O Tomé? Meu Deus, eu sei que eles vão ter uma grande alegria ao reencontrar os seus entes queridos, mas e nós? Como vamos preencher o vazio e a saudade que eles vão deixar na nossa vida?

Bernardina, com os olhos cheios de lágrimas, abraçou a amiga e respondeu:

– Calma, Lucrécia! Resta-nos a certeza de que ninguém desaparece debaixo da terra, e Deus sempre é tão bondoso conosco que, quando um de nós deixa este mundo, antes de entrar no corredor sem volta, vem até nós se despedir e, de qualquer forma, um dia temos de nos separar por um motivo ou outro, então vamos manter a fé e a confiança na vida, e obedecer à vontade do Pai.

Gorette procurou Isabel e a levou para um lugar distanciado da casa. Queria saber o que estava acontecendo com a sinhá, e a alertou para que não mentisse, pois a mentira não a levaria muito longe.

A moça, assustada, contou-lhe o que aconteceu. Disse estar tão abalada quanto ela. Os negros estavam assombrados com a nova sinhá; essa mudança repentina poderia ser um perigo para todos.

As crianças estavam tendo aulas, e Sula arrumava os pertences deles, uma vez que iriam ficar um bom tempo longe de casa e teriam de levar praticamente tudo o que usavam. A conversa geral era a mudança dos mais velhos para a outra fazenda. Todos tinham parentes por lá, essa era a vantagem deles. Sula, entretanto, não parava de pensar na sinhá e na senhora Gorette. Percebeu que uma guerra fora travada entre elas e que todas as mais velhas falavam da gravidez da senhora Gorette. Como seria tratada essa criança? Não podia morar na senzala e, com certeza, não seria aceita na casa-grande. O coronel poderia montar uma casa para ela bem longe da fazenda; ele já fazia isso mesmo, até a filha dela fora beneficiada. Ela devia isso à bondosa sinhá que Deus levara embora. Como fazia falta uma sinhá de coração em uma fazenda!

***

O Sol baixava no céu quando o coronel deixou a fazenda, indo ao encontro do administrador para cuidar dos negócios. Todos baixavam a cabeça à passagem dele. Parecia que o encontro com a sinhá o deixara mais exigente, pois gritara com os feitores e discordara do administrador.

Isabel correu para servir sua sinhá. Ela cantarolava e, com a entrada da criada, gargalhou e disse:

– Vou ser realmente uma sinhá! Saberei recompensar a todos os que me forem fiéis e destruirei todos aqueles que me forem infiéis. Não gostei de sua atitude hoje. Você desobedeceu a mim ao seguir aquela mulher que entrou em minha casa querendo plantar discórdia. Logo, logo ela vai estar longe daqui, e você poderá ir com ela. Você me demonstrou fraqueza e infidelidade; falarei com o senhor para colocá-la a serviço de Gorette, que vai morar em uma das casas preparadas para os trabalhadores avulsos como ela. Ou, então, ele que a mande para a outra fazenda juntamente com os velhos. Não a quero mais me servindo, exatamente porque perdi a confiança em você.

Isabel atirou-se a seus pés chorando e lhe dizendo:

– Pelo amor de Deus, não faça isso comigo! Eu já lhe expliquei que só acompanhei a senhora Gorette porque entendi que ficaria pior para a senhora se ela me dispensasse. Agora é diferente, sinhá; não preciso ficar com medo dela. Darei a minha vida pela senhora!

Os amigos trevosos riam de satisfação. O chefe, orgulhoso, exibia-se para os companheiros, dizendo:

– Não lhes disse que iria romper os fios luminosos dela e a traria para o nosso lado?

O mesmo ser trevoso foi até Suzanne e lhe soprou:

– Deixe-a ficar, mas, antes, faça com que jure de joelhos fidelidade em tudo o que você desejar dela. Caso contrário, ela será dispensada. Isso vai dar certo. Vamos, faça!

Suzanne afastou-se de Isabel e, aproximando-se da janela, avistou Gorette conversando com Sula e as crianças. Maldita... "Aproveite. Vá aproveitando, porque amanhã mesmo você não vai mais dormir debaixo do meu teto; hoje é a sua última noite em minha casa." Virando-se para Isabel, disse com autoridade:

– Ajoelhe-se aos meus pés para me fazer um juramento!

A moça caiu de joelhos aos seus pés e, chorando, respondeu:

– Juro pela minha vida e pela do meu filho que darei nossas vidas pela sua, minha sinhá.

– Preste bem atenção: se você me der mais um motivo para desconfiar de sua pessoa, pode acreditar em mim: será vendida sem o seu filho! Mesmo que tenha de sair grávida daqui, assim que o seu filho nascer, onde você estiver, ele será propriedade nossa. Voltará para a fazenda e eu mesma vou castigá-lo pelo resto de minha vida, para você ser castigada onde estiver.

Era comum acontecer isso. Às vezes, as escravas eram vendidas e saíam grávidas. O contrato rezava que, assim que a criança nascesse, deveria ser devolvida em perfeito estado de saúde. Acontecia muito com as amas de leite: elas eram vendidas para outras fazendas, para amamentar os filhos dos senhores, e sua cria era devolvida ao antigo dono.

Isabel, tremendo e apavorada com a possibilidade de ser vendida e separada do seu filho, jurou que seria fiel a sua sinhá até o fim dos seus dias.

– Você vai ouvir e ver muitas coisas daqui para a frente. Nenhuma palavra, com quem quer que seja. Você será meus olhos e meus ouvidos; fará tudo o que eu mandar, e não vai abrir a boca para contar a ninguém.

Ainda tremendo, a criada concordou.

***

Gorette aproximou-se do coronel, que examinava alguns novos cavalos que tinham sido adquiridos pelo administrador.

– Como está, coronel? Parece cansado. Posso mandar preparar seu banho com as ervas aromáticas e também lhe aplicar aquela massagem?

– Agradeço a sua gentileza. Adoro a sua massagem, mas hoje não vou aceitar; tenho coisas a resolver. Cuide de tudo e acompanhe os preparativos dos que seguem amanhã para a outra fazenda. Depois do jantar, preciso tratar de assuntos importantes com o administrador. Por favor, não me espere nem vá ao meu quarto; não estarei lá.

– Sim, senhor, entendi. De certa maneira, fico feliz que o senhor esteja mudando suas ideias a respeito do que havia planejado para com sua esposa. Conte comigo. Estou aqui para me arranjar na vida, trabalhando e ajudando. Tudo o que for para o seu bem, sabe que pode contar comigo.

– Melhor assim, Gorette! Eu posso ter uma ideia e posso mudar de ideia na hora que bem entender! E, por falar em mudar de ideia, mudei de ideia a respeito dos jardins que foram construídos pelo meu pai. As roseiras estão todas floridas, os canteiros estão bem cuidados. Não vamos mexer em nada ali, tudo bem?

– Coronel, notei que a sua esposa lhe mostrava algumas coisas lá no jardim e acho que ela tem poder e direitos para opinar sobre as nossas ideias. O senhor deve ouvi-la. De repente, ela não quer mudar alguma coisa que está no projeto por ser de estimação.

– Esteve me espionando, Gorette? Percebeu, também, que passei boa parte da noite no quarto com ela?

– Claro! E sei que o senhor não tem de dar explicações a ninguém, mas não pude deixar de perceber, assim como todos os escravos notaram e se felicitaram em ver a sinhá assumindo o lugar dela na casa-grande. Eu fui contratada para ser a governanta da casa e cuidar dos seus filhos, e é isso o que vou fazer.

– Então vamos manter nossa amizade. Faça a sua parte, e eu farei a minha. Isso não quer dizer que, de vez em quando, eu não vá bater na porta do seu quarto, por isso não quero vê-la por aí enlaçada com nenhum feitor.

– Fique tranquilo, coronel. Isso não vai acontecer. Vou dormir todos os dias com a porta do quarto sem chaves, apenas encostada. Não precisa nem bater, é só entrar. Esperarei o tempo que for necessário, não era assim antes?

Suzanne, do alpendre, observava os dois e pensava: "Vocês não me enganam! O mesmo amor que sinto por um, sinto pelo outro! A minha vingança não tem pressa. Eu vou saber esperar, afinal, a paciência é uma grande virtude".

O coronel foi ao seu encontro, e Gorette o seguiu. Chegando ao alpendre, foi Gorette quem falou primeiro:

– E então, Suzanne, falávamos dos jardins que não vamos mexer. Teria outra coisa que você não quer ver modificada?

– Tem sim. Quanto à piscina que você desenhou do lado direito, tenho a seguinte observação: ela não recebe tanto sol e fica exposta à poeira do curral. Do lado esquerdo, além de receber mais a luz do sol, não fica tão exposta ao vento, e acredito que será mais fácil trazer água do rio até ali. O que acha, meu marido?

– Que tem toda a razão! Suzanne, antes de deixarmos a fazenda para dar início às obras, você poderia dar uma olhada com mais cuidado e, quem sabe, tenha mais coisas que não percebemos e que você tenha visto!

Gorette pediu licença para ir à cozinha verificar o jantar, o coronel sentou-se em sua cadeira preferida e a esposa, em outra cadeira diante dele. A criada veio servir o senhor, que sempre que estava ali sentado costumava tomar algumas doses de conhaque importado. Enquanto a moça o servia, ele observava suas curvas, seus seios, e lhe passavam pensamentos maliciosos pela cabeça.

Suzanne percebeu os olhares dele e pensou: "Essa é mais uma que ele vai levar para a cama". Havia um quarto dentro da casa da administração da fazenda que era ocupado pelo coronel; ali ele determinava o destino das meninas que lhe pertenciam. Suzanne observou a moça. Que idade teria? Dezesseis? Dezessete? "Acho que todas elas até se preparam para esse acontecimento; sabem que vão ser chamadas para entrar naquele quarto e ser ou não rainha por alguns minutos, pois vão estar nos braços do senhor." Como ela odiava esse homem. O olhar de cobiça dele em cima da moça lhe causou nojo. E notou, também, que a moça se exibia; sabia o que estava provocando no senhor! Parece que disputavam entre elas serem chamadas para servir o senhor, entregando o corpo aos prazeres dele.

Os escravos observavam de longe o casal de senhores, sentados juntos pela primeira vez, ao entardecer na fazenda. O céu estava avermelhado e um negro velho rezava, escondido dentro da senzala, ensinando às crianças suas orações. Os escravos trabalhadores dos campos se preparavam para o jantar. Com a falta das chuvas, tinham de arrumar as cercas de arame, os açudes, arrastar as madeiras das queimadas, preparar os pastos. Era um trabalho árduo e cansativo; era muito melhor trabalhar na lavoura, mas, enquanto a chuva não caísse, deveriam enfrentar o trabalho pesado da fazenda.

Era mais um dia que terminava, e a última noite para alguns velhos que iam deixar a fazenda. Estavam divididos. Sentiam-se tristes por deixar amigos e irmãos queridos, mas, ao mesmo tempo, queriam rever os seus entes amados.

O jantar em família correu bem. Suzanne fez questão de ser gentil com as crianças, e a menina seguiu os conselhos de Gorette, pois percebeu que tinha algo estranho com a madrasta.

Em certo momento, a olhou e viu uma sombra negra ao seu redor. Sentiu medo e baixou a cabeça. Quando se retirou da mesa, a menina contou para Sula e disse que estava com medo de Suzanne. A moça acalmou a menina, dizendo que quando estamos com medo vemos coisas que não existem.

Gorette terminou suas tarefas e foi para o quarto. A sinhá, acompanhada de Isabel, preparou-se para receber o marido, pedindo à criada que naquela noite não permanecesse no quarto, ficando ali só até o senhor chegar. O tempo passou e o coronel não chegava. A sinhá fez Isabel ir até o quarto onde estava Gorette e descobrir se o coronel estava lá, mas ele não estava, nem no quarto que estava sendo ocupado por ele. Não estava na casa-grande, afirmou Isabel.

– Acalme-se, sinhá. Às vezes, o coronel fica até de madrugada trabalhando com o administrador da fazenda.

– Não minta para mim, Isabel. Ele não pode estar com alguma menina da fazenda? Hoje eu notei olhares entre ele e a Otacília. Quantos anos ela tem?

– Ah, ela é mais nova do que eu uns dois anos, mas acho que o coronel vai até casá-la. Ela namora e, se ele tivesse intenções e já tivesse acontecido, todos já saberiam. Se não é com ela, então com quem é?

– Vou sair e descobrir onde ele está e com quem – falou a sinhá, levantando-se da cama.

Isabel encostou-se na porta do quarto, pedindo:

– Por favor, minha sinhá, não faça isso! O senhor é seu marido, aqui não tem nenhuma mulher que seja mais importante que a senhora. Se fizer isso, pode despertar a fúria do senhor, e ele pode até agredi-la novamente. Espere que ele virá, não importa a hora. Não faça nenhuma pergunta pra ele, simplesmente abra os braços e o receba como seu marido.

No quarto da casa de administração, o coronel se arrumava para retornar à casa-grande. Antes de deixar o quarto, ele disse para sua escrava que não queria ouvir nenhum boato, nenhuma história sobre sua ida até ali. Como sempre fazia, deu um pequeno agrado à escrava, que ficou radiante por ter recebido um presente do seu senhor.

Já era tarde quando Isabel escutou as pisadas fortes das botas do senhor. Ela avisou a sinhá e saiu quase correndo. Ele entrou no quarto, foi até a beirada da cama e lhe disse:

– Estou muito cansado. Tive de despachar muitas coisas hoje com o administrador; preciso cair na cama e dormir. Aproveite e durma também; nosso dia hoje foi muito bom. Chame por Isabel, não quero que você durma sozinha; pode precisar de cuidados à noite.

Gorette também ouviu as pisadas fortes das botas do senhor e maldosamente dizia para si mesma: "Nem comigo, nem com você. Tenho quase certeza de onde estava o coronel e com quem estava... com Otacília! É, Suzanne, a batalha é maior do você pensa!"

Isabel veio dormir com a sinhá e a aconselhou a não fazer perguntas e ir se acostumando com os hábitos do seu marido. Isso iria acontecer muitas vezes; todos os coronéis trabalhavam à noite, saíam, e não era costume para nenhum deles dar satisfação dos negócios nem das decisões que tomavam para as esposas. Ela deveria, sim, ter também seus poderes – por exemplo, poderia mandar na governanta, nos feitores, e tomar decisões contra ou a favor dos escravos, enfim, assumir a direção da casa-grande do jeito que ela quisesse.

– É, Isabel, você é uma pessoa de muita visão. Não posso estragar a minha vida nem meus planos por causa dessas tolices. Tenho coisas muito mais importantes para viver com meu marido.

– É assim que se fala, sinhá – respondeu Isabel. – Descanse. Quer um pouco de água, ou outra coisa?

– Não, Isabel, obrigada. Vou tentar dormir. Já é tarde e quero estar bem amanhã. Se estiver dormindo, me acorde; quero tomar o café da manhã com a família.

***

O coronel estava fatigado, o corpo cansado. Deitou-se e ficou se lembrando dos momentos que passara com sua sinhá. Ela estava bem diferente; o que será que pretendia? De repente, desejava ter o filho. Agora ele estava neste dilema: deixaria que ela tivesse o filho? Poderia ser um ótimo negócio! O filho dela seria herdeiro de seus pais, era um patrimônio grande; talvez valesse a pena. De qualquer forma, assim que os velhos se afastassem da fazenda, convocaria a presença dos velhos que permaneciam na fazenda. Pediria a Bernardina, Lucrécia e Catarina que preparassem uma garrafada para provocar um aborto. Queria isso de imediato, e sabia que elas conheciam bem. Que não tentassem enrolá-lo, porque ele poderia não entender a atitude delas. Intuído pelo ser trevoso que vivia instalado dentro de sua casa, teve outra ideia: "E se eu usasse a Otacília para descobrir tudo o que eu quero? Vou dar alguma regalia a essa negra e, além do meu prazer pessoal, arrancar dela tudo de que preciso saber de dentro das senzalas e com esses feitores, nos quais já não tenho tanta confiança assim".

A fazenda entrou no silêncio profundo da noite. Apenas se ouviam os animais noturnos e os vultos que, silenciosos, cruzavam de um lado para o outro – eram os amantes da noite que viviam seus romances proibidos, a única alegria que ainda restava entre eles. Os feitores fingiam não perceber e, em alguns casos, até facilitavam os encontros, e também se revezavam entre si. Todos tinham seus casos de amor proibido. Uma vez que eram casados, não podiam se entregar abertamente aos deslizes amorosos. Muitas crianças da senzala eram filhos desses feitores, algumas eram retiradas de suas mães e entregues aos parentes deles ou mesmo criadas dentro da casa das esposas.

Pouco a pouco, os coronéis começaram a reclamar da baixa taxa de nascimentos em suas terras. Havia algo errado, e isso já se tornara preocupante entre eles. O senhor usaria Otacília para colher as informações de que precisava. Prometeria a ela sua carta de alforria e a venderia por um bom dinheiro. Ela tinha as qualidades exigidas entre os mercadores de mulheres. Assim adormeceu, com seus pensamentos nefastos.

***

Gorette acordou no meio da noite com ânsia de vômito e tontura. Saiu do quarto cambaleando e acordou a criada que fora destinada a dormir próximo dos seus aposentos e assisti-la.

Sentou-se na cama da criada e, sendo amparada por ela, perdeu os sentidos. A criada esfregou a mistura preparada pelos mais velhos da fazenda. A governanta abriu os olhos e reclamou do enjoo e da tontura. A criada lhe ofereceu água e pediu que ela cheirasse aquele líquido feito à base de ervas. Depois, fez a governanta se deitar e foi pedir socorro a tia Bernardina, que sugeriu que ajudassem dona Gorette a voltar aos seus aposentos.

Bernardina pegou algumas cascas de árvore cujos segredos medicinais conhecia e colocou nos pés da sinhá, envolvendo-os também com uma toalha molhada em água fria. Pediu para a criada ir correndo buscar sua estrela-do-mar e, colocando-a na testa da governanta, fez seu ritual, pedindo à mãe das águas que tomasse conta desse pequeno ser e iluminasse os caminhos dele com a força daquela estrela.

A governanta se sentiu bem; parecia não ter acontecido nada!

– Dona Bernardina, tenho sentido essa tontura acompanhada de enjoos. A senhora acha que estou com algum problema de estômago? Tem algum remédio que a senhora possa preparar para mim?

– Dona Gorette, a senhora não tem nada no estômago, é na barriga mesmo! – respondeu Bernardina, recolhendo os seus pertences.

– Como na barriga? Não entendi! Preciso melhorar para trabalhar, dona Bernardina. Por favor, me ajude. Saberei recompensá-la. E não comente com ninguém o meu mal-estar para não causar burburinhos.

– O que é *burburinhos*, senhora? – quis saber Bernardina.

– Fuxicos, falatórios, dona Bernardina.

– Ah! Voltando ao nosso assunto, dona Gorette, acho que a senhora não tem conhecimento do seu corpo. A senhora não desconfia de nada? Nunca ficou grávida antes? A senhora está grávida! Não é doença, é gravidez! O que tem de fazer é ter cuidados e paciência para que o seu filho cresça forte e com saúde.

– Dona Bernardina, isso é brincadeira sua, não é? Não posso estar grávida! Durante a minha vida toda tive vários relacionamentos, mas nunca precisei tomar cuidado nenhum, pois nunca engravidei. Como é que estou grávida?

– Isso a senhora tem de perguntar a Deus! A única coisa de que eu tenho certeza é que, quando coloco essas cascas debaixo dos pés de uma mulher e essa estrela-do-mar na testa, e ela me mostra a cor azul, é gravidez, sem medo de errar. A senhora está grávida, e deve ser de pouco tempo. Quando suas regras vieram pela última vez? Faço já as contas pra senhora!

– Eu menstruei há dois meses. Minha menstruação costuma atrasar, sempre foi assim; chega a ficar até dois ou três meses sem descer, então nunca me preocupei com isso, pois desde mocinha acontece.

– Bem, vou fazer uma pergunta muito particular, mas, para fazer as contas, preciso ter a resposta certa. Após suas regras se suspenderem, quantos dias depois a senhora se deitou com um homem?

Gorette fez as contas. Fora uma semana depois, e com o coronel. Só se relacionara com ele. Se estivesse mesmo grávida, ele era o pai. Lembrou-se de que ele estivera com ela; tinha ido à cidade resolver alguns negócios e dormira com ela. Depois tornara a voltar para fechar outro negócio, e foi quando ela resolvera aceitar a proposta dele de vir morar na fazenda.

– Tive contato com um homem uma semana depois – respondeu para dona Bernardina.

– Bom, nesse caso, vamos dizer que a senhora está de três semanas. Fica mais fácil pra gente trabalhar e prevenir o tempo certo do nascimento do seu filho. Pelas minhas contas, a senhora e a sinhá vão dar à luz mais ou menos ao mesmo tempo, com diferença de uma semana. Veja bem, o senhor viajou pra cidade, e a senhora deve ter ficado com ele e engravidado, e uns três dias antes ele já deixou a sinhá também grávida. Vocês duas vão ter os filhos praticamente juntas, na mudança de Luz, que pode antecipar ou atrasar até três dias. Mas isso vamos acompanhando e medindo as barrigas, se as senhoras concordarem. Eu dificilmente erro uma data de nascimento, a não ser quando as mães ficam na dúvida do dia que estiveram com o parceiro.

– Dona Bernardina, a senhora fala com tanta certeza que vou ter um filho e que o pai é o coronel, que isso pode ser uma ofensa para mim e para ele. Não teme as consequências?

– Peço perdão. Não quis ofender; apenas falei do que tenho certeza! A senhora é mulher do meu senhor, e isso todos nós sabemos, desde o dia em que a senhora chegou aqui. Nada temos contra sua pessoa; pelo contrário, trouxe muita ajuda pra nós e não vemos isso como algo ruim. Se não fosse a senhora, que é tão boa, seria outra, talvez, com muita maldade no coração.

– Volte a se deitar e procure dormir mais um pouco antes de o dia clarear. Eu também vou dormir mais um pouco e conto com a sua discrição; não comente esse assunto com ninguém. Vou pedir à criada que guarde segredo. Se essa gravidez for verdadeira, preciso pensar muito no que vou fazer. A minha situação não é fácil.

– Sim, senhora, fique tranquila que entre nós, mais velhos, sabemos guardar segredos; o perigo é quando cai nos ouvidos dessa moçada. Eles não têm assunto para conversar entre si, a não ser contar uns aos outros aquilo que viram ou ouviram. Luzia é de confiança; vou pedir a ela que fique calada. Ela respeita e teme muito a senhora.

No outro dia, logo cedo, Gorette estava muito disposta, dando ordens na cozinha, conferindo os materiais da reforma que tinham chegado e passando instruções aos feitores que ficariam encarregados da obra. Também fiscalizou a sala de aula das crianças e conversou com os professores para que separassem o que deveriam levar a fim de continuar dando aulas às crianças. A criada veio chamá-la, avisando que a família já estava chegando para o café da manhã.

Ela foi até a sala de refeições, e o coronel a olhou de cima a baixo. Suzanne, fingindo que olhava um canteiro de flores, notou o olhar de cobiça do seu marido e senhor. Todos se sentaram à mesa e ele a convidou:

– Sente-se, Gorette! Noto que está há bastante tempo de pé, está corada pelo sol. Precisa de alguma coisa? Faça sua lista, porque vou à cidade e posso providenciar. Não costumo dar satisfação a ninguém quando saio e quando volto, mas, como os meus filhos estão aqui, para que eles fiquem tranquilos, vou me ausentar até amanhã. Hoje à noite não dormirei em casa. Gorette cuidará de tudo para que vocês fiquem bem.

Gorette, se aproveitando do olhar malicioso do coronel, respondeu:

– Tenho uma lista enorme para ser entregue, coisas de que as crianças estão precisando e algumas guloseimas que toda criança gosta, alguns materiais escolares e outros suprimentos para a casa e a senzala, todos necessários, como o senhor poderá depois conferir.

– Eu confio em você, Gorette! Tenho certeza de que jamais faria qualquer coisa para me prejudicar.

– E você, Suzanne, quer alguma coisa em especial? – perguntou o coronel, olhando-a com frieza.

– Preciso sim, meu marido. A lista já está pronta; ia mesmo lhe pedir que enviasse um dos criados de confiança, no caso, creio que quem faz isso é o feitor Barboza. Preciso de lã e de agulhas para começar a fazer sapatinhos e casaquinhos para o nosso filho. Mas, se você vai à cidade, muito melhor. Preciso também de tecidos finos para mandar fazer meus vestidos de gravidez. Dona Lucrécia me disse que a esposa de um dos nossos feitores é modista de primeira linha, quem sabe ela costure para mim.

Antes que o coronel respondesse alguma coisa, Gorette pediu licença e disse:

– Perdoe-me, senhora. Acredito que não fica bem para a esposa do senhor confeccionar os seus vestidos de gravidez pelas mãos da esposa de um feitor! Devemos trazer uma modista da cidade até aqui, com muitas mostras de tecidos e alguns modelos. A senhora deve escolher e, com as suas medidas, ela fará todo o seu vestiário. A gravidez é sua, mas o nome do senhor não pode ser manchado. Já pensou o que vão dizer os inimigos dele?

Suzanne teve ímpetos de jogar a xícara de café na cara dela, mas conteve-se e apenas respondeu:

– Não tinha olhado por esse lado. Se meu marido achar que deve ser assim, então passe o endereço da modista para ele e resolva isso para mim, afinal, é minha governanta, e muito competente!

– Gorette tem razão. Pare de conversar com essas mulheres da senzala. Onde já se viu a minha mulher, a esposa do coronel, vestindo roupas feitas nas senzalas? Que estupidez, Suzanne! Converse com a Gorette, ela está aqui para orientá-la, uma vez que você não tem conhecimentos nem experiência nenhuma.

A vontade de Suzanne era se levantar e grudar nos cabelos loiros daquela intrometida, mas, alimentada pelos amigos do baixo astral, fingiu humildade e submissão quando respondeu:

– Peço perdão, meu marido. Vou seguir seu conselho. Obrigada, Gorette, por me ajudar.

Após o café, Gorette seguiu para os seus aposentos. O coronel deu suas últimas ordens aos feitores e conversou com o administrador. Retornando à casa-grande, foi até o quarto de Gorette, entrou e passou a chave. Puxou-a para si, beijando-a na boca e sussurrando ao seu ouvido:

– Você está apetitosa. Quando quer, sabe me provocar. Seu decote hoje me deixou louco! E, totalmente seduzido, entregou-se à sua paixão.

***

Suzanne andava com Isabel pelos jardins, mas tinha certeza do que estava acontecendo na casa-grande. Ele estava com aquela vadia. Os dois se mereciam; ela sabia esperar... Gorette fizera questão de humilhá-la à mesa de café. A menina se deliciara com as palavras do pai ao ofendê-la, mas ela ia se vingar de todos eles, inclusive desse filho que tinha na barriga.

Estava ainda no jardim quando o marido veio até ela e pediu sua lista. Ela a entregou, e ele lhe disse:

– Qualquer coisa que precisar, fale com Gorette. Ela está sendo paga para cuidar da casa, dos meus filhos e de você. Cuide-se bem. – E afastou-se dela sem um beijo, sem um carinho, tratando-a como se fosse uma criada.

Gorette, por sua vez, apareceu alegre e sorridente; nem parecia que tinha passado tão mal pela madrugada, observou Bernardina. "Não sei o que é, mas que está vindo tempestade por aí, isso está vindo. Sinto arrepios por todo o meu corpo."

Na ausência do coronel, cada um premeditava alguma coisa: uns aproveitavam os momentos de paixão e amor, outros de vingança – cada um tinha o seu motivo.

CAPÍTULO V

Quando o amor é mais forte

Chegou o dia da mudança. Gorette havia providenciado tudo. Os novos negros que seriam levados seguiam com a família. Assim como as crianças, a sinhá foi bem acomodada. Na fazenda, todos foram levados às suas novas instalações.

Suzanne estranhou não conhecer aquela fazenda que fora construída por seu pai. Muitos detalhes ali a fizeram se lembrar do pai, e se sentiu triste e deprimida por essas lembranças. Preferiu descansar. As crianças e Gorette estavam a todo vapor, os criados arrumando tudo o que haviam trazido.

Salu, o feitor responsável pelo rebanho de gado do senhor, retornou no fim da tarde e soube da boa-nova: o senhor e a família tinham chegado. Ele se preparou, pois sabia que logo mais seu irmão e senhor deveria se reunir com todos os feitores para dar novas ordens. Os comentários eram variados; os jovens diziam que tinham chegado moças que aceitariam que trabalhassem durante o dia e metade da noite passariam com eles – eram meninas lindas.

Dália apareceu do nada e, beliscando o braço dele, foi dizendo:

– Nada de ficar por aí espionando as novas moças que chegaram. Elas são bonitas, mas com elas também vieram rapazes lindos. Portanto, não se enrabiche pro lados delas, senão eu vou pro lado deles.

Abraçando a moça pelas costas, o feitor respondeu:

– Pare com isso, Dália! Eu não estou interessado em mulher nenhuma, nem vi as tais moças que chegaram, e você já está me acusando de coisas que não faço! Cuidado que, às vezes, o nosso pensamento abre portas; é você quem está dizendo que elas são lindas. Se acontecer de me apaixonar por uma delas, você será a primeira a ficar sabendo.

– Nunca pensei em ficar sem você! Acho que mataria qualquer mulher que tocasse em você. Prefiro morrer a ter outro homem, mas não suportaria vê-lo beijando e amando outra mulher.

– Vamos mudar de assunto? – pediu ele. – Vamos aproveitar nosso tempo livre; daqui a pouco o senhor deve chamar a todos nós, e você trate de ficar bem longe dele, pelo seu bem. Se ele cismar de levar você pra cama, eu não posso salvá-la, entendeu? Ele está na fazenda para ficar, então procure não usar blusas transparentes e abertas e cuidado com as saias. Você é a moça mais bonita desta fazenda, e ele não quer saber o que está no coração de ninguém, a não ser o que está dentro dos pensamentos dele. Por favor, cuidado!

– Você falando isso me dá até medo! Pode deixar, vou me proteger. A minha mãe sempre conta muitas histórias de senhores que, quando descobrem que os irmãos rejeitados estão felizes com alguém, eles vão lá e dão um jeito de arruinar a vida deles.

Logo após o jantar, o administrador reuniu os feitores na sala de reunião e não tardou para ouvirem o conhecido tilintar das botas do senhor. Ele entrou, deu boa-noite e sentou-se na cadeira reservada a ele. Após ouvir o administrador, ele dirigiu a palavra a Salu. Todos sabiam quem era ele, mas ninguém se atrevia a comentar nada.

– E então, Salu? Como vai a vida? Mais uma vez, eu lhe pergunto aqui na frente dos seus camaradas: quando pretende se casar? Eu fico mais tranquilo quando os meus feitores estão casados, porque sei que a mulher deles vai cobrar sua presença em casa. O fato de você continuar solteiro anda me incomodando. Você é homem, não é? Acabaram de chegar algumas mulheres novas na fazenda. São moças selecionadas, capazes de fazer qualquer homem virar a cabeça. Se entre essas meninas tiver alguma que for do seu agrado, antes de se envolver com ela venha falar comigo. Vamos ficar na fazenda por cinco ou seis meses, no máximo; antes de voltar para a minha casa quero deixá-lo casado. Não acredito que no meio dessas garotas uma delas não vai prender sua atenção; escolha uma para se casar.

Naquela noite, o senhor foi ao quarto da sinhá, mandando Isabel se retirar e ficar de plantão até a hora que ele deixasse os aposentos.

Puxando a sinhá, ele a deitou sobre a cama e disse-lhe:

– Enquanto a sua barriga não atrapalhar, eu venho visitá-la de vez em quando. Sou seu marido e senhor; a porta do seu quarto deve estar sempre encostada, e você sempre bonita e perfumada. Posso procurá-la a qualquer hora do dia ou da noite; sou o seu senhor.

A vontade dela era cuspir no rosto dele, mas, inspirada por seus amigos afins, ela respondeu:

– Estarei sempre à sua espera, meu senhor. Meu perfume lhe agrada? Quero satisfazê-lo, pois o senhor é meu marido.

Gorette passou pelo corredor e notou que Isabel estava sentada. Ela tinha certeza do que estava acontecendo; o senhor estava com Suzanne. Sentindo uma pontada de ciúme, dirigiu-se à moça e falou:

– O que está sentindo, Isabel, sabendo o que o senhor está fazendo lá dentro com a sinhá? Esse filho que você espera é do coronel, não é? E, pelo que soube, deve ter dois meses a mais que o filho da sinhá. Você sente raiva, ciúme, o que você sente? Gostaria de saber para entender o senhor, a sinhá e principalmente você.

– Sinto tristeza, medo, pena, e temo pelos filhos que estão na minha barriga, na barriga da minha sinhá e na sua barriga – respondeu Isabel.

Gorette ficou pálida.

– Do que você está falando? Que ousadia é essa sua de se dirigir a mim desta maneira? Você sabe o que está dizendo?

– Sei, sim senhora. Esta noite eu precisei buscar mais água, pois a sinhá dormia e não tinha mais água na jarra, e, ao passar pelo seu quarto, a porta estava aberta. Notei que dona Bernardina estava lá e pensei que estivessem precisando de mim; ouvi toda a história de sua gravidez. Não precisa ficar preocupada; não vou contar a ninguém. Mas estou sendo sincera: temo por essas três crianças, cada um com um destino diferente, sendo filhos do mesmo pai.

– Isabel, venha aqui. – Gorette puxou a moça para um local mais seguro e lhe falou: – Você já contou para a sinhá quem é o pai de seu filho?

– Nem eu, nem as outras que tiveram os seus filhos gerados no quarto da casa do administrador precisaram contar, nem para a sinhá que Deus levou, tampouco para essa nova sinhá. Elas descobrem, com o tempo, de quem são nossos filhos, e para o nosso bem é sempre bom não contar a verdade. Agora, no seu caso, eu não sei como a senhora vai fazer; não pode acusar nenhum negro e nenhum feitor, pois com certeza seu filho vai nascer branco como leite e só pode ser filho de alguém igual a ele, que não é nenhum de nós.

Elas ouviram o ranger da porta e o tilintar das botas do senhor. Isabel correu em direção ao quarto, e Gorette se escondeu. Com certeza, ele iria direto aos seus aposentos, mas ela estava errada. Ele entrou no quarto dela e, não a encontrando, perguntou para a criada onde estava a governanta. A moça, tremendo, respondeu:

– Meu senhor, acho que ela foi até a cozinha.

– Vá até lá e diga que venha aqui imediatamente!

A menina encontrou Gorette no corredor e, aflita, disse-lhe que o coronel estava em seu quarto e a chamava. Assim que ela entrou, fingiu tranquilidade e, chegando perto dele, falou:

– Sentiu saudade? Deu vontade? Deu o que no meu coronel?

Deitando-se na cama, ele respondeu:

– Estou cansado, mas, se você me servir um drinque daqueles que só você sabe preparar, quem sabe?

Ela preparou a bebida do jeito que ele apreciava e, encostando a cabeça no peito dele, falou:

– Meu coronel não está aqui porque está carente de amor. Então, o que traz o meu amado senhor, a essa hora, a meu quarto?

– Eu gosto de você exatamente por isso; você sabe o que quero e o que não quero! Não quero fazer sexo hoje com você, mas quero que você faça sexo com alguém desta fazenda, se possível ainda hoje.

– Meu coronel, que loucura é essa? Pensou no que está me pedindo?

– Deixe de bancar a santa que você nunca foi! Com quantos homens você se deitava em um só dia? Não será por isso que, quando sentir vontade por você, não vou entrar em seu quarto e fazê-la minha. Quero que use os seus truques. Vá andar pelas redondezas da casa e se aproxime do feitor, Salu. Quero que tenha relações sexuais com ele; faça o possível para medir a capacidade dele como macho. Quero uma resposta ainda hoje. Você vai sair, e ficarei deitado em sua cama esperando uma resposta e uma prova de que se deitou com ele. O feitor Joel já está avisado; ele vai facilitar a aproximação entre vocês. Arraste Salu e faça o serviço.

Gorette entendeu que não podia contrariar o coronel. Ele já havia planejado tudo... E se ela não conseguisse arrastar o tal feitor? Enquanto se arrumava sob o olhar do coronel, ela temia o que poderia lhe acontecer. Estava com um filho na barriga, não podia falar aquilo para ele, mas quem sabe, de repente, essa não era uma boa saída? Salu não poderia ser pai do seu filho? Tomara que o plano do coronel desse certo. Iria salvar a sua vida de todas as formas, afinal, fora ele quem a mandara se deitar com o rejeitado irmão dele.

O feitor Joel, assim que a avistou, pensou: "Não podia ser eu o sortudo? Que beleza de mulher! Meu Deus, tem gente que nasce com sorte". Infelizmente, ele tinha de apontar a ela a direção onde se encontrava Salu enquanto vigiava a moçada. Dália não podia, de forma alguma, ir passar aquela noite com ele. Já tinha dado um alô para a moça para que não saísse do barracão, que aquela noite o senhor, em pessoa, estaria rondando a casa-grande.

Salu estava encostado em uma árvore, fumando um cigarro. Assim que saiu da casa de administração arrancou a camisa, amarrando-a em torno da cintura. O calor era muito, e a brisa da noite lhe dava uma sensação de paz. O coronel lhe dera um ultimato – teria de se casar logo, ele não tinha outra escolha. Aceitaria o pedido de Dália e se casaria com ela. Não estava nos seus planos se casar assim de repente, e ele não tinha certeza dos seus sentimentos por ela. Gostava da moça, mas daí a se casar era outra coisa!

Ele se assustou quando duas mãos macias e perfumadas lhe abraçaram o tórax. Não era Dália; de quem seriam aquelas mãos, e ainda mais com aquele perfume? Fechou os olhos, tentando descobrir. Seria alguma das novas meninas? O coronel mandara que escolhesse uma entre elas. Seria uma delas?

Gorette, com sua astúcia de mulher vivida e conhecedora das fraquezas masculinas, sem falar nada foi induzindo o jovem às suas intenções. Refazendo-se do susto, ele pegou o braço dela e perguntou:

– Não está enganada? Foi o escuro da noite que lhe confundiu a visão?

– Não, não é o escuro da noite. Estou aqui sabendo quem é você, e estou aqui porque quero você. – Acariciando o seu peito desnudo, ela disse baixinho: – Você é o irmão rejeitado do coronel, talvez nunca tenha se deitado com nenhuma mulher branca. Eu quero que me leve ao seu quarto para saber o que você faz com brancas e o que as brancas fazem com os mulatos.

– Senhora, por favor! Isso é uma armadilha? Quem a mandou aqui? Não sei por que está aqui, mas não é por acaso. Disso eu tenho certeza

– Não, não é por acaso. Desde a primeira vez que o vi senti vontade de fazer o que vamos fazer hoje. Não me rejeite, por favor; se me desprezar, eu gritarei o mais alto que puder e rasgarei toda a minha roupa. Só quero você! Sou uma mulher e você é um homem!

Logo mais, Gorette estava na humilde cama do boiadeiro, usando todos os seus artifícios de mulher experiente. Ele estava enlouquecido; nunca imaginara que pudesse viver uma aventura daquelas. Ela era linda, a pele macia como algodão, os cabelos perfumados e lisos como seda, e os olhos brilhavam como duas pedras preciosas. Salu não queria deixá-la sair. Com aquela mulher ele casaria no outro dia, se o coronel permitisse. De repente, Dália não significava mais nada na vida dele; em poucas horas ao seu lado, essa mulher preenchera toda a sua vida.

***

O feitor Joel, rindo sozinho, dizia para si mesmo: "A coisa lá está boa demais! Também, com uma mulher daquelas, até os defuntos se levantam! Só que eu acho que está passando um pouco da hora de ele liberar a moça; daqui a pouco o dia começa a clarear e os negros, a se levantar".

Ele avistou a moça passando, às escondidas, pelo escuro das moitas. Escondeu-se, pensando: "Acho que o coronel queria testar o irmão rejeitado, se era homem mesmo ou se só servia para ir apressadinho na beira do rio". Ele nunca ia ter coragem de falar para o coronel sobre o romance de Salu e Dália; tomara que o coronel obrigasse Salu a casar com essa bela dona, assim ele se arrastaria atrás de Dália. De todas as moças da fazenda, ela era a mais bonita, mas era namorada e mulher do Salu, e ele era casado, mas a mulher só vivia doente e ele vivia às escondidas, aqui e ali, com alguma mulher da fazenda. Se Dália aceitasse o seu amor, ele teria coragem de falar com o coronel e explicar que precisava de uma mulher para servi-lo, pois ele era e não era casado. Ali mesmo na fazenda tinha alguns casos semelhantes ao dele, e o coronel permitiu que fosse construído um novo quarto ao lado da casa, sendo que o feitor mantinha as duas mulheres. Às vezes, a primeira mulher era uma ótima costureira, servia na casa-grande fazendo roupas para os negros e outras tarefas.

Quando Gorette entrou na casa-grande, alguns olhos a viram às escondidas: os negros velhos que não conseguiam dormir até de manhã e vinham apreciar a beleza do céu estrelado. Ela foi direto aos seus aposentos. O coronel, abrindo os olhos e puxando o relógio na algibeira, disse:

– Pelo visto foi melhor do que eu previa. Pelo seu cabelo e pela sua cara, dá para notar que o meu irmão não é brincadeira!

Ela, arrancando a roupa, respondeu:

– Você não queria uma prova? Fiquei até agora, e ele não queria que eu saísse. Foi mais do que eu esperava.

Acendendo um charuto, ele mandou que ela fosse vai tomar um banho, e acrescentou:

– Lave-se bem! Tire o cheiro dele! Depois venha até aqui. Quero provar quem é o melhor na cama, se é ele ou eu!

***

Na mesa do café o coronel olhava para Gorette e pensava: "Gosto de matar dois coelhos com uma cajadada só! Vou casar Gorette com o meu irmão, ele será o pai do filho dela, assim não preciso me desfazer nem dele nem dela, e, quando sentir vontade de estar com ela, eu me deito com ela e pronto! Ainda vou sair ganhando; a mocinha que ele leva para o rio nos fins da tarde, eu a levarei para a minha casa reservada, e quero fazer isso numa hora em que toda a negrada a veja entrando e saindo, para contar a ele".

A sinhá olhava para os dois e percebia que havia algo estranho. Ele estivera com ela à noite, saíra cansado do seu quarto... Não poderia ter ido ao encontro de Gorette, mas havia no ar uma cumplicidade entre eles.

Depois do café, o senhor estava na varanda da casa-grande, e Gorette levava as crianças para a sala de aula, fingindo não ter notado quem se via a distância. Montado em seu cavalo, Salu já tinha levado o gado para pastar. Ele viu Gorette de longe e o seu coração disparou. Como fazer para tê-la novamente em seus braços? Por ela, faria qualquer loucura.

O coronel também estava tendo suas ideias: "Gorette vai casar-se com você, meu caro irmão! Olha como sou generoso... Vou lhe dar uma mulher de que gosto muito, e ainda por cima vai ganhar um filho e um sobrinho, que vai ser lindo como a mãe! Claro, nada vai ter de você. A sinhá vai ter um filho junto com a Gorette, os dois são meus filhos, devem nascer parecidos um com o outro, e os dois serão criados por Gorette. Muitas mulheres morrem de parto! Não suporto a ideia de ser casado, de saber que tem uma mulher me esperando; gosto de ir atrás das mulheres e de tê-las da forma que eu desejar. Adoro as negras, as prostitutas que não me cobram nada, para fazer com elas o que bem entender. Esta noite vou ocupar o meu quarto na casa da administração; vou mandar buscar a criada da Gorette, que faz o meu tipo. Gosto de meninas amedrontadas".

Ele saiu para os seus afazeres, e Gorette cuidava ainda de colocar no lugar algumas coisas que vieram da fazenda.

A sinhá arrumou-se, pegou o chapéu e saiu. Isabel foi atrás dela, pedindo que voltasse, mas a sinhá a mandou arrumar seu quarto, dizendo que ali não tinha risco nenhum, que não iria se afastar, apenas conhecer os arredores da casa. Ela foi até a beira do rio, o coração apertado. Tudo ali lembrava sua mãe, o seu pai – tinha algo deles até no ar. Não queria pensar nem se lembrar deles, mas os pensamentos teimavam e vinham. Como será que estariam eles? Será que algum dia os veria novamente? Será que o seu marido se encontrava, nos meios de negócios, com o seu pai? Deveriam se encontrar nas reuniões entre coronéis; não fora assim que ele negociara seu casamento? Quem sabe um dia teria coragem e perguntaria ao marido sobre o seu pai.

Ela estremeceu, olhando para as águas, e viu a figura de um homem. Voltou-se rapidamente e deu de cara com alguém diante de quem estremeceu, ficando sem fala. Ele a olhava, também sem falar nada. Os olhos eram do senhor, mas com outro olhar. Quem seria esse homem?

Refazendo-se do susto, ela perguntou:

– Quem é você? O que está fazendo aqui? Está me seguindo?

– Perdão, senhora, eu me chamo Salu. Sou feitor desta fazenda e não estou seguindo a senhora, mas quero que saia daqui logo! Estamos na captura de uma onça-pintada que está pegando os bezerros e as ovelhas da fazenda. Estamos botando cerco, e ela costuma vir beber água aqui no rio. Por favor, deixe este lado do rio, que é justamente onde ela foi vista bebendo água. Eu acompanho a senhora para atravessar esse trecho da mata. Às vezes, esses animais se escondem e atacam de surpresa. Eu não sei de onde a senhora vem nem quem é, mas quero ajudá-la a sair daqui em segurança.

– Eu me chamo Suzanne e sou sua sinhá; sou a mulher do coronel, dono desta fazenda que um dia pertenceu ao meu pai. Por acaso já estava aqui quando esta fazenda veio para as mãos do meu marido?

– Não, senhora, eu nasci na fazenda do senhor, que está sendo reformada, e faz alguns anos que fui para outra fazenda, propriedade do senhor. Fui cuidar de gado e cavalos. Sempre gostei de lidar com animais, e fui logo após o antigo senhor ter nos deixado. E há pouco tempo, quando o senhor adquiriu esta fazenda, ele me transferiu para cá. Estou gostando muito daqui, é um lugar agradável.

– Quando o meu pai entregou esta fazenda ao meu marido ficaram escravos também, ou apenas as terras?

– As terras e todos os animais; tudo o que pertencia à fazenda ficou, menos os escravos. Fiquei sabendo que o senhor seu pai foi embora para a terra natal dele. Isso é verdade?

– Desde que me casei com o senhor, nunca mais tive notícias dos meus familiares. Posso lhe pedir uma coisa que ficará como segredo entre nós?

– Depende, minha sinhá. Não é muito comum segredos entre senhores e criados. Em que posso ajudá-la?

– Por favor, sem deixar chegar ao conhecimento de quem quer que seja, descubra se é verdade que os meus pais foram embora. Talvez meu marido não tenha me contado para não me causar desgosto, mas preciso ter essa certeza. Por favor, faça isso por mim sem que ele fique sabendo.

Ela tocou em seu braço, e ele sentiu o coração disparar. Ao mesmo tempo em que sentia respeito por ela como sua sinhá, havia algo mais que ele não pôde compreender. Será que o contato com Gorette o deixara sensível assim diante da linda sinhá? Ele não imaginava que ela era tão linda e tão meiga, sendo a mulher do seu poderoso irmão.

Suzanne olhou dentro dos olhos dele e sentiu algo muito estranho. Nunca encontrara nos olhos de ninguém essa paz, essa força, essa bondade.

– A senhora não acha que deveria perguntar diretamente para o seu marido sobre a questão do seu pai? Ele pode não entender a minha aproximação com a senhora e levar isso como ofensa.

– Está bem, Salu. Você tem razão. O senhor sabe de tudo o que ocorre dentro e fora de suas fazendas. Nem sempre são os feitores os culpados, e sim as mulheres com as quais eles se envolvem, na ilusão de que vão ser beneficiadas. Elas lhes contam tudo. Posso lhe fazer uma pergunta muito pessoal?

– Se puder responder, terei muita satisfação em atendê-la, sinhá – disse o moço, olhando-a dentro dos olhos e sentindo uma emoção que jamais imaginara experimentar.

– Você é irmão do meu marido? Quero dizer, filho do pai dele? Os seus olhos são idênticos aos olhos dele; o que diferencia é a forma como você olha, ou seja, seu olhar.

– Minha senhora, é muito jovem para compreender certas coisas da vida. Os únicos filhos de um senhor são aqueles que foram gerados por ele dentro da casa-grande. Todos os outros, sendo brancos ou negros, não são seus filhos, mesmo sendo muito parecidos com eles fisicamente. E aqueles que nasceram nas senzalas jamais serão senhores, mesmo tendo a cor dos meus olhos. E, por favor, senhora, não ande por estes lados do rio enquanto não caçarmos essa onça; não é aconselhável pra ninguém desavisado andar por aqui. Hoje à noite temos um encontro com o senhor. Montaremos um cerco para pegar essa danada; temos cães farejadores e vamos nos armar como pudermos para trazer o coro dela inteiro, para que a senhora possa estendê-lo como tapete dentro de sua casa.

– Muito obrigada pelo aviso. Fique tranquilo que não vou ser caçada por uma onça – respondeu ela, sorrindo e se afastando em direção à casa-grande.

O rapaz ficou parado, olhando a sinhá se afastar, e parecia hipnotizado. Nunca vira alguém de tamanha beleza e bondade. O sorriso dela era um presente de Deus. Perdido em seus pensamentos, não havia notado a presença de Dália, que lhe perguntou:

– O que foi, Salu? Está encantado ou assustado com a nova sinhá?

– O que faz você aqui, mulher? Está sabendo do perigo que ronda a fazenda?

– De quem você está falando? Da onça ou das mulheres? – respondeu ela com ironia.

– Se você veio até aqui só para me aborrecer com essas bobagens, é bom ir voltando logo. Tenho mais o que fazer.

– Não vim aqui aborrecê-lo não, seu bruto! Trouxe um recado da governanta, dona Gorette. Ela disse que o espera lá no quarto para tirar algumas medidas; já tirou de todo mundo, só faltam as suas. E disse que quer ver como estão os lençóis. Acho que vai melhorar as coisas para você. Então, é bom não se atrasar. Aqui ela manda mais que a sinhá.

– Ela mandou você me chamar? Tem certeza? Tem de ser agora? Quem vai estar lá no meu quarto com ela? – Ele parecia aflito; vivera as horas de loucura com ela, mas, diante desse novo encontro com a sinhá, tudo perdera o encanto.

– Salu, você está com medo do quê? Vá lá falar com a governanta. Se eu fosse você, iria correndo. Se ela se aborrecer, você pode ser prejudicado, então vá logo! Eu já estou indo, dei o recado! E, à noite, deixe a porta encostada; eu não vou ao rio, fomos proibidas por causa dessa tal onça. É bom pegar logo essa bandida!

Ele coçou a barba e, respirando fundo, encaminhou-se para o seu pequeno quarto. O feitor Joel olhava para ele e pensava: "E ainda tem gente que reclama da sorte! Pelo visto essa dona é fogosa! Já está querendo mais do peão..."

Gorette o esperava deitada em sua cama, totalmente nua. Ele entrou e colocou a trava na porta, dizendo:

– Pelo amor de Deus, moça, e se entra alguém aqui? Como fica a sua e a minha situação?

Ela se levantou e o abraçou, puxando-o para a cama. Ele foi envolvido pelo aroma do seu perfume e, mais uma vez, se perdeu nos seus encantos de mulher.

Logo mais, ela deixava o quarto. Antes de sair, ela piscou para ele dizendo:

– Dá uma ajeitada nessa cama e cuidado com o meu perfume em seu corpo e nas suas roupas. Se trouxer alguma mulher aqui, ela vai sentir o meu cheiro em seus lençóis. Eu amei suas medidas... São ideais para qualquer mulher!

Ele se levantou, encheu uma gamela de água e se banhou, mas o quarto continuava perfumado. Dália não podia, em hipótese alguma, vir ao seu encontro. De repente, sua vida tinha mudado. Não poderia mais enganar Dália. Teria uma conversa com ela e terminaria tudo. O difícil seria convencê-la de que não existia ninguém. Ela já andava enciumada das moças que tinham vindo com os senhores; eram moças lindas, mas nenhuma delas lhe chamou a atenção. Ainda estava sem explicação para o que acontecera entre ele e a governanta. Os olhos da sinhá pareciam estar ali dentro, olhando-o. "Meu Deus! Acho que estou ficando louco."

Foi cumprir as suas tarefas, e o feitor Joel maliciosamente insinuou:

– Você deve ser difícil de ser medido, pelo tempo que a governanta levou lá dentro com você. Ela mede as pessoas com ou sem roupa?

– Eu não vou lhe responder porque você não merece ouvir o que estou pensando. Antes de se envolver com a vida dos outros, olhe um pouco para sua vida; eu não gostaria de ter a sua felicidade!

– Desculpe, Salu, não quis ofender você. Acho que ando mesmo precisando cuidar um pouco de mim, e vou até abrir o meu coração com você; quem sabe você não me ajuda com uma boa ideia. Eu não tenho vida íntima com a minha esposa, ela sofre de um mal que vem nos atormentando. Já foi feito de tudo. Sabe que os nossos mais velhos são os maiores doutores que temos, eles mesmos me ajudam a cuidar dela e esperar pela vontade de Deus. Eu não gosto muito dessa vida de andar por aí a cada dia com uma mulher diferente. Tem uma pessoa sobre a qual eu me arriscaria a falar com o senhor, e ele, conhecendo a situação, sei que iria autorizar a nossa união, mas não sei se ela me aceitaria. De todas as moças da fazenda, é a única a quem eu entregaria os meus dias e as minhas noites.

– Eu sei que você vive uma situação anormal para qualquer homem que é casado. Acho que você deveria falar com o senhor, assumir cuidar da sua esposa doente até o fim dos seus dias e formar uma nova família. Antes de falar com o senhor, fale com a moça; você só vai ter certeza de que ela não se interessa por você se lhe apresentar seus sentimentos.

– Obrigado pelos conselhos. Deus o ouça, e que ela me aceite. Vou esperar a hora certa para lhe demonstrar o meu interesse. E boa sorte pra você também; sei que o coronel lhe deu seis meses para casar. Espero que encontre alguém que você goste e que também goste de você.

Na hora do almoço, o coronel apareceu, cumprimentou os filhos e perguntou se eles estavam gostando das novas instalações.

A sinhá estava corada e o passeio lhe fez bem. O coronel olhou para a esposa e reconheceu que ela era muito bonita.

Passou os olhos em Gorette e notou que ela baixou os olhos; ela escondia alguma coisa dele. Logo mais iria descobrir.

A sinhá olhava para ele e via os olhos de Salu, embora sem aquela luz que irradiava de seu coração; que a fazia estremecer. Ficou parada, olhando para a comida sobre a mesa, e o coronel lhe chamou a atenção:

— Está preocupada com alguma coisa, Suzanne? Parece distante daqui.

— Fiquei sabendo que tem uma onça rondando por aqui que já pegou muitas cabeças de gado. Corremos risco? Temos as crianças que brincam nos jardins.

— Não se preocupe; a casa é vigiada e creio que até amanhã essa onça seja capturada. Hoje à noite todos os feitores e alguns escravos experientes vão montar um cerco nos prováveis lugares onde ela está acostumada a passar. Espero que me tragam seu couro.

A menina arregalou os olhos e exclamou:

— Eu nunca vi uma onça de perto. Por que não podem trazê-la inteira? Queria ver uma onça de verdade.

— Tudo bem! Vou pedir aos feitores que tragam a onça para você ver, está satisfeita?

— E você, Suzanne, como ficou sabendo da onça? Evitei lhe contar e pedi às criadas que não comentassem nada com você, não queria assustá-la — falou Gorette.

— Fui até a beira do rio, e o feitor que cuida dos rebanhos me alertou que voltasse para casa e me falou sobre a presença da onça em nossa fazenda.

O coronel, olhando-a, disse irritado:

— Não quero que você fique por aí andando sozinha! De hoje em diante está proibida de sair por aí; só pode sair com a Gorette ou com uma criada, e a Gorette sabendo onde e com quem você está, estamos entendidos?

– Sim, senhor, eu não fiz por mal – respondeu Suzanne, sentindo o sangue invadir o seu rosto. Gorette tinha de pisar nela diante do senhor; e agora não podia mais sair e ter um novo encontro com aquele que enchera o seu coração de luz. Era uma questão de tempo; ela não perdia por esperar.

Após o almoco, Suzanne foi para a varanda, sentou-se em sua cadeira de balanço e ficou observando os criados que iam de um lado para o outro, trabalhando em diversas funções. Um cavalheiro passava montado em seu belo cavalo negro. Era Salu. Ele sabia que não podia ficar olhando para a casa-grande, mas não resistiu, e seus olhos se encontraram e o coração de ambos acelerou.

Um preto velho que peneirava café notou a troca de olhares entre eles e pensou: "Louvado seja Deus! Perdoa-me, Senhor, e que o pecado esteja nos meus olhos, e não nos deles..."

O coronel pediu a Gorette que o acompanhasse até o seu quarto. Ela o seguiu sem argumentos; o que será que ele desejava agora?

– Você vem cumprindo todas as minhas ordens, e isso vem agradando muito a mim mas quero saber de algo que percebi hoje nos seus olhos: Salu tomou alguma iniciativa ou você agiu por conta própria?

– Jurei que nunca iria mentir para você e não vou enganá-lo nunca. Atraí Salu até o quarto dele dizendo que ia tirar suas medidas e ver o que precisava ser mudado por lá, e o arrastei mais uma vez para a cama. Ainda não tenho certeza de qual é o seu plano, mas, se era para saber se ele é macho, quero lhe dizer que é macho em todos os sentidos.

O coronel, com rosto em brasa, esbofeteou Gorette, dizendo:

– Isso é para você se lembrar de quem é que dá ordens por aqui! Você foi se deitar com ele por quê? Gostou de dormir com ele? É isso? Você não pode se deitar com ninguém sem o meu consentimento, sem a minha ordem! O único que pode se deitar com quem quiser e a hora que quiser sou eu! – Jogando-a na cama, ele lhe arrancou as roupas e, com toda a sua ira, obrigou-a a fazer coisas fora do comum, não recomendáveis em uma relação normal entre um homem e uma mulher.

Enquanto ela se retorcia de dor, ele se vestiu e, antes de deixar o quarto, disse-lhe:

– Isso é para você aprender a me respeitar! Espero que agora você tenha ficado sexualmente satisfeita.

Com muito custo ela se levantou, percebendo que sangrava. "Acho que vou perder essa criança; é a melhor coisa que podia me acontecer agora." Foi cambaleando até a cozinha, e a cozinheira correu ao seu encontro, colocando-a sentada em um banco de madeira.

– O que houve senhora? Está toda machucada! Corra, menina, pegue panos e remédios, vamos acudir a senhora governanta.

Elas colocaram compressas nos hematomas e deixaram a governanta deitada na esteira por algum tempo. Deram-lhe algo para beber que tirou a dor.

Gorette, então, disse para a cozinheira:

– Estou sangrando; acho que vou perder a criança.

– Tenha calma, fique deitada. Dona Bernardina já está lhe trazendo o banho de assento e o chá que a senhora vai tomar e, se for da vontade de Deus, amanhã já estará tudo tranquilo. Hoje a senhora não vai poder se levantar.

As criadas ajudaram-na a ir até os seus aposentos, cuidaram dela e recomendaram que ela dormisse um pouco.

Ao deixarem o quarto, dona Bernardina comentou com a amiga:

– Essas mulheres brancas sofrem muito nas mãos desses senhores; essa infeliz aí apanhou dele no corpo e na alma. Tomara Deus que ela segure essa criança.

– Por que ela não conta de uma vez que está grávida? Quem sabe ele tenha um pouco de misericórdia pela criança.

– Lucrécia, o que é que o senhor não sabe nesta vida? Você não percebeu o que a Otacília está fazendo? Colhendo daqui e dali na ilusão de que o senhor vai favorecê-la com a tal carta de alforria, e vai mesmo! Mas a gente sabe qual será o destino dela. Pode ser esse o motivo de ele ter feito isso com ela! Não tem como a gente esconder tudo; no meio de tantas pessoas sempre escapa o que a gente tenta guardar como segredo.

***

Suzanne sabia o que estava acontecendo entre Gorette e o coronel; ele passara na varanda batendo as botas e deixara o pátio da fazenda. Ela estava esperando a cínica aparecer, mas ela não veio, então pediu a Isabel que fosse ao encontro da governanta e solicitasse sua presença.

Poucos minutos depois a moça apareceu, e parecia muita assustada. Ficou parada à sua frente, esfregando as mãos.

– Cadê a governanta? Pedi que você a chamasse!

– Sinhá, dona Gorette está muito mal; ela já foi tratada pelas nossas avós e agora está dormindo em seu quarto.

– Como assim, está muito mal? Até logo após o almoço ela estava tão bem! Foi até para o quarto do coronel! O que pode ter feito mal a ela: o almoço ou o amor? Quer saber? Bem-feito!

– Sinhá, estão chegando as encomendas da cidade, olhe lá! E, com certeza, vem a modista da cidade para cuidar de suas roupas. É bom que a senhora a receba, porque a governanta está doente.

Logo mais, dois negros robustos ajudavam as duas moças a descer de sua rica carruagem. Uma senhora fina, elegante e muito educada estendeu a mão para Suzanne, apresentando-se como madame Íris e chamando a outra moça.

– Esta é minha filha Dayse, que acabou de chegar da França e quis me acompanhar nesta aventura de hoje. Fui contratada para cuidar do seu vestiário, e vou fazer o possível para deixá-la ainda mais bela do que já é. Será que a sua criada poderia acompanhar Dayse? Ela precisa se banhar, trocar de roupas e tomar um suco fresco. Coitada! O pó das estradas deixou-a fatigada.

Suzanne fez o possível para acomodar e atender bem as duas visitantes. Elas disseram que precisavam descansar da viagem para se recompor.

Assim que ficou livre das duas mulheres, foi ao quarto da governanta. Entrando sem bater, viu Gorette abrir os olhos, mas não disse nada.

– E então, minha governanta? Acabei de fazer o seu trabalho! Chegaram as encomendas da cidade e as duas mulheres, mãe e filha. Você já conhecia madame Íris e sua filha Dayse? Acho que quando o coronel bater os olhos em Dayse não vai mais querer ir ao seu quarto, nem atrás dos meus carinhos. Mas, batendo em você como ele bateu em mim pode ter certeza de que ele vai continuar, e, se depender de mim, ele vai fazer isso todos os dias. Eu apanhei, mas não fiquei no seu estado!

– Suzanne, ponha-se fora do meu quarto! E ouça o que eu vou lhe dizer: se depender de mim, que sou a governanta do senhor, ele pode trocá-la por essa moça, e tomara que você morra! Aqui tem mais de uma pessoa que terá muito prazer em jogar um punhado de terra na sua cova! Isabel, leve sua sinhá daqui. Vou me levantar desta cama e garanto que você não vai gostar do que vai ver.

***

Antes de escurecer na fazenda, Gorette se levantou e tentou disfarçar as manchas roxas com pó de arroz. Vestiu-se com esmero e foi ao encontro das visitas. Realmente ficou boquiaberta diante da beleza de Dayse: a moça era jovem, bonita, fina e muito elegante. Perguntou se podia tocar piano enquanto esperavam pelo jantar. As crianças amaram a presença dela, o menino principalmente; ele amava música, o piano era sua paixão. Gorette fez questão de ser gentil e atenciosa com Dayse. Elogiou a sua pele, seu cabelo, seus olhos, e fez isso para irritar Suzanne.

O coronel chegou à sua casa. Já tinha sido notificado da chegada das mulheres e, quando ouviu a música do piano, estremeceu. Alguém tocava a música preferida da mãe dos seus filhos. Entrou em casa e foi apresentado a madame Íris, que fez questão de chamar sua filha, apresentando-a:

– Este é o coronel mais rico, bonito e respeitado de toda a região. Ele é dono de mais da metade de todas as riquezas que conhecemos por aqui!

Gorette olhou de soslaio para Suzanne; ela estava com as faces coradas. "Ficou enciumada", pensou Gorette. "Já sei como tornar os dias de Suzanne um inferno."

O coronel olhou para a moça, beijou sua mão e a convidou para voltar ao piano, dizendo com gentileza:

– Sua mãe está exagerando!

Enquanto conversava com madame Íris, ele não tirava os olhos da moça ao piano.

– Fico lisonjeado com a sua presença; quero recompensá-la por todo o sacrifício de vir até aqui. Imagino sua filha, que é uma flor, se expondo por essas estradas ensolaradas – disse o coronel, sem desviar os olhos de Dayse.

– Ela quis me acompanhar. Quanto a mim, não poderia deixar de atender ao pedido do homem mais importante desse lugar. E, com a chegada de minha filha, preciso trabalhar mais para dar a ela todo o conforto. Ela foi educada fora do Brasil; está acostumada com coisas boas. Espero que encontre um homem que possa dar a ela o que está acostumada, e peço, coronel, que o senhor aceite apadrinhar a minha filha. Sendo sua protegida, vai encontrar um bom casamento.

– Se ela assim aceitar – respondeu o coronel –, vou apresentá-la à alta sociedade e garanto que ela vai ser uma dama de muito valor entre nós.

Durante o jantar, ele observava a delicadeza da moça; esta fingia não perceber o interesse que despertou no coronel. Madame Íris calculava que, se Dayse se tornasse a amante de luxo do coronel, ela não precisaria mais se preocupar com trabalho e estaria com a vida arranjada. Era muito melhor ser amante do que ser esposa; ela faria de tudo para mantê-lo casado. Mas notou que ali tinha um problema grande para resolver, uma pedra no caminho chamada Gorette. Teria de encontrar uma forma de afastá-la do caminho de sua filha.

Após o jantar, o coronel convidou as damas para sentar-se à varanda, onde foi servido um delicioso licor. O coronel perguntou para Gorette por que ela não estava aceitando o licor; sabia que era o seu preferido.

Ela, com toda a classe, lhe respondeu:

– Tive um pouco de dor de cabeça, a minha enxaqueca de vez em quando me pega de surpresa. E o licor não cai bem quando estou nessas crises.

Suzanne, maliciosamente, virou-se para Gorette dizendo:

– Notei que está com olheiras, não quis lhe perguntar para não constrangê-la à mesa. Então essas manchas são por causa da enxaqueca?

– São sim, senhora, mas não se preocupe. Já tomei o medicamento que ajuda a aliviar; mesmo assim agradeço pela gentileza de se preocupar comigo.

Assim que as outras mulheres foram para os seus aposentos, o coronel chamou Gorette e lhe disse:

– Amanhã você vai, acompanhada pelo feitor Osvaldo, à fazenda. Vai verificar as obras, pois quero ficar aqui no máximo dois meses. Coloque os escravos para trabalhar dia e noite; a parte externa pode ser feita após a reforma da casa. Fique lá o tempo que for necessário; vejo que as coisas por aqui estão bem equilibradas. Suzanne está se mostrando bem interessada em se envolver com as questões domésticas, os professores estão cuidando bem das crianças e, se precisar de você, mando buscá-la.

Gorette, de cabeça baixa, respondeu:

– Coronel, quando o senhor me convidou para vir morar aqui não foi bem isso o que me propôs! Eu estou disposta a ajudá-lo e apoiá-lo em tudo o que for preciso, mas para isso gostaria de estar mais perto do senhor.

– Não dificulte as coisas para mim! Estou fazendo isso pelo nosso bem. Quero que você vá cuidar das obras e colocar em prática o seu plano com a casa de fumo. A partir do ano que vem, quero ser o maior fabricante de charutos e fumo para cachimbos do Brasil. Quero vender e importar, e para isso quero sua participação. Peço desculpas pelo acontecimento de hoje, perdi a cabeça! Você sabe que Salu é meu irmão, e ele sabe que você é minha mulher. Mesmo assim, não relutou em levá-la para a cama. Ele gostaria de ter tudo o que é meu.

– Eu juro, coronel, que não vou mais me deitar com Salu, pode confiar em mim. Se esse é o motivo pelo qual está me tirando daqui...

– Não, esse não é o motivo! Não vamos discutir esse assunto. Amanhã cedo esteja pronta para acompanhar as obras da minha fazenda. – Dizendo isso, levantou-se e deu as costas a Gorette, se dirigindo para a casa de administração.

Ela ficou sentada no mesmo lugar, sem se mover. Esse homem era uma incógnita! Ela não o conhecia como pensava. Ele era cruel e perigoso; por sua experiência de vida, sabia que dificilmente ele a deixaria partir de livre e espontânea vontade. Se tentasse ir embora, com certeza, não chegaria viva ao destino. E agora, com esse filho, o que iria fazer? Temia a reação dele quando soubesse que ela esperava um filho dele. Havia notado o interesse dele pela filha da modista, e o interesse da modista em negociar sua filha – seria esse o motivo de sua partida?

O que será que ele pretendia fazer com Suzanne? Apesar de suas desavenças, ela sentia pena daquela infeliz, que não tinha a menor chance de sobreviver longe dele.

Enquanto tentava entender a decisão repentina do coronel, viu um feitor às escondidas acompanhando sua criada Otacília. Eles iam para a casa de administração, para o quarto reservado ao coronel e às criadas da fazenda. Começou a ligar as coisas e entendeu: Otacília estava passando as informações da fazenda para o coronel, e ele lhe prometera a carta de alforria. Em breve, seria mais uma escrava livre e perdida para sempre. Se conseguisse levar a moça com ela, talvez a salvasse do caminho da morte.

Algum tempo depois ela avistou Otacília retornando. Levantou-se e foi para os seus aposentos. Chegando lá, requisitou a presença da moça, dizendo-lhe que preparasse suas coisas, pois iriam viajar no outro dia cedo.

Otacília falou:

– Estou sabendo que a senhora viaja amanhã, mas não vou acompanhá-la. Já recebi ordem do meu senhor para ficar na fazenda. A senhora não se preocupe que na outra fazenda a senhora vai poder escolher uma criada até melhor do que eu.

– Acho que você tem razão! Talvez não encontre uma tão eficiente quanto você, porém, se for fiel, realmente qualquer uma será melhor do que você!

– Do que a senhora está falando, minha senhora?

– De sua traição, Otacília! Foi você quem andou contando para o coronel sobre mim e as outras pessoas aqui da fazenda. Ele lhe prometeu o quê? Carta de alforria? Presentes? O que você acha que ele vai fazer com você? Quantas meninas que receberam a carta de alforria, deixaram a fazenda e saíram livres deram notícias? Quantas retornaram? Com você será diferente? Eu não sou escrava de ninguém, e me tornei prisioneira do seu senhor! Não sairei viva daqui. E, longe daqui, você jamais será livre. Agora pode se retirar.

Otacília baixou a cabeça e saiu pensando no que tinha ouvido: realmente, nenhuma mulher que saíra prometendo voltar e libertar os seus familiares voltara mesmo ou dera notícias. O que dona Gorette lhe dissera tinha sentido; o coronel queria tirar dela informações e depois ele iria lhe fornecer a carta de alforria e matá-la. Sentiu um frio lhe percorrendo a espinha. Saiu correndo para o lado de fora da senzala e deu de cara com as duas avós, que, vendo-a, perguntaram:

– O que está acontecendo, menina?

Estou com medo! Acho que cometi um grande erro. Eu contei para o senhor tudo o que sei sobre a senhora Gorette, inclusive que ela está grávida, e falei sobre outras pessoas também. Ele prometeu me libertar, me dar uma casa fora da fazenda e me manter para o resto da vida. Agora dona Gorette me disse que ele faz isso com todas as outras moças; elas foram embora e desapareceram, nunca mais foram vistas. Dona Gorette vai embora amanhã! Ela me ajudou tanto! O coronel me disse que eu vou ficar e ajudar na casa-grande até o dia em que ele vai me entregar a carta de alforria. E essa senhora que está aí vai me levar para a cidade.

– Minha filha, o fato de você ser levada para o quarto da infelicidade da fazenda do senhor nós entendemos, ele é o senhor e dono de cada um de nós por aqui. Mas o fato de você trair as pessoas será muito difícil de ser entendido por qualquer um de nós. Quanto à sua sonhada liberdade, dona Gorette tem toda a razão. Você vai ganhar um papel que está escrito pelo homem dizendo que você é livre, e sabe o que você vai ser? Prisioneira. Como escrava vive no meio de nós, como prisioneira vai ter o corpo e a alma escravizados.

– O que posso fazer? Quero ir com dona Gorette! Meu Deus, me ajude – implorava a menina.

– Vá ao quarto de dona Gorette. Ajoelhe-se aos pés dela e peça para acompanhá-la. Além disso, mude seu pensamento. Seja fiel a ela em qualquer situação, e aprenda a lição: a maior riqueza do escravo é o caráter dele.

Otacília voltou aos aposentos de Gorette. Ela abriu a porta e perguntou:

– O que foi que o senhor mandou você vir fazer aqui?

A moça se ajoelhou aos pés dela e implorou:

– Pelo amor de Deus, minha senhora, não me abandone! Na minha ignorância não percebi que estava cometendo um erro tão grande com todas as outras pessoas que me ajudaram. Leve-me com a senhora. Eu juro que por toda a minha vida lhe serei fiel.

– Deixe suas coisas arrumadas antes de ir para a cama. Você ainda tem uma chance de me acompanhar. Reze e peça muito a Deus que o meu plano venha a dar certo. Saia agora bem devagar, para não chamar a atenção dos outros feitores, e vá ao feitor Osvaldo e peça a ele que a leve ao seu senhor. Não comente que esteve comigo; diga-lhe que pode ajudá-lo muito se me acompanhar, pois passará todas as informações por meio do feitor Osvaldo, que vai lá constantemente e ficará esperando pela decisão dele. Para que ele acredite em você, fale que me viu chorando debruçada na janela, que talvez estivesse procurando avistar Salu. Não retorne ao meu quarto; amanhã de manhã cedo, se for me acompanhar, esteja pronta. E, se não for comigo, pense no que lhe falei e tome cuidado.

***

Suzanne olhava pela fresta da janela. O olhar de Salu estava vivo dentro dela. "Meu Deus, nunca senti isso por ninguém!" Queria muito vê-lo. Mesmo que fosse um segundo e de longe, queria vê-lo.

A criada, preocupada, sem entender o que estava acontecendo, perguntou:

– Sinhá, a senhora se sente bem? O que está acontecendo? Está triste com alguma coisa?

– Não se preocupe comigo, pode ir deitar-se! Se precisar de alguma coisa, eu a chamo. Pode ir, vou ficar mais um pouco aqui tomando o ar fresco da noite. Não abro a janela para não chamar a atenção dos feitores e do senhor, que com certeza está andando por aí. Ele, todas as noites, se diverte com alguém.

***

O senhor retornou à casa-grande bem tarde. A sinhá correu e deitou-se, fingindo dormir. Caso ele entrasse no seu quarto, não desconfiaria de nada.

Para sua alegria, ele passou batendo as botas, mas não entrou em seu quarto, e ouviu que ele passou direto pelos aposentos de Gorette e foi para o próprio quarto.

Ela correu para a janela e ficou buscando o que o seu coração tanto queria. Salu parou na frente da casa-grande, olhou na direção da janela de seu quarto, e o coração dela pulou de alegria. Sua vontade era abrir a janela, mas sabia que não poderia fazer aquilo. Ele conversou com outros dois feitores e se afastou, desaparecendo na escuridão da noite. Ela, então, se deitou, mas não conseguia dormir.

Salu virava de um lado para o outro, mas os olhos da sinhá não o deixavam pensar em mais nada. Parecia que todo aquele desejo que ele sentia por Dália desaparecera. Aquela loucura que ele vivera com Gorette também não tinha mais importância nenhuma. O que faria com esse novo sentimento? Era uma loucura! Ele sabia que seria a sua morte, o seu fim chegar perto daquela mulher! Ela, além de ser a mulher do seu senhor, era a sua sinhá! Eram dois seres totalmente diferentes, dois mundos divididos ao meio, um não se misturava com o outro. O que faria com Dália? Ela estava sonhando em se casar com ele? Era uma moça maravilhosa, a mais bonita de todas as escravas daquela fazenda, cobiçada por todos os homens. O senhor ainda não tinha colocado os olhos nela, e temia pelo que podia acontecer a moça, especialmente se ele soubesse que ela era sua parceira. Aí, sim, ele usaria a jovem para machucá-lo. Com a história da onça, ele se livrou do encontro à beira do rio; tomara que a onça ficasse uns dias mais sem vontade de vir beber água, porque o cerco estava armado em cima dela.

No outro dia, bem cedo, a fazenda foi acordada por homens e cachorros fazendo barulho. A onça-pintada fora abatida, e eles traziam o animal a pedido do senhor. A sinhá-menina queria ver a onça antes de ser retirado o valioso e bonito couro. Este, depois de curtido e preparado, iria para a parede da fazenda do seu dono. A onça, como tudo o que entrava na fazenda, era propriedade do senhor.

As crianças tocavam na onça; estavam encantadas com o animal esticado na frente da casa-grande. O feitor Osvaldo aproximou-se do senhor e lhe disse:

– O couro pode ser todo aproveitado, não tem um furo. Foi Salu quem acertou na cabeça da danada; ela não caminhou nem um metro e caiu morta.

O senhor, olhando para o animal que estava com o corpo intacto, respondeu:

– Ele é mesmo bom de pontaria. – Falou isso se lembrando do pai, que tinha uma pontaria conhecida e respeitada por todos. – E agora, com esse problema resolvido, vamos cuidar da vida. Acompanhe a senhora Gorette e a Otacília; leve-as para a fazenda, e você vai ficar encarregado de ir dia sim e dia não até lá e me trazer notícias. Nunca é demais lembrar que não suporto traições. Quero ficar a par de tudo o que acontecer por lá. Não vou avisar; gosto de chegar de repente, então é bom deixar todos atentos.

***

As crianças ficaram agarradas com Gorette perguntando o porquê de sua ida para a fazenda. Ela então lhes disse que era preciso antecipar as reformas, e que isso só seria possível com a sua presença, que logo ela viria vê-los, que a Sula estava ali e eles não precisavam se preocupar.

Sula observava Gorette e pensava:

– Aí tem coisa errada! Por que será que o senhor a está mandando para longe? Será por causa do Salu ou por causa dessa moça que chegou? Preciso ficar tranquila e bem distanciada de todos eles; apenas me interesso pelos meus meninos.

Gorette recomendou a Sula que cuidasse bem deles e ficasse atenta para que não perdessem os horários e cumprissem todas as tarefas escolares.

Otacília esperava por Gorette do outro lado da casa-grande. Ela deu uma olhada e se sentiu aliviada quando avistou a moça. Os escravos, de longe, observavam a governanta e cochichavam entre si:

— Acho que a dona perdeu o lugar para essa outra que trouxe de presente uma filha para o senhor.

***

Suzanne, fingindo surpresa, comentou durante o café:

— Pois é, meu marido teve uma ideia brilhante! Aliás, todas as ideias dele são brilhantes! Com você ficando na fazenda, realmente as obras vão sair mais cedo do que esperamos. E, depois, a fazenda é tão perto! Não custa nada você vir me visitar! Vou sentir sua falta.

— Pode deixar, minha sinhá! Eu venho mesmo visitá-la. Recebendo um convite desses, já vou me programar. Nos fins de semana, ou quando o coronel precisar se afastar da fazenda, é só me comunicar e virei lhe fazer companhia.

Dona Íris observava o coronel e pensava: "Não foi por acaso que esse homem se tornou o mais respeitado, rico e temido coronel do nosso estado, ele deve ter dois cérebros! Ele é rápido em tomar atitudes; preciso tomar cuidado. Ele é altamente perigoso e, para lidar com gente assim, precisamos nos proteger de todas as formas".

Quando Gorette partiu, Suzanne pegou o chapéu dizendo que iria dar uma volta por ali mesmo em torno da casa da fazenda, e que Isabel iria com ela. Perguntou a dona Íris e para sua filha se desejavam acompanhá-la.

Dona Íris, jogando sua primeira carta, respondeu:

– Fico lisonjeada pelo convite! Mas gostaria de fazer algo com a minha filha, naturalmente, se o senhor coronel permitir!

– Vocês são minhas convidadas e quero que se sintam em casa. O que gostariam de fazer e como posso ajudá-las?

– A minha filha é louca por cavalos! Gostaria de pedir ao coronel permissão para montarmos, logicamente que vamos andar por aqui, à vista de todos.

Ele olhou para a moça com surpresa e respondeu:

– Eu adoro mulheres que gostam de montar! E, como tenho esta manhã livre, se a senhora e sua filha não se importarem, gostaria de acompanhá-las.

– Naturalmente. Se sua esposa não tiver nada contra, para nós será um presente tê-lo como nosso companheiro neste passeio.

Antes que Suzanne pudesse dizer alguma coisa, ele se antecipou, dizendo:

– Minha esposa jamais se oporia! Ela não gosta de montarias e também está grávida, portanto não é recomendável fazer esses passeios. Estou certo, Suzanne?

– Claro, meu marido! Acompanhe dona Íris e sua filha Dayse. Façam um bom passeio, e não se preocupem; estando com o senhor não pensem em tempo nem em distância, apenas em se divertir. Eu realmente não aprecio esses passeios, sou medrosa. Gosto de andar a pé!

– Bom passeio para a senhora também – desejou Dayse com ar de inocência, dirigindo-se à cocheira, onde iria se preparar para cavalgar.

– Vamos até a outra margem do rio – disse Suzanne para Isabel. A moça estranhou a escolha e sugeriu que fossem para o outro lado, que era plano e de estrada muito melhor, sem pedras e bem mais aberto.

– Não. Quero ir até a outra margem. Já estive lá uma vez e adorei. Amanhã nós vamos para aquele lado, hoje eu quero ir para lá.

– Sinhá esta hora o gado que está na pastagem vem beber água. Não quer mesmo ir para o outro lado?

– Não, Isabel, ande e não me faça mais perguntas.

Andaram bastante. Isabel estava quase correndo para acompanhar a sinhá, e ela parecia ter pressa de chegar à beira do rio. Por quê?

Isabel não tinha desconfiado, mas a resposta estava lá: dois olhos que brilhavam como duas esmeraldas ao sol, com um chapéu e gibão de couro, o boiadeiro estava encostado em uma árvore, e ficou sem fala quando avistou a pessoa que não o deixara dormir a noite toda.

Isabel o cumprimentou, dizendo:

– Bom dia, senhor Salu. Já conhece a nossa sinhá? Eu falei para ela que a essa hora o gado estaria aqui bebendo água e o cheiro não era tão bom. Mesmo assim, ela insistiu em vir.

Respirando fundo, sem tirar os olhos dela, ele disse:

– Bom dia, minha sinhá. O cheiro do gado pode não ser bom para quem não está acostumado; para mim não é novidade, faz parte do meu trabalho, e confesso para a senhora: amo o cheiro da terra, amo o cheiro do gado.

Ela, sem desprender os olhos dos dele, respondeu:

– Dependendo do que buscamos, o cheiro que é desagradável para muitas pessoas torna-se agradável para nós. Você pode não acreditar, mas estou gostando do cheiro desta terra e de tudo o que está a minha volta.

Os dois ficaram parados olhando um para o outro. Foi Suzanne quem quebrou o silêncio:

– Vi a onça-pintada que foi abatida por vocês; ouvi dizer que você acertou a cabeça para não prejudicar o couro, é verdade?

– Sim, é verdade. Embora eu lhe diga com toda a sinceridade: se pudesse fazer com que ela voltasse mata adentro e esquecesse as margens desse rio, não a teria matado. É com dor no coração que opto por tirar a vida de um animal; neste caso, não foi apenas para salvar o gado, mas as pessoas também. O couro, quando estiver pronto para uso, acredito que o senhor deva acrescentar à sua coleção. Nunca entrei em sua casa, mas o que tem lá dentro todos nós que estamos aqui fora conhecemos por intermédio dos que têm acesso à casa-grande. Sei que lá tem couros de onças, jacarés, sucuri, jiboia e outros animais. Entre esses couros que estão expostos em sua casa, dois deles foram abatidos por mim: uma sucuri e um jacaré, e agora vai mais um couro para a sua parede, uma onça-pintada.

– Este rebanho era do meu pai? – perguntou Suzanne.

– Sim, pertenceu ao antigo senhor. É um belo rebanho, não acha? E também ainda temos ovelhas, porcos, cavalos, perus e outros animais em grande quantidade.

– Em determinado momento, imaginei que valesse menos que uma escrava, mas agora eu preciso me dar o valor devido. Sou uma peça valiosa para o senhor; andando aqui e ali, vejo o quanto ele lucrou comigo. Olhe a extensão desta fazenda! Nem a conheço toda, mas sei que daqui saem o queijo que abastece cidades, o leite, a manteiga, a carne e muitos novilhos para a formação de novos rebanhos. Além dos cavalos, que já tive oportunidade de ver, há os leitões que são abatidos para alimentar o pessoal da fazenda, os carneiros e outras tantas coisas que ainda desconheço.

Isabel tocou no braço dela, chamando-a, e falou baixinho ao pé do ouvido:

– Lembre-se de que é uma sinhá e não pode ficar conversando tanto tempo com um escravo; com certeza, muitos olhos estão vigiando e isso pode chegar aos ouvidos do senhor de forma diferente.

Suzanne, abraçando Salu com o olhar, despediu-se dizendo:

– O sol está esquentando e precisamos retornar. Gostei do cheiro do gado; amanhã voltarei para senti-lo.

– Até logo, minha sinhá. Estarei sempre a sua disposição. – Olhando dentro dos seus olhos, ele dizia para si mesmo: "Minha vontade é abraçá-la, dizer a ela que não posso viver longe dos seus olhos".

Isabel pegou o braço da sinhá e saiu andando, preocupada com o que vira e ouvira. Andaram alguns metros e a sinhá parou, virou-se e ficou olhando para Salu, que estava parado no mesmo lugar.

– Vamos, sinhá, vamos andando, pelo amor de Deus. Se algum feitor malicioso levar ao senhor que estivemos conversando com o Salu na beira do rio, talvez a senhora venha a sofrer uma punição e ele, um castigo. O que deu na senhora para ficar conversando tanto com Salu? Os escravos aqui não são tão vigiados quanto ele. Fiquei sabendo que o senhor deu seis meses de prazo para ele se casar. A senhora sabe que é uma exigência dos senhores que os seus feitores sejam casados; até parece que eles viram santos, mas ajuda bastante a retê-los dentro de casa.

– O senhor deu seis meses para ele se casar? E ele já tem uma pretendente? – perguntou Suzanne.

– Fiquei sabendo que ele tem um caso fixo com uma moça que é cobiçada por todos os homens da fazenda.

– Você já a viu? É bonita mesmo? Como se chama?

– Eu já a vi; ela é mesmo muito bonita, chama-se Dália e trabalha ajudando no preparo dos pratos e das bebidas da casa-grande. Por que o seu interesse, sinhá?

– Porque eu quero saber tudo o que acontece nesta fazenda! Você ouviu o que disse a Salu? Sou uma peça valiosa, tenho de fazer valer o meu preço.

Passaram algum tempo olhando um rebanho de ovelhas que pastava e, quando se aproximaram da casa-grande, avistaram os três cavaleiros acompanhados por dois escravos. Haviam acabado de chegar, e a moça sorria alegremente. O senhor estava tão envolvido que nem percebeu a presença delas.

Isabel notou que sua sinhá ficou vermelha observando a cena entre o marido e a mocinha.

– Calma, senhora, o senhor é gentil com as damas, e a senhora é a sinhá, está acima de qualquer outra mulher que aparecer aqui.

– Você tem razão! Eu sou a sinhá, isso aqui me pertence! Não vou perder a minha razão por nada. Para você eu posso falar: odeio esse meu marido, e só de pensar que vou ter um filho dele fico com ódio, muito ódio! Por favor, Isabel, ainda dá tempo: arrume alguma coisa para eu beber e pôr para fora este filho! Você acha que o filho de uma serpente vai crescer e, de repente, sair voando como um pombo? Não, Isabel, isso nunca acontece! O pai dele foi uma serpente! Ele é uma serpente! Os filhos dele todos serão serpentes! Ajude-me, pelo amor de Deus. Não quero ter este filho. Cada vez que olho esse homem e me lembro de que ele e meu pai negociaram a minha vida, tenho vontade de matá-los.

– Por favor, minha sinhá, a senhora estava tão bem! Estava tão alegre com o seu filho; não fale assim, as nossas mães velhas dizem que as crianças escutam o que pensamos e falamos delas, e que isso pode causar muitos problemas na vida deles, até na saúde. Peça perdão a Deus e não fale mais assim desse pobre inocente que, daqui a pouco, estará pulando aí dentro de sua barriga, brincando com a senhora. Ele é filho do senhor, mas a senhora tem de pensar que ele é muito mais seu filho. A senhora é quem vai ficar nove meses com ele; quando nascer vai amamentá-lo, cuidar dele.

– Se essa criatura vier a nascer, você vai levá-la para o seu quarto, amamentá-la, cuidar dela, e nunca se atreva a deixá-la perto de mim.

"Deus seja louvado!", pensava Isabel. "Quando ele nascer e ela olhar o seu rostinho, vai mudar o pensamento. Para uma mãe, um filho é um filho, não importa quem seja o pai."

Ao se aproximarem da casa, madame Íris veio ao encontro da sinhá e, de braços abertos, a abraçou dizendo:

– Você, além de linda, é uma mulher abençoada; tem um marido belo, inteligente, rico e bondoso. Ele faz tudo por você! Imagine que ele nos disse da preocupação com a sua gravidez, e que teve de enviar a governanta para acompanhar as obras. Ele quer que o filho nasça na fazenda onde ele nasceu. Disse-nos ter suas raízes lá. Ofereci-me para ajudá-la no que for preciso. Vim aqui para cuidar do seu guarda-roupa, mas fui tão bem acolhida com a minha pequena Dayse, que é uma criança grande. Minha filha é virgem, nunca teve namorado! Eu tenho que ficar de olho, sabe como é... Se não tomarmos cuidado, ela pode se deixar levar por qualquer sujeito mal-intencionado. E tenho de pensar no futuro dela; somos sozinhas, não temos família, e meu marido nos deixou poucos recursos. Não somos ricas, mas pude educá-la fora do Brasil e, por isso, quero casá-la com um moço de família e que tenha posses. Pedi ao senhor seu marido para apadrinhá-la; ele me disse que vai arrumar um bom casamento para ela.

Suzanne sentia vontade de esbofetear a maliciosa senhora, mas se conteve e apenas respondeu:

– Se o meu marido prometeu isso à senhora, pode ter certeza de que ele vai cumprir. Fique à vontade em minha casa, a senhora e sua filha são nossas convidadas especiais.

– Obrigado, Suzanne! Você é um anjo! Já me comprometi com o senhor: vou ajudar os filhos dele, e a Dayse, que é quase uma criança, vai brincar muito com os dois. A senhora não se importe com as brincadeiras de minha Dayse; ela sente muita falta do pai e está se apegando muito ao senhor; é amor de filha para com o pai.

– Eu sei como é, também sinto muita falta do meu pai. Mas, quando a gente se casa, substituímos a presença do pai pela presença do marido. E depois vêm os filhos e a gente vai se acostumando. No caso de sua filha, ela cresceu sem o pai. E a senhora não pensou mais em se casar, sendo assim tão jovem e tão bonita?

– Não, não pretendo me casar! Eu amava demais o meu marido. Quando ele morreu, parte de mim se foi. Nunca mais me interessei por ninguém; não nego que recebi dezenas de pedidos de casamento de senhores da sociedade, porém, eu sabia que nunca iria fazer ninguém feliz e jamais seria feliz com outro homem. Trabalho muito atendendo a alta-costura e assim consegui educar minha filha. Tudo o que quero é ver a minha Dayse bem encaminhada na vida. Mas vamos falar da senhora! Quero começar a preparar o seu guarda-roupa. Trouxe muitos tecidos finos, e gostaria que a senhora escolhesse alguns para começarmos a desenhar os modelos. Trouxe tudo de que precisava, e já estão sendo instaladas as minhas máquinas de costura em um dos salões da casa-grande. Se a senhora não se importar, após o almoço gostaria de tirar as suas medidas.

Eu trabalho com exclusividade! Ninguém vai usar um vestido igual ao seu, isso eu garanto.

– Tudo bem, madame Íris, podemos fazer isso após o almoço – respondeu Suzanne.

Isabel percebeu a troca de olhares entre o coronel e a filha da madame Íris. "Essa moça não é flor que se cheire! Ela vai aprontar com a sinhá. E a mãe dela está preparando a cama para atrair o coronel; ela não é tola, não vai querer que ele simplesmente lhe dê um presentinho, como faz com as escravas. Ela quer garantir o futuro da filha; não sou letrada, mas não sou cega."

O coronel se aproximou das duas mulheres e disse:

– Fico feliz em ver que vocês estão se entendendo. Madame Íris é uma dama, vai lhe dar muitos ensinamentos, e você também pode se mirar no exemplo da filha dela, que é uma verdadeira dama. A senhora está de parabéns por sua filha, madame Íris. Ela não é apenas linda e inteligente, mas sim uma mulher para acompanhar o mais nobre dos homens de nossa sociedade com elegância e classe.

– Obrigada, coronel. Estou emocionada com suas palavras. É tão bom ouvir isso, me enche o coração de alegria. Tenho lutado muito, mas vejo que todo o meu sofrimento não foi em vão. Fiquei longe de minha filha, morria de saudades, sempre fui muito sozinha, e a solidão me pegava, às vezes, em momentos nos quais eu não tinha com quem desabafar, a não ser Deus.

A moça que estava de lado, cheia de graciosidade, respondeu:

– Eu também sofri, mamãe; longe de você os meus dias eram difíceis, por isso não desperdicei o meu tempo com nada a não ser estudar e me preparar para voltar e honrar aquilo que a senhora gastou comigo. Jamais vou abandoná-la; vou procurar algo para me dedicar e, assim que tiver condições, a primeira coisa que quero fazer na minha vida é comprar uma casa para nós duas.

O coronel, voltando-se para madame Íris, perguntou:

– A senhora não tem uma casa na cidade?

– Não, meu senhor, eu pago aluguel, e de valor altíssimo! Preciso morar bem; só atendo as mulheres da alta sociedade, e elas jamais iriam dar o mesmo valor às minhas costuras se eu morasse em uma casinha distante da sociedade.

Suzanne, não se contendo, falou:

– Mas como vai ficar a sua clientela agora? A senhora veio sem tempo certo para voltar... E suas costuras, como vão ficar?

– Não se preocupe, minha bela. Deixei uma criada cuidando da casa e ela vai receber todas as minhas clientes, que vão me deixar seus pedidos. Não vou ter prejuízos; uma vez por semana, ou a cada quinze dias, posso ir até lá e trazer as encomendas, assim vou encaixando com as suas costuras. Logicamente, a preferência será sempre sua.

Olhando para Suzanne com olhar desaprovador, o coronel disse:

– A senhora e sua filha não perderão nada; gostaria de contratá-la para dar assistência à minha casa, e sua filha para ensinar aos meus filhos as boas maneiras que ela tem. Agora peço licença, preciso cuidar de algumas tarefas importantes na fazenda. Estejam à vontade e, qualquer coisa, minha esposa está à disposição das duas, não é mesmo, Suzanne?

– Quanto a mim, vou entrar, dona Suzanne. Este passeio a cavalo me fez transpirar muito, vou tomar um banho e esperar o término das aulas das crianças. Adorei brincar com eles, e estou ensinando o garoto a tocar piano; ele leva muito jeito. A senhora toca piano?

– Não! Eu admiro quem toca, mas eu mesma não toco nada.

– Que pena! A música nos leva às grandes descobertas de nós mesmos. Eu, além de tocar piano, canto e danço, fiz balé e adoro dançar. Se a senhora não se importar, vou ensinar a filha do coronel e começaremos treinando no salão principal. É bem espaçoso; é adequado para se praticar balé e outras danças.

– Você já conversou com o pai das crianças sobre isso? Por mim, tudo bem. Se ele achar conveniente e aprovar sua ideia, pode ter certeza de que não vou me opor a nada.

Mãe e filha se afastaram abraçadas, e Suzanne ficou parada no mesmo lugar, olhando para os arredores. Ouvia-se um tropel de cavalos e, em meio ao pó da estrada, apareceu a bonita figura de Salu. Isabel, pegando suavemente a mão de sua sinhá, convidou-a a entrar.

– Espere mais um pouco; ainda falta muito para o almoço, não tenho pressa em entrar.

Salu tirou o chapéu e cumprimentou sua sinhá. Isabel ficou pálida. Aquele olhar entre os dois não era de quem manda e de quem obedece, era um olhar de busca de um pelo outro.

Suzanne pegou no braço de Isabel e pediu:

– Leve-me até a cozinha.

Isabel não entendeu nada! O que a sua sinhá iria fazer na cozinha? Contudo, não podia contrariar a sua vontade. Guiando a sinhá, chegaram à cozinha.

Suzanne procurou, com os olhos, a bela escrava que trabalhava ajudando na arrumação das mesas dos seus senhores, e que era a mulher com quem Salu se relacionava. Não demorou muito, ela teve certeza de quem era Dália. Sentiu as faces queimar de ciúme. Aproximando-se da moça, perguntou:

– Como é o seu nome?

– O meu nome é Dália, sinhá – respondeu a criada de cabeça baixa.

Suzanne observava a beleza da moça, uma mestiça. Dália tinha traços finos, um corpo bem-feito e pele misturada. Era uma mulata de olhos claros, lábios finos e nariz arrebitado. Tinha algo familiar, mas ela não sabia explicar o que era. Contudo, a moça a fazia lembrar de alguém.

– Você nasceu aqui ou vem de outra fazenda?

– Eu nasci aqui, minha sinhá. Minha mãe também vive aqui. Ela trabalha preparando as refeições dos escravos, do outro lado da senzala.

Suzanne ficou enciumada. Então Salu se banhava com ela no rio e a levava, com certeza, para o seu quarto. Talvez a amasse; talvez fosse pedir ao senhor para se casar com ela.

Intuída pelos amigos do baixo astral, ela teve uma ideia: "Com essas visitas importantes na casa, precisamos ter criadas apresentáveis para atendê-las. Vou pedir ao coronel que coloque Dália à disposição da madame Íris e sua filha. Aí, sim, quero ver se ele resiste aos encantos dela. Não quero que Salu se case ela".

Ela dispensou Isabel e ficou sentada à janela do seu quarto. Viu Salu do outro lado da casa-grande, encostado em uma árvore, olhando na direção de sua janela. O seu coração disparou. "Meu Deus! O que está acontecendo comigo? Estou totalmente perdida dentro de mim; não consigo deixar de pensar nele. E agora, com essa barriga? Vou ficar toda deformada. Ele não vai mais querer olhar para mim. Não posso ter este filho." Mil pensamentos surgiam em sua mente. "O coronel pode me matar, se desconfiar dos meus pensamentos; mata a mim e a ele. Será que ele também sente alguma coisa por mim? Ou será loucura minha imaginar essas coisas a respeito dele?"

Enquanto mil pensamentos alcançavam sua mente, viu Dália correndo e chegando perto de Salu. Ela o abraçou e o beijou, falando alguma coisa, depois saiu correndo de volta para casa.

***

Enquanto se preparava para o almoço, já estava com todo o plano arquitetado sobre como afastar Salu de Dália. Sentados à mesa, o coronel não disfarçava os olhares para o decote de Dayse.

Suzanne, fingindo não perceber onde pousavam os olhos do coronel, se esforçando, falou com voz suave:

— Senhor, meu marido, estive pensando e acho que você deve analisar o que vou falar, se é viável ou não: se madame Íris vai nos ajudar na administração da casa, ela precisa de uma criada de confiança, especialmente para servir a senhorita Dayse. Conheci algumas escravas caprichosas no trabalho e encontrei uma moça que, tenho certeza, vai atender madame Íris com muita dedicação.

— Você está fiscalizando a casa? Que maravilha! Essa é uma excelente notícia, você se interessando pela fazenda. Tenho de reconhecer que você pensou no que eu não havia pensado: oferecer criados para ajudar madame Íris e a filha. E quem foi a moça escolhida para tornar-se criada da madame Íris?

— Não sei se a madame vai sentir o mesmo que eu, mas simpatizei muito com o trabalho de uma jovem escrava que aprendeu a arrumar esses pratos, dobrar guardanapos e a fazer decorações com requinte. Ela aprendeu com Gorette e está ajudando na cozinha. Pensei que ela pudesse ter habilidades em cuidar das roupas de Dayse e ajudá-la em tarefas que exijam cuidados. A moça se chama Dália.

— Desde já, muito obrigada, sinhá. Vejo que tem bom senso e muita sensibilidade. Eu e minha filha, naturalmente, aceitamos! E prometo que os resultados serão contabilizados para vocês. Será que poderia mandar buscar a moça, coronel, para conhecermos?

O coronel deu sinal a Sula, que veio correndo.

– Pois não, senhor? Algo com as crianças?

– Não! Com as crianças está tudo em ordem. Está vendo, madame Íris, esta moça foi ama de leite dos meus dois filhos. Às vezes, eu acho que ela sufoca meus filhos, mas, por enquanto, eles ainda dependem muito dela emocionalmente. Em particular porque a minha falecida esposa pediu a ela que não se afastasse deles. Vá até a cozinha e chame uma escrava de nome Dália. Diga a ela para se apresentar aqui. – Virando-se para madame Íris, ele disse: – Não conheço todos os meus escravos. Desse nome, por exemplo, eu não me lembro. Se não gostar dela, arrumaremos outra do seu gosto.

Minutos depois, Dália entrava na sala de refeições e, conforme havia aprendido com a governanta, manteve uma elegante postura. O coronel olhou para a moça e se perguntou: "Estou ficando descuidado; preciso vistoriar melhor as minhas terras. As flores crescem e dão rosas, vejam só esta garota! Depois que passar pela casa da administração, vou dar liberdade a ela, e por esta quero o valor de dez bons escravos de qualidade. E vou utilizar madame Íris para me ajudar a formar esse pequeno lote que já está aqui. Em breve, eu os levarei à cidade como pessoas livres, com os registros legalizados".

– E então, madame Íris, o que achou da moça? – perguntou o coronel.

– Mais tarde vou procurá-la para conversarmos. Gostei da moça e posso afirmar que ela já está bem adiantada nos conhecimentos de boas maneiras.

O coronel, fingindo não ter nenhum interesse pela menina e olhando para Sula, disse:

– As duas estão dispensadas!

Suzanne alegrou-se. Viu Dália se afastando e pensou: "Não sou mais feliz do que você! Se eu não posso ser feliz, por que vou me preocupar com escravas felizes? Dane-se! Com Salu você não vai se casar de jeito nenhum!"

Na cozinha, as cozinheiras ficaram preocupadas. O que será que estavam querendo com Dália? A mãe da moça, quando soube, desesperou-se e pediu licença para a preta velha que estava ao lado dela.

– Vou fazer alguma coisa para salvar a minha filha. Vou procurar Salu. Ele poderá salvá-la das mãos do senhor.

A preta velha ficou pensativa: "Santo Deus! Sendo Salu irmão do senhor, e ele odeia esse pobre infeliz, nunca que vai permitir que Salu se case com ela. Pobre menina, só Deus para ter piedade dela!"

***

Salu estava na beira do rio, separando a boiada, e reconheceu a mãe de Dália, que vinha desesperada. "O que será que aconteceu com Dália? Meu Deus!" Ele largou o chapéu e foi correndo até a mulher.

– O que aconteceu?

– Pelo amor de Deus, Salu, minha Dália se entregou a você, só conheceu você como homem, ajude-a! Estou sabendo que o coronel lhe deu seis meses para casar, então peça a ele para se casar com minha filha; só assim ela vai estar a salvo. Hoje, ela foi chamada até a sala da casa-grande e escalada para servir a tal de madame Íris e sua filha. Ela vai trabalhar dentro da casa-grande e, possivelmente, acompanhar essas mulheres na cidade. Ajude a minha filha, Salu. Pelo amor que ela tem por você.

Salu sentou-se em um tronco e ficou pensando na situação da moça. Os olhos da sua sinhá não saíam mais de dentro do coração dele; não podia se casar com Dália. Não a amava, mas também não podia deixá-la nas mãos do coronel. O que fazer? O que fazer?

Estava nessa aflição quando apareceu o coronel Joel, oferecendo-lhe um cigarro. Sentando-se ao lado dele, disse:

– Você se lembra daquela nossa conversa sobre um pedido ao senhor para refazer a minha vida?

– Claro! Já fez o pedido?

– Não. Quero lhe pedir um conselho, quem sabe você me ajuda. Estou vendo que o amigo também está sofrendo por amor e só quem sofre por amor pode compreender o outro.

– Do que você está falando, Joel?

– Do seu amor pela bela governanta que foi para a outra fazenda. Sei que você se deitou com ela mesmo sabendo que ela era a mulher do senhor. Acho até que foi por isso que ele a mandou para outra fazenda. E vejo que você está aí, morrendo de amor. Pois então, a moça com quem quero viver e ter filhos é a Dália. Sou apaixonado por ela; farei qualquer coisa para fazê-la feliz. Trabalharei aos sábados e domingos, noite e dia sem parar, para compensar o coronel pelo valor dela. O que você acha?

– Acabei de saber, pela mãe de Dália, que ela vai servir dentro da casa-grande as duas madames que vieram da cidade, e pode ter certeza de que logo, logo a Dália vai embarcar com elas para a cidade.

O feitor Joel ficou pálido.

– Não! Isso não vai acontecer. Vou hoje mesmo me ajoelhar aos pés do senhor. Quero Dália como minha mulher; existem outras moças talentosas na fazenda. – O feitor se levantou e saiu sacudindo as mãos. Salu ficou observando e pensando: "Meu Deus! O que vai acontecer com essa moça?"

Se fosse para salvá-la, ele se casaria com ela, mas sabia que, se fosse pedir a jovem em casamento, estaria arrumando mais problemas para ela. Então, o que fazer? E agora essa do feitor Joel! Ele sabia do seu relacionamento com Dália, e também do seu envolvimento com a governanta, e achava que ele estava caído de amores por Gorette.

Salu se levantou e olhou para os lados. Seu coração parecia estar fora do seu corpo. Queria sair correndo e poder ir ao encontro da sua sinhá. Que loucura! Imagine só, é claro que a sinhá não pensava nele! Era a esposa do senhor, do seu irmão, que nascera em outras condições. Ele também iria falar com o senhor e dizer a ele que já tinha escolhido sua esposa mesmo antes de sua exigência: era a Dália!

Saiu a passos rápidos, atravessou o pátio e não levantou a cabeça para olhar para a casa-grande. Tinha de esquecer alguém que vivia lá dentro. Na administração, pediu licença e perguntou se poderia falar com o senhor; o assunto era uma resposta que ele ficara de lhe passar. Minutos depois, ele entrava na sala do senhor. Em pé, chapéu cruzado no peito, disse:

– Meu senhor, eu estou aqui para lhe trazer a resposta do meu casamento. Eu mantenho um romance escondido com Dália e estou decidido a me unir a ela, a tê-la como esposa, se assim o senhor me autorizar. Tenho algumas economias para reembolsá-lo e trabalharei o tempo necessário para lhe restituir o valor dela como escrava.

O coronel não pareceu surpreso quando respondeu:

– Eu sou o seu senhor exatamente porque, antes de vocês tomarem coragem para contar os seus segredos, eu já os conheço. Se você tivesse me pedido isso no dia em que lhe dei a chance de me apontar uma pretendente, eu teria concedido, mas agora é tarde demais; ela já tem outro destino. Agora eu tenho uma proposta para você, que é pegar ou largar, e, se largar, com certeza jamais terá outra em sua vida. Posso autorizar que se case com uma verdadeira dama, aquela que foi para sua cama, a governanta Gorette. É sua grande oportunidade de tornar-se um homem livre. Ela tem alguns recursos e poderá pagar a sua liberdade, embora você possa continuar trabalhando como feitor independente aqui na fazenda, ou seguir para outras fazendas. A minha proposta é a seguinte: eu a enviei antes para apressar o andamento das obras, e logo estarei retornando com a minha família para lá. Preciso de pessoas de minha confiança, e ela é alguém de confiança. Vocês casados ficariam nesta fazenda, onde já está bem acostumado. À noite, você retorna me dizendo sua resposta. Eu já digo que vou aprovar e aceitar a união dos dois. Caso não aceite a minha proposta, eu tenho outros planos para você; não esqueça que é propriedade minha, faço o que bem entender! Pode sair, só volte à noite.

Quando Salu desceu as escadas, ele suava frio. Encontrou o feitor Joel, que estava também ali para falar com o senhor.

– O que houve, amigo? Não está passando bem?

Salu saiu sem responder. Em passos rápidos, atravessou o pátio da casa-grande. Dália acompanhava os movimentos dele; tinha certeza de que ele fora até o senhor para pedi-la em casamento. "O que será que aconteceu? Será que ele conseguiu?" Saiu correndo e, desviando-se para não ser vista pelos feitores, alcançou Salu e perguntou:

– E então? Vamos nos casar?

Salu, com os olhos cheios de lágrimas, balançou a cabeça negativamente.

– O maldito não aceitou? Por quê? O que ele pretende fazer comigo, me entregando para aquelas duas? Você contou a ele que nos amamos?

Salu, olhando-a dentro dos olhos, respondeu:

– Eu a pedi em casamento, mas ele não aceitou. Queria ficar com você, trabalhar e acertar tudo. Eu ofereci os meus recursos para ele, mas não adiantou. Mas, uma coisa eu quero que saiba: gosto muito de você, mas não posso mentir para alguém que sempre foi digna e sincera comigo. Eu não a amo como mulher, e estou lhe dizendo isso para você não se sentir pior do que já está se sentindo. Talvez tenha uma chance de ser amada de verdade.

Dália virou as costas e andou dois metros, depois virou-se e respondeu:

– Vou tentar mesmo encontrar alguém melhor que você. Perdi o meu tempo em acreditar que um dia você fosse me reconhecer. Se não me ama, ama a quem? A você mesmo? Dane-se, Salu!

***

O coronel gargalhou ao ouvir o pedido do feitor Joel. Refazendo-se depois, respondeu:

– Você é o segundo homem, hoje, que vem me pedir essa moça em casamento, e, para saber o que é que ela tem de tão bom, quero-a hoje em meu quarto. Você vai providenciar isso para mim, entendeu? O problema de Salu não era amor; era apenas uma reparação, assim ofereci uma chance de ouro para ele, a de se casar com uma dama. Aliás, aquela que você ajudou a ir ao encontro dele. Já no seu caso, sei que é falta de mulher mesmo! Por isso eu o autorizo a escolher entre as filhas dos capitães do mato, filhas de outros feitores fora da fazenda. Vê se dá umas escapadas por aí nas suas folgas; não preciso lhe ensinar como pegar mulher! O mal de vocês é que se apegam às mulheres da fazenda e não têm faro para nada. Esquecem que há centenas de outras mulheres bonitas e prendadas por aí querendo se casar. Agora pode ir, e não se esqueça de me trazer a prenda que lhe pedi hoje à noite. Vá atrás do que você quer; dependendo de quem seja, até posso ajudar nas negociações.

O feitor saiu humilhado e derrotado. Se pudesse, daria fim àquele desgraçado. Aquilo não era um ser humano; era um ser que viera do inferno. Haveria mesmo um céu e um Deus fora daquele inferno? Porque ele conhecia um demônio, que era o seu senhor! Não se apiedava de ninguém, não tinha coração nem sentimento e, para alcançar o que queria, era capaz de fazer qualquer coisa. E quanto a Salu? Esse não podia reclamar da vida; não usufruía dos mesmos direitos do senhor, mas tinha certa regalia. Aproveitara bem da moça, e agora saía como se nada tivesse lhe acontecido. Iria se casar com a dama e viver no meio deles; quanto a ele, ia sair sim, não para caçar mulher. Ia procurar quem tivesse interesse em suas informações e lhe oferecesse uma oportunidade fora dali. E já sabia aonde iria.

O coronel tinha um adversário, o único coronel que o peitava fora dali. Estava tão absorto nesse pensamento que não viu o negro velho na frente dele. Esbarrou nele e parou. O preto velho, como se tivesse ouvindo o seu pensamento, disse:

– Meu filho, quando a gente anda sem rumo pode esbarrar em qualquer coisa; você esbarrou em mim, mas podia ter sido em algo bem pior. Cuidado com os pensamentos; não faça aquilo que o coração manda quando está magoado; faça aquilo que Deus fala no seu coração quando chama por Ele. Nesse momento, o que você precisa é procurar por Deus, e não pelo homem! Pense na sua família, no filho lindo que o senhor tem e que precisa muito de sua atenção, além de sua mulher com a cruz que Deus colocou na vida dela. Como ficariam sem o senhor? Não faça nada do que vinha desenhando por esse caminho; tropeçando em mim o senhor parou de pensar, agora coloque um ponto final. E agora me dá licença que eu vou caminhar em busca de remédios para os doentes.

O feitor ficou no mesmo lugar, matutando no que tinha ouvido do negro velho. "De fato, ele tem razão. Eu tenho um filho, eu amo meu filho, a minha mulher não tem culpa de ser doente e, mesmo assim, faz de tudo para me ajudar. Eu estou magoado, queria muito aquela mulher, mas, de certa forma, ela nunca me deu nenhuma demonstração de interesse. Vou entrar num enrosco por causa de uma paixão que, no fim, pode até dar em algo pior. Vou pensar no que me disse o negro velho. Passarei em casa para tomar um copo de aguardente, afogar as minhas mágoas e cuidar dos meus afazeres. Os segredos do senhor valem muitas desgraças, e no momento é melhor eu procurar um pouco de paz. Acho que a Dália não vale todo esse meu sacrifício, ela nunca trocou um olhar sequer comigo."

***

No fim da tarde, Suzanne ficou na janela procurando pelo rapaz, mas ele não apareceu. Ela estava aflita; queria saber notícias dele. Chamou Isabel e, mostrando indiferença, perguntou:

– Você está sabendo que aquela moça vai servir madame Íris? O que acha dela? Será que o boiadeiro vai mesmo se casar com ela? Qual é a sua opinião?

– Olha, sinhá, eu tenho medo de lhe dizer o que estou pensando... Posso não responder?

– Você deve me responder tudo o que eu lhe perguntar, e com a verdade!

– Eu acho que, de repente, a senhora se interessou pelo Salu, não sei em que sentido, mas tem alguma coisa no ar. Notei que, quando lhe falei sobre Dália, a senhora fez com que ela fosse indicada para acompanhar as damas. Seria para afastá-la dele?

– Acho que você é muito esperta! Eu tenho de confiar em alguém. Não sei o que está acontecendo comigo; não paro de pensar nele e fiquei louca de ciúme dessa criada que teve ele em seus braços. Eu a quero longe dele, e esse foi o caminho que encontrei.

– Sinhá, pelo amor do Pai que está no céu! A senhora, além de ser a esposa do senhor, é nossa sinhá, e está esperando um filho. Ponha juízo dentro de sua cabeça, direção no seu coração, e tire essa fantasia de sua vida. Se o senhor desconfiar desse sentimento, eu juro, ele manda matar a senhora, inclusive com o seu filho. Assim como eu percebi, outras pessoas podem notar o seu olhar e o seu interesse por esse rapaz, e olhe a desgraça que vai acontecer. Acho que a senhora não sabe do que o senhor é capaz. Eu vou tirar essa cadeira da janela. Logo, logo vai ter gente contando para o senhor que a senhora fica na janela, e quem é que está do outro lado do pátio.

– Você não me ajudou em nada me dizendo essas coisas. Tenho vontade de jogar tudo para cima! Tenho vontade de morrer! Odeio este filho que está aqui dentro, odeio o pai dele.

Naquela noite, Dália esteve na cama do senhor, e o feitor Joel foi à beira do rio e se deixou levar pelos braços e abraços de outra pessoa.

O feitor Salu, por sua vez, não saiu do seu quarto. Sabia com quem Dália estava e nada podia fazer por ela, pois não sabia o que iria fazer de sua própria vida. Ele não queria se casar com Gorette, ela fora algo novo, diferente, mas não era isso o que o seu coração pedia. Ele preferia ficar o resto da vida apenas olhando de longe para a sua sinhá. Queria ter certeza de que ela sentia algo por ele, precisava saber disso; seria o suficiente para viver por ele e por ela.

Cada um vivia sua história, cada um guardava os seus segredos, e assim o tempo ia passando lentamente, como as águas de um rio que corre devagar, mas sem parar. O coronel tomou várias providências envolvendo muitos jovens de suas fazendas. Eles foram libertados na lei dos homens e escravizados no corpo e na alma, e mesmo Dália seguiu com madame Íris para a cidade e não retornou. Segundo madame Íris, ela encontrou um estrangeiro rico que se apaixonou por ela e lhe deu casa e muitas posses e, com certeza, quando pudesse viria buscar a mãe.

***

A barriga de Suzanne já começava a aparecer, e corria a notícia de que dona Gorette estava esperando um filho, e que esse filho era do feitor Salu.

Suzanne estava em crise, era o que se comentava na fazenda; não queria mais sair de casa nem se alimentar, desde o dia que ouvira da boca de Salu que realmente o filho poderia ser dele, pois se deitara com ela duas vezes. Suzanne perdeu o controle e avançou sobre ele, chorando e o chamando de falso e traidor.

Ele a abraçara e, quando se olharam nos olhos, não se lembraram do perigo: trocaram um beijo de amor, paixão, loucura. Ele tinha o amor dela; isso era o mais importante. Mandava-lhe recados por Isabel, que, muitas vezes, chorando, implorou a ele para deixar a sinhá em paz, que o senhor mataria os dois e a criança que ela esperava, mas, diante da tristeza de sua si-nhá, ela acabava sempre passando os seus recados.

O senhor não a incomodava mais; tratava-a com muita in-diferença, desprezava qualquer comentário que ela fizesse em sua presença. E cada dia ela odiava mais e mais aquele ser que se mexia dentro dela. Já tinha tomado sua decisão: assim que nascesse, iria entregar o bebê ao senhor, e que ele fizesse o que bem entendesse; ela preferia a morte a cuidar desse filho dele.

CAPÍTULO VI

Destinos cruzados

As primeiras reformas da casa-grande preferida do senhor ficaram prontas. As chuvas então caíam em abundância, enquanto os escravos trabalhavam com afinco. As sementes brotavam nos campos, e a plantação de fumo na nova fazenda superou as expectativas do senhor. Ele liberou mais escravos para ajudar o velho no plantio do fumo, tanto de uma fazenda quanto da outra, e estava satisfeito com o trabalho de Gorette; ela, de fato, era muito competente.

A barriga de sua governanta já estava bem saliente, ele, pegando na mão dela, disse:

– Não se preocupe. Você vai ter um filho e um pai que vai assumi-lo. Amanhã, prepare-se, fique bonita, mais do que é, que seu marido virá aqui pedi-la em casamento. Para todo e qualquer efeito, ele é o pai do seu filho, entendeu? Eu retornarei com a família e você vai se casar e continuar como minha governanta na fazenda, onde hoje me encontro. Se tiver juízo e bom senso, vamos progredir muito. Você terá sua porcentagem nos negócios do fumo e, ao lado de Salu, vou continuar fazendo negócios com você; ele será apenas sua companhia. E, assim que estiver livre desta barriga, vamos matar as saudades em uma cama; continuo gostando de você como mulher.

Gorette, assustada com a notícia, perguntou:

– Ele está sabendo que vai se casar comigo?

– Sabe sim, e não é nenhum desafortunado! Vai casar-se com uma mulher que me pertence e assim cuidará do sobrinho. Nada mais justo para o seu filho ter um pai da mesma origem.

– E sua nova governanta, vem com a filha?

– Naturalmente que sim. A mãe pode até sair de minha casa, mas a filha não. A você eu posso contar os meus segredos, os meus desejos, as minhas loucuras. Estou apaixonado por aquela menina; nunca senti por nenhuma mulher o que estou sentindo por Dayse. Quero me casar com ela e, realmente, tê-la do meu lado sem sacrifícios, sem artimanhas. Vou fazê-la minha mulher. Assim que Suzanne tiver esse filho, vou inverter os papéis. Por isso preciso de sua ajuda nos negócios, e mesmo na minha vida particular. Quero que esteja do meu lado em tudo. Ajude e procure se dar muito bem com a Dayse, porque ela será a minha mulher. Desta vez, não vou me casar para receber um dote; pelo contrário, vou pagar um preço alto por minha noiva. A mãe dela é mais pobre do que muitos dos meus feitores, mesmo do que o seu noivo. Ela não tem nada, só lhe restou mesmo a posse de mulher que um dia conheceu a luxúria. E, cá entre nós, ela nunca foi casada. Teve a mesma sorte que você: encontrou um coronel que a tirou das noitadas dando-lhe uma vida farta e a filha linda e maravilhosa. Admiro a coragem dela! Montou um ateliê de luxo, paga aluguel, come ovo e bebe água, mas não perde a classe. Ao menos uma coisa nobre ela fez na vida: educou a filha para ser uma dama. Vou me casar com Dayse e deixar a mãe dela viver com regalia, trabalhando para mim, unida a você. Ela vai viajar e negociar nossas mercadorias fora do Brasil. Una-se a ela e todo mundo vai sair ganhando. E, para garantir que não vou perder de vista o meu meio-irmão, ele vai se casar com você e criar o seu filho debaixo dos meus olhos. E você sendo feliz, mas tendo um marido cujos olhos fazem lembrar os meus, aí também é certeza que nunca vai me esquecer.

– O que pretende fazer com Suzanne e o filho?

– Toda a sociedade sabe que o coronel se casou e que sua mulher está esperando um filho; quanto a isso eu não posso mudar a história. Mas tenho planos. A criança vai continuar vivendo, como os dois filhos que já tenho, sem mãe. Tem a Isabel, que será sua ama de leite, como Sula é dos outros, e você vai cuidar da educação dessa criança. Os outros dois seguirão comigo para a fazenda; o filho de Suzanne ficará com você até que eu resolva o que vou fazer. E percebi que a sua criada está com uma barriga bem saliente. É bom ela parir, assim poderá ser ama de leite do seu filho. Arranjou aqui ou trouxe a barriga de lá? – perguntou o senhor.

– Acho que o senhor terá quatro filhos chegando na mesma hora. Digo quatro, mas pode ser muito mais.

– Quatro? Como assim? Explique – pediu o coronel, acendendo um charuto e sentado em sua rede, enquanto bebericava um copo de conhaque inglês.

– Isabel, a criada de Suzanne, engravidou primeiro. Suzanne está grávida, eu estou grávida, e Otacília está grávida, numa sequência de dias, horas, só Deus sabe, e o pai de todos eles é você.

O coronel bebericou mais um pouco do seu conhaque e, tragando o charuto, disse:

– Esse é um dos temas que estão sendo muito discutidos em

nossas reuniões. Essa irmandade que está crescendo dia a dia, essa mistura de brancos com negros, essa nova geração de mulatos, essas mulheres lindas, virando as casas-grandes e as senzalas de ponta-cabeça. Estamos com muitos meios-irmãos em nossas fazendas e, por incrível que pareça, a força do sangue domina negros e brancos. Olha só o meu caso: o meu pai me pediu para não vender nem me desfazer do Salu; ele tinha afeição por esse mulato. Eu já tive muita vontade de negociá-lo, mas aí vem a lembrança do meu pai e o seu último pedido, e, por outro lado, o sujeito como feitor é bom demais. É trabalhador, inteligente, e sabe se colocar no lugar dele. A solução que estamos encontrando é ir retirando os mulatos das fazendas e enviando para fora do país. Lá fora serão problemas de outro país. Como saem daqui livres, não respondemos por eles. E repare que temos outras situações que também estão nos trazendo cuidados: os filhos de coronéis com as mulheres livres de outros países; o seu caso, por exemplo: vai ter um filho totalmente branco, que não pode ser reconhecido no estado como sendo meu filho, mas temos essas brechas, isso quando damos a sorte de ter feitores mestiços. Aí podemos casar nossos casos amorosos e acertamos a vida dos filhos ilícitos; futuramente, eles podem contribuir muito na fazenda como feitores etc. Já está também se formando outra mistura danada: os morenos; são das mulheres brancas com os mulatos. Isso é preocupante, Gorette! Essa mistura de raça está causando muitas preocupações e exigindo mudanças nas leis.

Fazendo um instante de silêncio, o senhor prosseguiu:

– Mas agora vamos falar da construção desta fazenda; tudo está perfeito! Quero que forre toda a piscina com as melhores pedras que encontrar. O meu futuro quarto nupcial está digno de minha futura esposa. Os jardins estão de acordo com o combinado, e o parque de recreação das crianças ficou perfeito. Estou pensando, e você vai providenciar isso: vou dar uma festa para mostrar a minha casa aos coronéis da vizinhança e oferecer nosso trabalho. Naturalmente, você vai fazer toda a reforma e ter a sua porcentagem, conforme combinamos. Vá preparando sua ama de leite para cuidar do seu filho, porque, assim que você estiver livre desta barriga, vai ter muito trabalho pela frente.

– Eu fico feliz que o senhor tenha gostado, e agradeço o que recebi pelo meu trabalho. Quanto a isso, não tenho dúvidas do quanto posso contar com a sua generosidade. E quero que saiba de uma coisa: farei tudo para ajudá-lo a ser feliz, e agradeço a sua preocupação em me arranjar um casamento tão proveitoso.

– Pois é, Gorette, as chuvas estão aí, os pastos fartos, o gado gordo, e os meus negócios indo muito melhor do que eu imaginava, vendendo fumo e charutos como se fosse ouro. O meu negócio de importação, você sabe do que estou falando, está me rendendo muito mais que as lavouras de café, cana e cacau. Muito mais que todas as minhas vacas leiteiras, meus touros e meus cavalos!

– Opa, coronel! Quantos mulatos o senhor mandou para fora do Brasil neste trimestre? Para falar dessa forma, vendeu realmente um lote valioso.

– Mandei setenta e cinco mulatos, sessenta mulheres e quinze homens. Imagine que há muitos coronéis ricos, tanto aqui no Brasil quanto os fidalgos do exterior, que pagam o preço que colocarmos em um negro, desde que atendam aos requisitos exigidos por eles. Fazer o quê? Nesta vida há gosto para tudo. Mandei um lote da minha fazenda e adquiri alguns lotes das fazendas vizinhas. Eu sou o mercador dessas especiarias.

Vou passar para madame Íris muito trabalho no exterior, e, quanto a você, todas as demandas ligadas às minhas três fazendas. E mais importante de tudo: absolutamente nem uma palavra, nem uma pista a ser passada ao seu futuro marido. É necessário você se lembrar de que ele é inteligente, e você, uma mulher apaixonada. Mas não esqueça que você tem um filho que quer ver nascer, crescer e viver do seu lado e ao lado do homem com o qual vai se casar. Nesta vida tudo tem um preço, e esse é o preço que você vai pagar para ser feliz.

Eles ficaram conversando, e Otacília observava os dois de longe e pensava: "Não sei, ainda, se tive sorte ou algo tenebroso me espera lá adiante... Será que a senhora Gorette é capaz de me jogar no calabouço? Ela me livrou de ir com as outras; essas se foram, e tenho certeza de que jamais voltarão".

***

Depois de tanta insistência por parte de Isabel, Suzanne aceitou dar uma volta; ela saiu em direção ao rio. Por mais que tentasse esquecer Salu, algo lhe arrastava até ele. Isabel a seguia e prestava atenção por onde passavam, para ver se não tinha ninguém espionando. Salu foi ao encontro da sinhá e a levou até a estrebaria, onde ele separava e prendia os bezerros das vacas paridas. Ele a abraçou e, chorando, disse-lhe:

– Quero que a sinhá saiba que por toda a minha vida vou amá-la mais que tudo nesta vida, mas, pelo nosso próprio bem, devo aceitar o pedido do senhor e me casar com a governanta Gorette. Eu não tenho alternativa; segundo ele, ela confirmou que o filho é meu, e ele quer que eu me case com ela. Ele é o senhor, é dono de nossas vidas, de nossos sonhos, dos nossos destinos. Entenda-me, pelo amor de Deus; a senhora é a minha sinhá, é a esposa do meu senhor. Procure viver, e estarei sempre pensando na senhora. Eu sei que a senhora vai partir logo e que levará minha alma junto, mas ficarei aqui e viverei com a sua imagem dentro de mim. Se estiver cometendo um pecado contra Deus, peço a Ele que me castigue, mas quero um último beijo seu. – Puxou a sinhá para perto dele e a beijou desesperadamente.

Isabel ouviu um tropel de cavalos e correu até a estrebaria, tirando a sinhá às pressas.

– Meu Deus, sinhá! Por que faz isso? Não se deixe levar pelo pedido do seu coração! Veja só que sorte a sua eu ter ouvido o tropel dos cavalos; aqueles homens poderiam vir a pé, e o que seria da senhora, de Salu, de mim e de nossos filhos?

A sinhá, secando uma lágrima, respondeu:

– Eu iria sentir por você e pelo seu filho; quanto a mim e Salu, e este filho que pula aqui dentro de mim, talvez fosse a melhor coisa que pudesse nos acontecer. Não me importo com o castigo de Deus; já fui castigada por Ele. Eu sei que não vou continuar nesta fazenda, então hoje vou fazer uma loucura e você vai me ajudar.

– Meu Deus! O que é que a senhora tem em mente? – perguntou a criada, assustada.

– À noite vou me vestir com uma de suas roupas e você vai me levar até o quarto do Salu. É meu último adeus; o senhor não volta hoje para a fazenda, e Dayse e dona Íris não saem à noite, a moça tem medo de sapos. Faça alguma coisa para dispensar os feitores da noite e entretê-los com algo; já sei: comida! Eles fazem qualquer coisa por comida, então leve eles para a cozinha da senzala e depois pense em outra coisa para que eu possa retornar em segurança. Peça ajuda na cozinha, e, se alguém me trair não morrerei sozinha! Faça isso por mim.

Avise Salu de que irei ao seu quarto depois que os escravos se recolherem.

– Sinhá, por que a senhora me pede isso? Não vai dar certo, senhora! Realmente, a senhora vai levar muitos inocentes à morte, vai morrer e levar todos nós com a senhora.

– Pois, então, se não quiser morrer nem levar outros com você, obedeça às minhas ordens! Está dispensada, só volte com as informações para logo mais à noite.

Isabel sentiu um frio na barriga. "Meu Deus! Acho que filho de escrava é de ferro, pois não sei como essa criança está suportando tantas coisas pelas quais temos passado juntos." Ela se dirigiu à cozinha e pediu a dona Bernardina para lhe falar a sós.

– O que aconteceu, menina? Que cara é essa? – perguntou a preta velha.

Isabel desabou a chorar. Dona Bernardina a fez beber um chá e, levando-a a um banquinho, sentou-se do seu lado e falou:

– Agora me diga: o que é que você tem?

Isabel relatou o que a sinhá tinha lhe mandado fazer, e a preta velha coçou a cabeça, ficando alguns minutos em silêncio. Depois bateu no braço de Isabel e respondeu:

– Volte lá e diga à sinhá que ela saia com você no fim da tarde, perto da hora de os negros retornarem. É o momento em que os feitores estão reunidos na administração e depois vão conferir os trabalhadores do campo e fazer a troca de turno. Não vão estar preocupados nem com o gado, nem com Salu, muito menos com a sinhá. Diga a ela que não pode demorar muito, e o Salu deve aparecer para o jantar com os outros feitores. Nesse meio-tempo, vocês retornam, e caso encontre algum negro ou feitor diga que se perderam, foram parar do outro lado, mas que está tudo bem. Vá lá falar com ela, depois leve o recado a Salu. Faça isso com toda a discrição; eu vou fazer o possível para prender os feitores e os negros a minha volta. E quer saber, Isabel? Deus não vai nos condenar. De repente, minha filha, esta é a única vez na vida que essa pobre infeliz vai provar um pouquinho do verdadeiro amor, e esse momento pode ajudá-la a ter forças para viver o resto dos seus dias.

Assim, Isabel fez tudo conforme orientou Bernardina. Salu ficou ansioso; nem acreditava que ia ter em seus braços a mulher de sua vida. Mesmo que fosse por pouco tempo, para ele seria uma eternidade.

Assim foi feito. Tudo correu bem, e a sinhá correu aos braços de Salu enquanto Isabel ficou escondida ao lado da estrebaria. Suzanne se entregou de corpo e alma a Salu; nunca imaginara que fosse capaz de doar e receber tanto amor. Conforme orientou a preta velha, Isabel tossiu três vezes, avisando que era hora de Salu sair ao encontro dos outros feitores. Salu saiu e ela olhou para sua sinhá; esta parecia outra pessoa; a luz da Lua cheia brilhava dentro dos seus olhos.

Arrumando-se e pegando a estrada que levava para a casa-grande, Suzanne disse para Isabel:

– Se morresse agora, iria para o céu... Espero, sinceramente, que um dia você encontre alguém que a ame e que você também ame, aí vai entender o que estou sentindo.

Ao chegarem à fazenda, a menina estava com Dayse na varanda da casa e, ao avistarem Suzanne, a menina gritou:

– É só o meu pai não estar em casa e essa louca fica andando à noite por aí! Pena que não encontrou uma cascavel no caminho. E nós aqui, esperando pela beldade para jantar. Amanhã vou falar com o meu pai sobre o comportamento dela na ausência dele. Tomara que a mande prender no porão dos negros.

Todas as vezes que ele precisar viajar, vou dar ordens para não levarem água nem comida. Odeio você e essa coisa que está na sua barriga; irmão só tenho um. Não quero ver a cara desse seu filho ou filha, ou sei lá o quê!

Isabel olhou e pediu ajuda com os olhos para a ama de leite da menina. No sentido de deter a criança, foi até a sinhazinha e disse para todos ouvirem:

– A culpa foi minha; levei a sinhá perto do canavial e na volta eu errei a saída. Não conheço tão bem essa fazenda como conheço a outra.

– Da próxima vez que você errar o caminho, faça o possível para não retornar. Deixe, que o capitão do mato com certeza vai encontrá-la. Vou pedir ao meu pai para mandá-la para bem longe daqui!

Sula, passando o braço pelos ombros da menina, falou:

– Minha menina, não fale assim! Lembra-se do que pediu dona Gorette a você?

– Lembro-me sim! Mas ela não está aqui, e eu estou cansada de ser boazinha – respondeu a menina, sentando-se à mesa no lugar onde se sentava a sua mãe, local que agora era ocupado por Suzanne.

Mãe e filha não falaram nada. No fundo, madame Íris estava adorando a reação da menina. O garoto chegou perto da irmã e disse-lhe:

– Por favor, vá se sentar no seu lugar, não arrume mais confusão.

– Eu não vou sair daqui! Quero ver quem vai me arrancar desta cadeira. E essa aí pode se sentar onde quiser; já estamos atrasados para o jantar.

Suzanne, então, respondeu:

– Eu não vou jantar, podem se servir!

A menina gritou:

– Se você vai ou não comer não quero saber; você vai se sentar à mesa e esperar que todos terminem a sua refeição. E, se tentar fazer aquela coisa nojenta que já fez nesta mesa, juro: vou quebrar tudo o que tiver aqui na sua cabeça. Sente-se – gritou a menina.

Suzanne se sentou e ficou atônita. Aquela menina era a cópia fiel do gênio do pai. Para não tornar a situação mais difícil, ela preferiu atender à ordem da garota, que parecia satisfeita em vê-la se sentar sem retrucar.

O jantar transcorreu como Suzanne já esperava, a garota rindo e fazendo piadas, fingindo não notar a sua presença à mesa. Quando terminaram, inclusive a sobremesa, Suzanne virou-se para a menina e perguntou:

– Posso me retirar da mesa, sinhazinha?

– Por mim pode! Não quero cruzar com você por aí. Vamos nos divertir agora.

Quando Suzanne se levantou, madame Íris viu palhas secas grudadas em suas vestes, mas não falou nada. Queria saber como aquelas palhas estavam grudadas em sua saia... Onde teria sentado?

Suzanne comeu alguma coisa no quarto e depois foi até a janela. Do outro lado do pátio estava Salu, olhando a cortina da janela que balançava. Meu Deus! Como viveria sem Suzanne?

O feitor Joel notou que Salu olhava para a janela da sinhá e, se aproximando dele, disse-lhe:

– Se eu fosse você não ficaria olhando nessa direção; já pensou se cai no ouvido do senhor essa sua atenção para com a sua sinhá? Apesar de que eu daria tudo para ver esse senhor sofrer por causa de uma mulher. Ele não respeita os sentimentos de ninguém porque não tem coração, deve ter uma pedra dentro do peito. Às vezes, eu acho que existem dois mundos: um comandado por Deus e o outro pelo diabo, e os dois vivem guerreando e usando a nós para mostrar força um para o outro.

Salu nem ouviu as últimas palavras de Joel e respondeu:

– Não estou fazendo nada! Apenas vi que uma coruja atravessou até a cumeeira da casa-grande, e olhava se ela continuava lá, apenas isso. E, para o seu conhecimento, vou me casar mesmo com a governanta Gorette e não sei se fico aqui ou se vou para a outra fazenda, ainda não fui informado pelo senhor.

– É muita sorte! Mesmo sabendo que ela foi mulher que passou pelas mãos do coronel e pertence a ele, é uma sorte ter uma mulher bonita e inteligente como esposa. Ainda não esqueci Dália; daria tudo para tê-la comigo. Estou sabendo que ela foi embora para o estrangeiro, assim como todas as meninas e os rapazes que foram levados pelo senhor. Comenta-se por aí que ele deu a ela a carta de alforria, e a família viu a carta assinada e registrada. Ele não poderia vendê-los, mas que há algo muito estranho nisso, há.

No outro dia, antes do almoço, o senhor retornava à fazenda. A menina, sua filha, foi até ele e, de mãos na cintura, disse-lhe:

– Ontem à noite eu usei autoridade em seu nome, para colocar ordens nos horários da casa. A sua esposa atrasou-se para voltar para casa; anoiteceu fora da fazenda. Chame a criada Isabel e pergunte, e a Sula pode confirmar o que eu fiz; se ela for reclamar, o senhor já sabe.

– Eu me orgulho de você! E gostaria que você agisse como a sua irmã – disse o coronel olhando para o garoto. – Na minha ausência, o exemplo deve partir de vocês, que são senhores. Vou conversar com Suzanne.

Saiu batendo as botas, e Sula ficou olhando para garota, que fazia beicinho. Meu Deus! O que será que o coronel iria fazer com a sinhá e com a Isabel?

***

O senhor entrou no quarto e encontrou Suzanne arrumando o cabelo em frente da penteadeira. Chutou o móvel, jogando longe todos os produtos de beleza que estavam em cima.

– Eu dou as costas e você resolve me afrontar? Quem pensa que é? – Apertando o braço dela com força, disse: – Você vai permanecer neste quarto até minha segunda ordem. E você, negra falsa, o que está escondendo? Vou dar ordens aos feitores; nem você nem sua sinhá vão circular fora desta casa. Se ficar sabendo que você desobedeceu às minhas ordens, as coisas não vão ficar nada bem para as duas.

No fim da tarde, o coronel mandou chamar Salu até a casa da administração e lhe comunicou que ele partiria no outro dia, acompanhado de um outro feitor designado por ele, rumo à outra fazenda, para acertar seu casamento com Gorette. Ele já havia autorizado. Dali a alguns dias, ela estaria chegando à fazenda, e ele iria continuar cuidando do seu rebanho, sendo Gorette mantida como governanta. Assim, continuariam morando na fazenda.

– Então vou me casar e continuar aqui? – perguntou o rapaz.

– Sim, ela virá e vocês vão formalizar o casamento aqui mesmo diante de mim. Agora pode ir cuidar dos seus afazeres; antes do seu casamento acertaremos os seus débitos por esta oportunidade que está recebendo. Todos os feitores, desta e de outras fazendas das redondezas, gostariam de estar no seu lugar. Prometi ao meu pai que iria dar uma oportunidade a você, e estou cumprindo a minha palavra.

Salu ficou até tarde sentado nas imediações da casa, na esperança de ver Isabel para mandar um recado, mas esta não apareceu. Ele iria se casar com Gorette e permanecer na fazenda, e sua amada iria embora para longe dos seus olhos.

No outro dia, logo cedo, acompanhado pelo feitor designado pelo senhor, Salu seguiu para a fazenda matriz. Ficou encantado com tudo o que viu; ali parecia mais um palácio! Ele nunca tinha visto nada igual, só nas histórias que ouvia dos mais velhos. Gorette apareceu sorridente; estava muito bonita e perfumada, e já dava para perceber que estava diferente. Usava um vestido florido e bem soltinho; lembrava até a sinhá, observou ele. Ela, pegando a mão do rapaz, colocou sobre sua barriga dizendo:

– Aqui está nosso filho. – Então o abraçou e o convidou a entrar. Ela mostrou todas as obras que tinha planejado e ajudado a executar. – Veja como deixei a casa do senhor. E também vou melhorar a outra fazenda onde iremos viver com o nosso filho.

Ficou acertado, conforme as ordens do coronel, que dali a alguns dias ela chegaria à fazenda e faria uma pequena reforma no antigo quarto ocupado por ela. Havia uma saída pelos fundos, e dividiriam esse aposento. Aquilo fora autorizado pelo senhor, apenas com uma condição: ele não poderia transitar pela casa nem sair na ala nobre do casarão.

Salu achou estranho; ele nunca tinha entrado naquela casa e, de repente, iria morar em uma dependência da casa-grande? Naturalmente não invadiria a ala nobre dos senhores, iria sair sempre pelos fundos, pois não esqueceria sua origem. Mas ficou imaginando qual seria o preço estipulado pelo coronel para esse casamento. Certamente tudo o que guardara com todo o seu sacrifício iria voltar às mãos do senhor. Ele não era diferente: os senhores davam e os senhores tiravam, e todas as pessoas continuavam escravizadas por ele, mesmo quando possuíam uma carta de alforria nas mãos. Ouvia muitas histórias e rezava para que não fossem verdadeiras; escutava dizer sempre que todos os jovens que recebiam uma carta de alforria e que partiram com a ajuda do coronel desapareciam – ou ele escravizava de outra forma ou vendia os jovens para um povo do estrangeiro. Uma coisa era certa: nunca mais ninguém via nem sabia de nenhum dos jovens que saíam jurando voltar para buscar filhos, pais etc.

Gorette, por sua vez, estava feliz. Ia ter um belo marido, de quem gostava muito, e a chance de ter uma família. Quando o levou aos seus aposentos pessoais, notou que ele estava diferente. Com a sua experiência de mulher, teve certeza de que ele estava apaixonado por outra pessoa. Aquela menina, a Dália, já não estava na fazenda. Então quem seria? Pouco importava; ele estava ali e seria seu marido, presente em sua vida no dia a dia, e ela se encarregaria de mandar embora a intrusa que invadia sua vida.

Uma semana depois, o senhor deu suas ordens: estava levando tudo o que voltaria para a fazenda matriz, inclusive os escravos. Madame Íris e sua filha Dayse tiveram aposentos preparados com esmero e seguiam também para se instalar. Madame Íris tinha certeza de que não poderia mais se livrar do coronel, então teria de usar todas as suas armas, e a maior delas era Dayse, sua filha. Já que ele não iria aceitar tê-la a distância, então o único caminho seria o casamento. Muitas mulheres morrem ao dar à luz um filho. Suzanne já era conhecida como pessoa mentalmente doente. Ela precisava pensar em uma forma de preparar e garantir o futuro de sua filha, livrando-se de Suzanne. Tinha certeza absoluta do amor do coronel por sua filha; o que a menina pedia, ele virava o mundo para atendê-la. Isso todos os escravos e feitores já tinham percebido, e a sinhá também.

***

Salu buscou de todas as formas por Isabel, mas não a via mais. E a sinhá? O que estaria acontecendo? Viu Bernardina indo em direção ao rio e saiu a passos rápidos; ela era a sua única esperança.

– Dona Bernardina, por favor, eu posso falar com a senhora? Primeiro quero agradecer por tudo o que fez por mim, e preciso saber de Isabel e da sinhá! Por Deus, não me negue nada do que estiver acontecendo.

– Salu, eu não conheço tanto você nem a sinhá como pessoas, mas conheço de amor, meu filho, essa luz que se acende no coração de algumas pessoas sem se importar com cor de pele nem riqueza. Chama-se amor, e esse eu conheço muito bem! Contudo, quero lhe dizer algo muito sério: por amor nós devemos renunciar a muitas coisas; se você ama, de fato, essa moça, Suzanne, deixe-a em paz, não a faça sofrer. Não existe nenhuma chance de vocês viverem esse caso de amor, meu filho. Isso que vocês fizeram, e eu assumo diante de Deus que ajudei, foi o único momento de vocês que valerá o resto dos seus dias. Case com a moça branca, dona Gorette, vá cuidar do filho que ela espera e que tem seu sangue, sim, e deixe a sinhá ter o filho dela e viver a sua vida. O tempo, meu filho, é um bálsamo que não cura nossas doenças, mas alivia nossas dores, dá para irmos vivendo. Com o passar do tempo, você vai se acostumar sem a sinhá; o que os olhos não veem o coração não sente! Ela vai embora e você vai ficar, pois guarde em suas lembranças a passagem dela em sua vida e, no cofre dos segredos que é o seu coração, deixe-a bem trancada, nunca abra esse segredo com mais pessoas. Já basta eu e Isabel que sabemos; enquanto estiver entre essas pessoas, pode ser considerado como segredo; passou disso, acabou! Não quero nem imaginar o que poderia acontecer... – E, fazendo o sinal da cruz, ela continuou: – Se o senhor ou qualquer outra pessoa desconfiasse do que ocorreu entre vocês, seriam desgraças para muitos inocentes, além da morte de vocês dois. Então, sossegue, pare de andar rodeando a casa-grande. Isabel e a sinhá estão aguardando as ordens do senhor para embarcar. Elas estão com uma gripe muito forte e isoladas, para não passar a doença para outras pessoas, mas graças a Deus já estão bem, não fique preocupado.

– Já que não posso falar com a Isabel, e a senhora pode, por favor, peça a ela para falar para a sinhá que eu a amo, mais do que tudo na vida, e que ela nunca se sinta só, porque a minha alma seguirá com ela onde estiver.

– Eu darei o seu recado, prometo. Nem vou mandar Isabel; eu mesma vou ao aposento da sinhá e falo. Mas lhe peço: pelo amor que você tem pela sinhá, não apareça mais no pátio da casa-grande, não fique olhando para o alto, você só vai causar mais sofrimentos a ela. O tempo vai ensiná-la a viver sem você; nós vivemos sem os nossos filhos, maridos, pais, irmãos e amigos, guardamos cada um deles em nosso coração, e a vida nos leva adiante.

– Tem razão, dona Bernardina, eu estou aqui, distante de minha mãe, dos meus familiares, que nem sei se estão vivos ou mortos, e continuo vivo. Eu prometo à senhora que não vou mais me expor nem colocar em risco a vida de quem amo.

– Assim é que se fala, meu filho! Vá cuidar de você e deixe que Deus cuide de cada um de nós. Estou indo buscar o que preciso levar; amanhã estarei partindo para a fazenda matriz.

Deus o abençoe; acredito que não vamos ter mais tempo de nos falar antes de minha partida.

– A senhora vai partir amanhã? E quem mais vai embora? A sinhá, talvez? Vejo que muitas coisas e pessoas já foram.

– Meu filho, nós acabamos de falar sobre vindas e partidas; as pessoas vêm para nossa vida e elas partem de nossas vidas! E você me prometeu que não iria mais se envolver com a casa-grande, então vire para o norte e siga adiante sem olhar para trás. Adeus, Salu – disse Bernardina, seguindo a passos lentos, mas firmes.

Dona Bernardina foi aos aposentos da sinhá e lhe disse:

– Estive com Salu, e os conselhos que dei a ele vou dar para a senhora: Não fique nesta janela em busca dele, está atraindo os olhares e as más intenções de outras pessoas, que podem levar até o senhor a sua aparição na janela e a coincidência de Salu estar em frente aos seus aposentos. Se a senhora ama esse rapaz, afaste-se dele, o tempo não vai apagar os seus sentimentos, mas vai lhe ensinar a viver por causa deles. Tenha esse filho. Um filho, sinhá, não importa quem seja o pai, é algo que faz transbordar dentro de nós uma alegria e uma força tão grandes, que a senhora vai encontrar nessa criança motivos para continuar vivendo. Veja como nós, mulheres escravas, que geramos filhos muitas e muitas vezes sem nenhum laço de amor com o homem que nos obrigou a se deitar com ele, quando o temos, damos a nossa vida por ele; somos capazes de renunciar a qualquer benefício por nossos filhos.

– Está bem, dona Bernardina, eu já me resignei a ter esse filho e prometo à senhora que não vou fazer nada que prejudique o Salu. Ouvi a senhora falando para Isabel que está indo amanhã para a fazenda. Sabe se nós iremos também? Quem é que vai, amanhã, da casa-grande, a senhora sabe me informar?

– Olha, minha sinhá, pelo que ouvi, vão as visitas, que são as madames, as crianças, a ama de leite, os professores, alguns feitores e suas famílias, e alguns negros que vão ajudar na casa do fumo e nós da cozinha.

– Estranho... – disse Suzanne –, o senhor não nos avisou. Será que devemos arrumar nossas coisas? Se, de repente, ele chegar aqui e falar *vamos*, não tenho nada arrumado. Vou pedir a Isabel que deixe tudo pronto para a viagem. Nunca sabemos o que o senhor vai fazer.

No outro dia, após o café, o coronel se despedia das duas mulheres e das crianças, dizendo-lhes que logo estaria com eles. Não podia acompanhá-los porque tinha muitas coisas a fazer na fazenda.

Isabel estava com um mau pressentimento; alguma coisa não estava de acordo. Como é que eles seguiriam, deixando a sinhá? Será que o senhor havia descoberto alguma coisa entre ela e Salu? Santo Deus, e ela tinha ajudado os dois! Tomou o maior susto quando ouviu, às suas costas, a voz do coronel lhe chamando.

– Você vai ficar aqui com a sua sinhá. Depois de amanhã, a dona Gorette estará chegando e você vai atendê-la em tudo o que ela pedir. Ela vai se casar com Salu e morar no quarto dos fundos; não quero intimidades dele aqui dentro da minha casa. Salu vai entrar e sair pelos fundos. Limpe e arrume os aposentos da senhora Gorette. Estão saindo do castigo, você e sua sinhá, mas, não se ausente das imediações da casa; caso aconteça novamente, aí tomarei providências rígidas com você e sua sinhá. Vou estar na administração, e os feitores todos a postos. Avise a sinhá que voltarei para o almoço e quero que ela esteja à mesa.

– Sim, senhor, vou tomar providência de suas ordens e informar seu desejo à minha sinhá – respondeu a moça, encolhendo-se.

O coronel, olhando-a de cima a baixo, perguntou:

– De quanto tempo está essa barriga?

De cabeça baixa, Isabel respondeu:

– Vai completar sete meses, meu senhor.

– A sua sinhá está de quanto tempo?

– Pelas contas da nossa parteira, ela completou cinco meses, meu senhor.

O coronel saiu batendo as botas, e Isabel estava com as pernas tremendo. O que será que ele estava planejando? Logo ela desse à luz, temia o que ele pudesse vir a fazer com o seu filho. Ia ser ama de leite da sinhá, talvez ficasse com o seu filho por dois meses, até nascer o filho dela, mas, depois, o que seria do seu filho? E por que o senhor dissera que elas iriam permanecer na fazenda? Dona Gorette viria morar dentro da casa com Salu; o que seria de sua sinhá se tivesse de continuar ali?

Isabel estava sentida, as mães velhas que ela amava e nas quais confiava tinham ido embora, a quem recorrer? Não tinha nenhuma intimidade com os mais velhos nem com os mais novos daquela fazenda. A quem confiaria seu bebê?

Isabel foi até os aposentos da sinhá e relatou o que o senhor tinha lhe passado. Ocultou apenas que Gorette estava voltando e iria morar com Salu dentro da casa-grande, ou seja, debaixo do mesmo teto que ela.

– Por que será que nós duas não fomos? Tem alguma coisa errada, Isabel, não sei o que é, mas tem! Todos foram embora, e ele quer almoçar comigo hoje?

– Sim, ele quer almoçar com a senhora. Por favor, se arrume e se perfume, e não deixe transparecer nada do que aconteceu com a senhora e Salu. Eu temo o coronel; parece que tem parte com o demônio. Ele descobre tudo sobre a vida dos outros; é besteira alguém querer guardar segredos dele. Cuidado, minha sinhá, com o que vai responder a ele.

Inspirada pelos amigos errantes, ela se vestiu e se arrumou com malícia, deixando o decote bem à vista. "Seja o que for que ele tenha em mente, preciso desviar atenção dele", pensou Suzanne.

***

Na hora exata, o coronel estava se sentando à mesa das refeições. Ele não se atrasava nem um minuto, e perdia o apetite quando um membro da família atrasava. Olhando para Suzanne, sentiu-se atraído por ela.

– Há dias que não conversamos. Noto que você está muito bem, está mais bonita do que antes. Sua barriga não aparece, por quê? Tem certeza de que está grávida de cinco meses?

– Pela ausência da minha menstruação e as contas das parteiras e do médico, estou de cinco meses, mas me falaram que em algumas mulheres a barriga só aparece mesmo quando entram no sétimo mês – respondeu a moça.

– Você não tem sentido mais nada? O médico veio visitá-la nas datas que ficaram marcadas? O que ele diz?

– O médico veio, sim, e ele disse que está tudo bem. A parteira também tem conversado muito comigo, me preparando para o parto. Segundo ela, estou tendo uma gravidez perfeita.

Assim que terminaram o almoço, ele a convidou para vir sentar-se na varanda da casa-grande. Serviu-se de licor e, acendendo um charuto, perguntou:

– O que você achou desta fazenda? Gostou daqui? Pertenceu ao seu pai.

– Eu gosto desta fazenda, tem algo bem familiar, sim. Não sei explicar o que é, mas tem.

Isabel, que estava ali parada perto da garrafa de licor, empalideceu com as perguntas feitas por ele.

– Meu Deus! Será que ele sabia de alguma coisa?

– Eu pensei bastante, Suzanne, e tomei uma decisão que me parece satisfatória para você! Apesar de alguns incômodos entre nós, percebi que você ficou muito mais calma e à vontade nesta fazenda. Na outra casa-grande, você não saía do quarto. Aqui você sai, anda e se diverte, e isso é muito bom, então resolvi que você vai ficar aqui até a criança nascer. Você e minha filha não se dão bem, não tem jeito, então, para resolver essa questão e me poupar de mais aborrecimentos, vou separar as duas. Madame Íris tem ajudado muito os dois, tem feito um trabalho tão bom quanto o de Gorette. Mesmo já lhe informando que a minha decisão é definitiva, gostaria de ouvir o que você pensa sobre isso.

– Eu acredito que o senhor saiba o que está fazendo. Eu gosto desta fazenda e acho que a sua filha vai se sentir melhor longe de mim. Estou feliz em saber que o senhor pensou em mim.

Meia hora depois, ele estava entrando nos aposentos dela. Levando-a para a cama, disse-lhe:

– Você me pertence! Tudo o que me pertence eu uso quando tenho vontade; senti vontade de tê-la e quero que você se entregue a mim por inteira. Tire toda sua roupa, quero ver uma grávida nua!

Tempos depois, ele saía batendo as botas. Isabel aproximou-se do quarto, encontrando sua sinhá encolhida em cima da cama e chorando. Isabel a abraçou sem falar nada.

Elas ficaram abraçadas como duas irmãs. No ventre de ambas, dois seres também estavam encolhidos, não se movimentavam, enquanto dois espíritos abraçados perto delas também estavam comovidos. Eram aqueles que se preparavam para novas reencarnações dolorosas; sabiam o que iriam enfrentar em terra e procuravam se fortalecer juntos. Não podiam se desviar dos caminhos traçados para cada um. Ali estavam duas mães chorando por eles, sofrendo pelas mãos do mesmo homem que era o pai biológico dos dois.

Isabel se levantou e, pegando à mão da sinhá, pediu:

– Vamos tomar um banho quente, sinhá. Eu vou trocar essas roupas e buscar um chá bem quente para a senhora. Eu sei o que está sentindo; não é dor do físico, é da alma. Mulheres escravas bem sabem o que é isso... Ser humilhada, ultrajada, simplesmente ser usada como um objeto qualquer que, após o seu uso, não serve mais.

– Isabel, entre nós não tem mais a sinhá e a escrava, temos de nos dar as mãos e nos unir, se desejarmos continuar vivendo. Todos foram embora, mas nós vamos continuar aqui, e o meu castigo será bem maior do que esse que recebi agora. A governanta vai chegar amanhã, vai morar aqui dentro da minha casa. Vou conviver com Salu sob o mesmo teto, sem poder nem mesmo olhar para ele. Fingi que adorei a ideia de ele me deixar na fazenda, mas algo me diz que ele está fazendo isso para me castigar de alguma forma, senão, por que iria colocar Salu aqui dentro de casa? Como vou sobreviver a tudo isso? Por favor, Isabel, fique do meu lado, estou vendo que não tenho nada nem ninguém com quem possa falar.

– Ficarei do seu lado, e farei de tudo para que nada de mal lhe aconteça. A senhora falou algo muito sério e verdadeiro: nos caminhos desta vida, os sofrimentos são determinados para os negros e para os brancos. Nesse caminho, somos todos iguais. Procure descansar, não saia do seu quarto. Eu tenho um pressentimento de que tem alguma coisa rondando por aqui; não sei se é bom ou ruim, só sinto que tem algo perto de nós. Estou arrepiada, olhe só para o meu braço.

**

Na administração, o senhor mandou chamar Joel e, assim que ele entrou, pedindo licença e ansioso, o coronel foi perguntando:

– Ainda está querendo uma companheira ou já arrumou alguém?

– Eu continuo com o meu sofrimento, senhor; até me conformei com o meu destino. Se não nasci para ter ninguém do meu lado, que assim seja feita a vontade de Deus.

– Vamos parar com essas histórias de vocês, que tudo é a vontade de Deus! A vontade de Deus é no céu! Ele manda lá e eu mando em minhas fazendas. Eu quero lhe fazer uma grande oferta, é pegar ou largar! A Isabel, a criada da sinhá, está no sétimo mês de gravidez. Logo, logo vai estar livre, e eu quero arrumar alguém para tomar conta dela como mulher. A negra é bonita, bem torneada, e tem muitos conhecimentos, pois foi bem criada. Se você quiser, posso lhe ceder Isabel para ser sua companheira e, naturalmente, ela vai continuar servindo a sinhá. O que acha?

– Nunca pensei em ter Isabel, mas, se o senhor me deu essa brecha, vou começar a prestar mais atenção nela. Eu aceito sua oferta; para mim será a solução ter uma mulher que não exija casa nem presença diária. Não posso abandonar a minha casa; a minha mulher não tem culpa de ser doente, e tenho um filho.

– Ótimo! Vá se aguentando aí como puder, e assim que Isabel se livrar da barriga você vai ficar com ela. Ela será a ama de leite do filho da sinhá, por isso você já sabe que ela vai dormir com a criança, mas nada impede de um homem ter seus dez minutos de prazer. Pode se retirar e cuidar dos seus atributos.

O feitor saiu e, de cabeça baixa, andava e pensava: "Um dia o senhor há de precisar de mim, e eu vou cuspir na sua cara!" Lembrava-se de uma história contada por seu avô, que conheceu um senhor que maltratava os seus escravos por nada, simplesmente ele tinha prazer em ouvir o estalo do chicote e os gritos dos negros. Certo dia, estavam o senhor e um negro, que ele maltratava de todas as formas, distanciados da casa-grande. O negro dava banho no cavalo, e o senhor andava pela beirada do rio. Ele viu uma sucuri gigantesca se enrolando nas pernas do senhor. Ainda pensou em se atracar com a cobra, mas o senhor, mesmo sendo atacado pelo bicho, ainda lhe dava ordem:

– Livre-me desta cobra, seu inútil. Pegue esse facão aí no chão e corte a cabeça dela!

O negro olhou bem dentro dos olhos do senhor e respondeu:

– Esta cobra foi enviada por Deus para nos livrar de uma serpente venenosa que é o senhor!

O negro então virou as costas e saiu calmamente. Terminou de dar banho no cavalo, retornou para a casa-grande e, quando perguntaram sobre o senhor, ele simplesmente respondeu:

– A última vez que vi o meu senhor foi onde ele me mandou dar banho em seu cavalo, e assim o fiz.

Os capitães do mato mataram a sucuri e, ao abrirem o animal, lá estava o senhor, quase inteiro ainda. O feitor pensava: "Matamos uma onça, sucuris e jiboias, por que não podemos matar um monstro? Tudo tem seu tempo..."

***

No outro dia, Salu cuidava dos bezerros, retirando as pedrinhas que penetravam nos cascos dos animais e, muitas vezes, machucavam muito. Um dos escravos que servia na casa-grande aproximou-se, pedindo que ele se apresentasse à casa-grande; era ordem do senhor. "Meu Deus! O que será agora? Sei que Gorette está chegando, mas o que mais quer de mim o senhor?" Lavando as mãos nas águas do rio e banhando o rosto, ele veio rapidamente até o grande terreiro de terra batida que cercava a casa-grande. Lá estava o senhor, sentado em sua cadeira de balanço. Ao avistar o feitor, ele gritou:

– Vá até a entrada da fazenda receber Gorette, que deve estar chegando, pelo que fui avisado.

Depois, o senhor chamou Isabel e deu a seguinte ordem:

– Vá até a sua sinhá e diga-lhe que venha até aqui receber a senhora Gorette, e que ela não demore.

No quarto, a moça pediu de joelhos para a sinhá:

– Por favor, tome esse chá, que é calmante e não faz mal nem para a senhora nem para o bebê. Prepare-se para suportar as primeiras provações de sua vida. Seja forte e não demonstre fraqueza, porque o senhor enviou Salu ao encontro da governanta e logo todos vocês vão estar frente a frente. E ele vai falar e fazer coisas para provocar os sentimentos de vocês. Por isso é necessário que a senhora mantenha a calma e não perca o seu equilíbrio.

Minutos depois, Suzanne estava chegando diante do senhor, que a olhou de cima a baixo e fez o seguinte comentário:

– Tenho a impressão de que você está mais bonita agora, mais amadurecida, e na cama também muito melhor... Deixei para ir à fazenda amanhã depois do almoço. Passo no seu quarto antes de me recolher. Dispense Isabel até a hora em que eu deixar os seus aposentos.

– Sim, senhor. Farei o que está me mandando e com muito prazer. Estou feliz em saber que o senhor está satisfeito comigo.

Uma nuvem de poeira e o tropel de cavalos anunciavam a chegada da governanta. Eles pararam a certa distância da casa, e uma criada já abanava a senhora Gorette, tirando a poeira de suas vestes. Ela foi ajudada por Salu, que lhe estendeu a mão e a acompanhou até a entrada da casa-grande.

Suzanne sentiu uma pontada de dor no peito; sentia ciúme. Seu amor, o homem que ela amava, estava ali de mãos dadas com outra mulher.

O coronel olhou-a como se quisesse entrar em sua mente e ver o que ela sentia. Suzanne controlou-se, levantou-se e foi até a governanta, dando-lhe as boas-vindas. E, voltando-se para Salu, disse-lhe:

– Obrigado, feitor, por ter acompanhado a nossa governanta. Estou sabendo que vocês vão se casar. Desejo ao casal muita sorte e felicidades, e que o filho de vocês seja forte e saudável.

– Você está bem informada, Suzanne – respondeu Gorette, olhando para a própria barriga.

– Pois é. Meu marido me contou, e eu fiquei muito feliz com a notícia de que você voltaria a viver conosco. Uma vez que vou continuar aqui, será maravilhoso dividir com você esta casa e, na ausência do meu marido, tê-la como governanta e amiga.

Gorette, olhando para o coronel, percebeu que ele estivera se deitando com ela, e respondeu:

– Eu é que estou satisfeita em ver que você está bem com o seu marido e já mostrando os primeiros sinais de uma barriga feliz. Estou aqui para ajudá-los e vou me casar, sim, com Salu. Ele é um bom homem; posso confiar nele e acho que o senhor vai precisar de pessoas como nós, pessoas de sua confiança.

Salu tremia. Trocou um olhar com a sinhá e logo baixou os olhos. Se alguém reparasse, descobriria que a sua alma saía ao encontro da dela.

– Gorette, já que está aqui, pode ir tomando as rédeas da casa, e Salu pode retornar às suas ocupações. Olhe aqui, Salu: quando um homem é solteiro, até se compreende que ele dê uns pulos pela beirada do rio, atrás das moitas. Mas, casado, nas suas horas livres tem de parar em cima de sua cama, dando conta de sua esposa. Amanhã vou ao encontro dos meus filhos. Vou à outra fazenda e retornarei depois de amanhã, para formalizar o casamento de vocês. Enquanto isso, a noiva deve preparar os aposentos para receber o marido. Já conhecem todos os procedimentos, e eu espero que cada um cumpra o seu dever. A minha mulher também pode se retirar. Espero por vocês duas à mesa do jantar; enquanto você estiver solteira, é minha convidada. Mas, depois de amanhã, estando casada, passa a almoçar e a jantar com o seu esposo nas dependências dos criados.

– Sim, senhor. Agradeço sua gentileza e bondade. Mas quero lhe fazer, se possível, um pedido: posso, após o jantar e de ter cumprido os meus afazeres, ir até o quarto do meu noivo?

– Não! A senhora vai se guardar para o seu noivo até o casamento. Não quero vê-la andando à noite em volta da casa, nem Salu escondido por aí observando a casa-grande. Não sei quem ele estava procurando, talvez estivesse com saudades de você.

Salu empalideceu e respondeu:

– Senhor, há um ninho de corujas na cumeeira da casa-grande, e estou preocupado, porque a coruja leva ratos para o ninho. Talvez seja preciso alguém ir até lá para fazer uma limpeza.

– É verdade. Eu não vejo o ninho, mas, se for ali, é perigoso. É onde ficam os aposentos da sinhá. Vou dar ordens ao Joel. Amanhã ele vai subir lá e cuidar disso.

O coronel se levantou e saiu batendo suas botas com muita força.

Salu se retirou, pedindo licença. Suzanne, seguida por Isabel, também saiu às pressas para os seus aposentos, deixando Gorette a pensar: "Se o senhor soltou essa indireta a respeito de Salu, ele sabe de alguma coisa... Vou, agora mesmo, me inteirar das novas criadas que trabalham internamente; pode ser que Salu esteja envolvido com uma delas".

Ela nem retirou as vestes da estrada. Foi até a cozinha, pois queria saber de todas as mulheres que serviam a casa-grande e, pelo que vira, não era nenhuma das moças que serviam ali dentro. Deu uma volta, indo à senzala e aos arredores. Seriam filhas de algum feitor? Queria saber quem era a mulher que estava mexendo com o coração de Salu. Desconfiou de três moças: uma era a filha de um feitor, que tinha liberdade de entrar e sair da casa-grande. Ela trazia os temperos que abasteciam a cozinha; a mãe os preparava e ela os trazia diariamente. Era uma moça bonita, morena clara e de olhos verdes, com cabelos negros e lisos. Parecia uma índia; talvez fosse ela a paixão de Salu.

***

Suzanne teve uma crise de choro. Isabel a confortava, lembrando que ela precisava ser forte.

– Você acha que ele sabe de alguma coisa? Por que ele falou que o Salu ficava observando a casa-grande? Viu como ele está fazendo isso de propósito, deixando-me aqui e trazendo o Salu para dentro de casa? Ele disse que hoje à noite vai voltar ao meu quarto. O que devo fazer? Não vou suportar!

– Calma, sinhá. Eu o ouvi dizendo que vai amanhã para a fazenda, e o senhor faz o que ele quer; ele gosta de contrariar as pessoas. Quando pensamos que ele está ali, ele está do outro lado. Vai lá saber se até a noite ele não muda de ideia quanto a ir ao seu quarto? Basta encontrar alguma menina que lhe chame a atenção, e ele mudará de ideia.

***

O jantar correu normalmente. Gorette olhava para Suzanne e para o coronel. Tinha algo no olhar dela que a intrigava. O que seria?

Após o jantar, o coronel convidou as moças para ir à varanda. A noite estava enluarada, e os sapos pulavam em volta do terreiro de terra batida de um lado para o outro, enquanto as sombras das árvores criavam figuras angelicais e, às vezes, bizarras. A brisa trazia um cheiro delicioso de flores silvestres; tudo estava enfeitado pela mãe natureza.

Em determinado momento, Suzanne virou-se para o coronel e perguntou:

– O senhor me dá licença de ir aos meus aposentos me preparar para recebê-lo, como havia me pedido?

O coronel, olhando para Suzanne, respondeu:

– Pode se retirar, mas vou lembrá-la de uma coisa muito importante: nunca mais fale na frente de quem quer que seja que está me esperando, porque eu escolho a mulher e não admito que nenhuma mulher diga que está à minha espera, como se tivesse domínio sobre a minha pessoa. Agora, retire-se!

Gorette nada disse. Minutos depois, falava com o coronel sobre a produção do fumo e das novas reformas que iriam fazer nas fazendas. Pediu a ele que ficasse tranquilo, que não iria decepcioná-lo, pois precisava viver e pensar no filho dela. Quase duas horas depois, de conversas e acertos, Gorette se levantou, dando boa-noite ao coronel, que também se levantou e respondeu boa-noite, acrescentando:

— Deixe a porta do seu quarto entreaberta.

***

Os negros velhos que não tinham sono à noite estavam escondidos, sentados perto da cabana onde ficavam os feitores da noite. Um deles falou bem baixinho:

— Salu vai se casar com essa dona; dá muita pena dele. Só o Senhor lá de cima para saber quais são as pretensões do nosso senhor casando Salu com essa aí, que é cacho dele.

Outro negro velho respondeu:

— Ó, Lázaro, eu tenho cá a impressão de que é por causa da barriga da mulher! A gente sabe que o filho é do senhor; vai nascer branquinho como flor de açucena, porque os dois são brancos. E como ia ser apresentado, sendo filho de quem é: como meu, seu? Então, jogando para cima do Salu, eles podem dizer que é por causa da herança do sangue dele. E, ao mesmo tempo, essa criança pode ser criada e se tornar útil na fazenda do senhor.

— Pois é, Severino, você viu que Otacília está levantando barriga? Eu não sabia que ela estava grávida, você sabia?

— Eu soube. E vocês também souberam que ela esteve na casa da administração e voltou lá várias vezes? O que você achou que ia acontecer com a barriga dela?

— Pelo amor de Deus! Esse senhor não tem mesmo medo dos castigos de Deus. O sangue tem muita força; a gente sabe disso. São muitas crianças irmãs de sangue: um negro, um pardo, um mulato, um branco, e, sendo filho de um só pai, já pensou no dia em que o sangue falar mais alto e esses irmãos se unirem? Eu sempre ouvi meu pai falar que o tempo era o que menos importava, mas iria chegar o dia em que irmãos brancos, negros, mulatos, índios e todas as outras raças misturadas iriam se abraçar e se reconhecer como irmãos. Acho que as sementes já estão sendo plantadas neste chão do Brasil. Reparem nisso que está acontecendo: a sinhá e sua criada, quem é o pai? A governanta e sua criada? Quem é o pai? E vão nascer todos pertinho um do outro. A Isabel vai amamentar o irmão do filho dela, e Otacília, com certeza, vai amamentar também o irmão do filho dela.

– E vou falar mais uma coisa para vocês – ele continuou. – Ouvi dizer e, se for mentira, que fique longe do saco dos meus pecados, que está pesado demais para que eu possa levar sozinho, que tem a filha do capitão do mato... Dizem que o pai vendeu a filha para o coronel, e ele montou casa para ela e cedeu recursos para o pai, e que ela já tem dois filhos dele. Dizem, também, que na cidade, aonde ele vai e vem, tem mais filhos por lá também. Pelas contas do Izidoro, o coronel já montou mais de vinte casas para mulheres cujos pais venderam as filhas. Ele obriga a família a trabalhar para ele, assim vai se tornando cada vez mais rico e poderoso. Isso ficou sabendo o Izidoro nas andanças dele de uma fazenda para outra, curando bicheiras do gado, e foi o que nos contou. Dizem que na fazenda onde ele nasceu é que o diabo pega mesmo fogo.

Foi assim que os mais velhos ficaram noite adentro, até altas horas da madrugada, contando os "casos" do coronel.

***

Suzanne voltou para os seus aposentos, deixando Isabel avisada de que, quando visse o coronel entrando ou passando, se certificasse e viesse dormir com ela. Tinha uma cama improvisada no canto do seu quarto na qual Isabel dormia. Ela ouviu o barulho das botas e estremeceu; ele estava vindo! Mas, o barulho subiu corredor afora até desaparecer. Isabel estava atenta; viu quando o coronel empurrou a porta do quarto de Gorette e a fechou em seguida. Ela correu para os aposentos da sinhá e lhe disse:

– Pronto, ele já foi dormir.

– Não, Isabel! Ele não foi dormir, ele entrou no quarto da Gorette e, assim que terminar o que foi fazer lá, nós vamos ouvir o estremecer das botas dele no chão. Pisa com tanta força que parece querer fazer medo à terra.

Dito e feito. Tempos depois se ouviam as pancadas no chão, as pisadas fortes do senhor, e, em seguida, a porta que ele batia com força, para que todos ouvissem e tivessem certeza: o senhor está aqui!

***

O casamento de Gorette teve um escrivão que documentou o que o senhor mandou escrever. Gorette assinou e Salu molhou o dedo em tinta e colou no papel. Suzanne estava presente de cabeça baixa; em dado momento, levantou os olhos e deparou com os olhos de Salu, que lhe pedia perdão.

O senhor agradeceu ao escrivão, convidando-o para almoçar. Este agradeceu, mas disse que estava com pressa. Teria de ir até a outra fazenda documentar uma carta de alforria. Despediu-se e partiu.

O coronel, virando-se para os recém-casados, disse-lhes:

– Eu e minha mulher desejamos boa sorte ao casal! Quero

vê-los cercados de muitos filhos, por esse que já está em sua barriga e por muitos que hão de ter. Gorette, leve o seu marido e ensine a ele a entrada e a saída da casa, bom almoço para vocês.

Os dois se afastaram, e o coronel, olhando para Suzanne, disse:

– Você não me parece muito contente em saber que os dois vão morar aqui na casa. Estou enganado? Tem alguma coisa contra o Salu?

– Não! Eu nada tenho contra Salu nem contra Gorette! Só estou preocupada, senhor, que quando nossos filhos nascerem esta casa vai estremecer de tanto choro de criança: serão quatro crianças chorando aqui dentro.

– Eu não sabia que você e Gorette vão ter gêmeos. Por que quatro crianças chorando aqui dentro? Ficou louca?

– Os filhos das amas de leite não contam? – quis saber Suzanne.

– Não! Estas crianças serão levadas ao barracão da senzala ou para longe daqui, se a mãe não colaborar. Não quero filho meu dividindo leite. Isabel será ama de leite do seu filho; vai parir antes de você e permito que vá até a senzala amamentar o filho até o seu nascer. Depois, ela fica proibida de deixar a casa-grande, e não quero saber de ver o filho dela rondando nos braços das outras negras. E é tronco para quem desobedecer às minhas ordens. No outro dia, já encaminharei ao mercado para ser vendido a preço de banana o filho da negra desobediente.

Após o almoço, o coronel saiu em direção da casa de administração. Suzanne se retirou para os seus aposentos e, assim que Isabel entrou no quarto, ela pediu:

– Vá sem demonstrar nenhum interesse e repare no que os

dois estão fazendo. Por favor, não me negue isso. Quero saber como Salu está se saindo ao lado desta cascavel.

– Sinhá, não é bom para a senhora começar nesse sofrimento olhando a vida dos dois. Isso sem contar que pode vir a gerar desconfianças. Deixe para lá, vamos fazer os sapatinhos do seu bebê, eu ajudo a senhora a fechar.

– Por favor, Isabel, eu prometo que não vou ficar todos os dias vigiando, mas só hoje eu gostaria de saber como está Salu. É por ele, juro, só por ele.

– Está bem, volto logo! Vou buscar água fresca na cozinha.

Isabel pegou as jarras e saiu em direção à cozinha. Passou perto da despensa, onde Salu e Gorette conversavam. A criada passou de cabeça baixa, mas notou a presença de Otacília, que estava sentada em um banquinho.

Ao retornar com as jarras cheias de água, dona Gorette estava deixando a despensa e, assim que a viu, disse-lhe:

– Isabel, eu gostaria que você trouxesse para mim o modelo dos sapatinhos e casaquinhos que está fazendo para a sua sinhá; peça a ela, antes, para explicar a Otacília. Ela vai começar a fazer para o meu filho.

– Sim, senhora. Vou pedir para a sinhá e começo a ensinar o casaquinho para Otacília. Ela já conhece bem os pontos, e com certeza pode fazer até melhor do que eu.

***

Na casa da administração, o senhor revirava os papéis que estavam sobre sua mesa. "Eu acho que vou investir pesado nesse Joel... Vou precisar de um sujeito como ele, e só tem um jeito de fazê-lo se arrastar aos meus pés e me obedecer com um cão de guarda, é trazendo a Dália. Por sorte, ela ainda não embarcou. Vou colocar outra mulata no lugar dela e negociar com Joel a volta da mulata. O preço vai ser alto, muito alto, mas ele terá toda sua vida para me pagar."

Tocou a sineta e o feitor apareceu correndo.

– Pois não, senhor?

– Vá até o Joel e diga-lhe que venha aqui imediatamente! – gritou o senhor.

– O turno dele é hoje à noite, senhor, ele não está em serviço. Mas, eu o vi passando em direção ao rio – respondeu o feitor.

– Eu disse imediatamente! Negros e feitores ou outros trabalhadores nas minhas fazendas, quando eu dou uma ordem, é para atender de imediato.

O feitor saiu correndo, encontrou Joel e disse-lhe que o senhor queria falar com ele com urgência.

Joel, seguido pelo companheiro, perguntou-lhe:

– Tem alguma ideia do que seja?

– Sinceramente, não! Esse senhor, a cada dia, fica mais estranho; a gente nunca sabe o que ele vai fazer, muda da água para o vinho a todo instante.

Joel, andando rápido e em silêncio, pensava: "Eu juro que um dia ainda quero jogar terra nesse coronel dentro de um caixão... O que será que esse maldito quer de mim?"

Chegando à casa de administração, bateu à porta e ouviu o grito:

– Entre, Joel, e feche a porta! Parede tem olhos e mato tem ouvido! É preciso tomar muito cuidado. Vamos direto ao assunto: todo homem tem o seu preço, e quem não se dar valor não merece respeito. Qual é a única coisa no mundo pela qual você arriscaria sua vida? Quero que seja sincero e verdadeiro. Eu não sou Deus, mas posso fazer coisas por você que Ele não faria, por exemplo, casando-

-o duas vezes ou mais, com quem eu quiser. Fale, estou aguardando!

– Senhor, a única coisa neste mundo pela qual eu me arriscaria é por uma mulher que já não está aqui, e até ouvi boatos de que ela foi embora para o estrangeiro. É a Dália.

– Ela não foi embora para o estrangeiro! Continua à minha disposição; naturalmente que o valor dela é muito alto e, como lhe disse, é você quem vai lhe dar o valor preciso. Se achar que vale a pena ter essa mulher, ela poderá ser sua, e com as seguintes vantagens: vão morar juntos em uma casa na vila de cima, onde moram empregados graduados, administrador, etc., só vai depender de você aceitar as minhas condições.

– Para dividir a minha vida com essa mulher eu serei capaz de fazer, de olhos fechados, qualquer coisa que o senhor me pedir. Vou lhe servir por toda a minha vida com fidelidade e, se o senhor desconfiar de mim, pode mandar cortar a minha língua. Eu sei que o senhor seu pai fez isso com um feitor que o traiu, e eu já o autorizo que, se tiver certeza da minha deslealdade, pode fazer o mesmo.

– Era isso o que eu queria ouvir. Você será o líder dos feitores e vai fazer tudo o que eu mandar, pode sentar-se. De hoje em diante, você vai se sentar nesta cadeira, e agora preste atenção: eu quero que você investigue os passos do Salu, da Gorette, da minha mulher e, naturalmente, da sua criada, Isabel. Vou partir daqui a pouco, estou morto de saudade de Dayse. Também vou pagar um preço alto por essa mulher, mas vai valer a pena; quero tê-la ao meu lado e, quem sabe, fazer coisas com ela que nunca fiz com nenhuma mulher. Amanhã ou depois de amanhã devo ir à cidade e, quando retornar, lhe trago a sua amada. O meu preço é este: quero sua fidelidade e obediência; seja qual for a minha ordem, é para ser atendida. E nunca ouse se ajoelhar diante desses padres que não passam de uns vigaristas, obrigando os tolos a confessar os seus segredos para, assim, vender por fortunas soberbas os segredos das sinhás e dos senhores, e lucrando com as confissões dos feitores. Nas minhas fazendas só quem se confessa são os negros, e eu pago uma fortuna por essas confissões, que prometem a eles o perdão de Deus. E, assim que retornar com a Dália, faço uma comunicação aos feitores e você assumirá o cargo, de modo que todos vão obedecer às suas determinações. O que mais deve ser apertado é o Salu, entendeu?

E o senhor passou instruções absurdas para o feitor.

Joel, eufórico, deixou o prédio da administração. Teria a mulher de sua vida de volta, e dizia para si mesmo: "Se preciso for, colocarei fogo no céu! Quero a Dália comigo, e o senhor tem razão: todo homem tem de se valorizar, e o meu preço foi um dos mais altos, fidelidade ao meu senhor para o resto da vida, mas valerá a pena, pois essa mulher é a única coisa que almejo na vida". Ele passou pelos outros feitores, que se entreolharam sem entender nada! O que será que deu nele? Estaria falando sozinho? O senhor o teria transferido para outra fazenda?

O coronel foi até Gorette e se despediu, dizendo que precisava ir à fazenda. Necessitava despachar algumas ordens por lá e, na verdade, não estava suportando a saudade de sua amada. E disse-lhe que, na sua volta, dali a dois dias, iria fazer algumas mudanças em suas programações.

Gorette ficou matutando: "O que será que esse coronel está planejando?" Ele não dava ponto sem nó, era só questão de esperar, e as novidades chegariam; tomara que não fosse nada contra ela nem Salu.

O coronel passou nos aposentos da sinhá e rispidamente lhe disse que estava indo para a outra fazenda e que ela não lhe causasse problemas, que ficasse dentro de casa e procurasse por Gorette em caso de qualquer necessidade. Como governanta, ela tinha autorização de tomar todas as decisões na sua ausência.

– Desculpe-me, senhor, pelos aborrecimentos que lhe causei; farei o possível para não desagradar a Gorette, e sei que o senhor só pensa em nosso bem. Quando for dar um passeio pelos arredores, só sairei com ela.

***

Joel foi até a beira do rio, ficou rondando por lá e avistou Salu, que separava os apetrechos usados para cuidar da boiada. Chegando perto do rapaz, ofereceu-lhe um cigarro. Salu pegou e agradeceu.

– E então? Como está seu primeiro dia de casado? Está feliz? Você é um homem de sorte; tem uma mulher fina, bonita, que logo vai lhe dar um filho. O senhor também tem um lado bom; imagine que, como todos nós sabemos, ele também sabe que você é irmão dele por parte de pai e poderia vendê-lo, humilhá-lo, mas o que ele fez? Casou você com uma mulher do meio dele. Eu conheço casos que, quando morre o senhor, os herdeiros se livram de todos os falsos filhos. Você teve muita sorte.

– É verdade! Tive sorte de permanecer na fazenda, apesar de nunca mais ter o direito de saber de minha mãe. Minha sorte foi a infelicidade dela.

– A gente não pode ter tudo na vida! Devemos fazer o possível para viver bem com o que a vida nos oferece. Não adianta querer brigar e enfrentar um senhor que é o dono de tudo o que avistamos por aqui. Ele é dono da terra em que pisamos, da água que bebemos, da comida que comemos; é senhor do nosso destino.

– Eu sempre ouvi dizer que o dono de tudo isso é Deus – respondeu Salu.

– Rapaz, isso são histórias que os padres espalham por aí, se aproveitando de que o povo não sabe ler, então pegam aqueles livros pretos e fingem que estão lendo coisas escritas por Deus. E os pobres coitados acreditam e ficam com medo. Já reparou como eles vivem bem? Como são todos amigos dos senhores? Por que não vivem nas senzalas? Eu não acredito neles e naqueles livros pretos, que não têm nada de verdadeiro. É tudo invenção deles! Pra falar a verdade, eu dou mais crédito ao que falam os negros velhos das senzalas. E você não fique caindo nessa de ir se confessar com os padres; eles querem saber tudo para depois contar aos senhores. Ali no confessionário é onde começa muita tortura dos negros.

Os dois ficaram proseando um bom tempo e, quando Joel se afastou, o outro feitor ficou pensando: "Sinceramente, acho que ele está coberto de razão; muitas coisas que ele me disse são verdadeiras; nunca imaginei que o Joel tivesse uma visão tão ampliada da vida".

***

Gorette estava atenta; precisava saber quem era a mulher que tinha virado a cabeça de Salu. Ela iria dar um jeito de mandá--la para bem longe. Começou a investigar suas suspeitas, mas não encontrou provas. Quem seria? Continuaria procurando; tinha algo no ar... Seria a mulher de algum feitor? Acontecia de, às vezes, um feitor se apaixonar pela mulher do outro.

***

Suzanne achou a ideia de Isabel excelente: ensinar Otacília a fazer casaquinhos e sapatinhos era uma forma de saber um pouco mais da vida do casal.

No fim da tarde, o administrador convocou todos os feitores, repassando as ordens do senhor e alertando a eles que não se descuidassem das escapadas dos negros; não queria ter aborrecimentos na ausência do seu senhor.

Suzanne estava sentada na varanda da casa-grande, fazendo tricô, mas sua atenção estava voltada mesmo para a passagem dos feitores e dos negros que chegavam dos campos. Ela desejava ver Salu. Tomou o maior susto quando Gorette chegou ao seu lado, cumprimentando-a:

– Imagino que já esteja com saudades do seu marido. Não vejo a hora de poder dividir a minha cama com o meu. Imagino como você se sente longe do seu.

– Pois é, Gorette, grávida eu me sinto ainda mais insegura longe dele. Ainda bem que você está aqui! Gostaria de pedir desculpas a você pelas minhas criancices, além de poder contar com a sua amizade. Você é uma mulher muito mais preparada para a vida do que eu e pode me dar muitas orientações.

– É um bom começo essa nossa conversa; vamos dividir muitas coisas, e o caminho é este: união! Jamais vou esquecer que você é a sinhá, e peço apenas que não dificulte o meu trabalho e a minha presença nesta casa. Eu conheço o coronel há muito mais tempo que você; quando o conheci, ele ainda era solteiro. Sei muito mais sobre a vida dele do que suas esposas, porque somos amigos. Quando aceitei vir trabalhar com ele, foi pensando também em ajudá-lo com a família.

– Eu entendo – respondeu Suzanne. – O que se passou entre vocês já não tem importância, especialmente agora que você está casada.

– Exatamente! Ótimo! A gente não precisa ficar mentindo, escondendo nada uma da outra – respondeu Gorette.

Suzanne avistou Salu dando a volta e se dirigindo aos fundos da casa-grande. Gorette acenou para ele.

– Preciso me retirar – disse Gorette se levantando. – Salu chegou e vou recebê-lo.

– Escute, Gorette, o senhor não está, e eu gostaria de convidar você e seu marido para me fazer companhia no jantar – disse Suzanne.

– Muito obrigado pelo convite, mas não é conveniente, primeiro porque na ausência do marido a mulher não pode convidar ninguém para entrar em sua casa, e muito menos para ter convidados à mesa. Jantarei com o meu marido e, após ter concluído as minhas tarefas, vou aproveitar um pouco a companhia dele em meu quarto. Boa noite, Suzanne. Se precisar de alguma coisa urgente, mande me chamar.

Isabel correu para perto de sua sinhá, falando baixinho:

– Minha amada sinhá, a senhora está colocando em risco a sua segurança e a de Salu. Essa mulher é tão esperta e viva quanto o senhor. Ela está investigando todas as mulheres da fazenda para descobrir quem é a mulher por quem Salu está apaixonado. Já pensou, senhora, se ela descobre a verdade? O que será de todas as pessoas inocentes, que não têm culpa de nada? Procure não se envolver muito com dona Gorette e muito menos trocar olhares com Salu. Se a senhora me permitir, amanhã eu vou dar um jeito de falar com Salu e alertá-lo para não cair nos laços das conversas de dona Gorette; ele pode, sem querer, dar pistas a ela.

– Farei o possível para atender aos seus conselhos. Você está certa; essa mulher é mais perigosa do que o senhor. Se ela puder, vai me tirar do caminho dele sem nenhum remorso, e nós sabemos que ela está usando Salu da mesma forma. Eles combinaram toda a trama para envolver Salu na história do filho. Assim que ela puder, dará fim a ele também.

***

O senhor chegou a sua casa preferida. Dayse estava à espera com ar de menina maliciosa. Abraçou-se ao pescoço dele dizendo:

– Senti sua falta, meu senhor. Pensei que viesse ontem e, quando não chegou, fiquei muito aflita, pensando que pudesse ter acontecido alguma coisa com o senhor.

– E, na sua linda cabecinha, o que poderia acontecer comigo, minha flor? Fale para mim, quero ouvir o seu coração.

– Ah! Pensei que o senhor tivesse encontrado alguém muito especial e por isso não apareceu.

– A única pessoa especial para mim é você, Dayse! Farei qualquer coisa que estiver ao meu alcance por você. Um pedido seu será uma ordem. O que você quer de mim? – disse ele, suspendendo-a pela cintura.

– Eu quero ir embora! Já conversei com a minha mãe, e quero ir embora! Não sei o que estou fazendo aqui. Vim conhecer a fazenda, passar alguns dias, e já estou há meses aqui. Estou me prendendo ao que não devo; adoro os seus filhos, mas estou me apegando demais a coisas que não me pertencem. Por favor, me ajude, preciso ir embora. – Disse isso se agarrando ao pescoço dele e chorando.

– O que foi que aconteceu com você? Por que está assim? Se alguém lhe fez algo, me fale agora. Vou mandar açoitar, acorrentar. Diga-me: o que aconteceu? Por que está chorando? Por que quer ir embora?

– Ninguém me fez nada – respondeu Dayse secando os olhos. Eu preciso ir embora; estou me sentindo mal, não posso ter os pensamentos que ando tendo ultimamente.

Levantando o queixo dela e a olhando dentro dos olhos, ele perguntou:

– Fale-me a verdade: esses pensamentos dizem respeito a mim? Por favor, fale o que está no seu coração.

Ela, baixando a cabeça, respondeu:

– Sim, senhor. Estou pecando dia e noite, só penso no senhor, sinto o seu cheiro, sinto sua falta. Pensei que fosse enlouquecer ontem à noite quando vi que escureceu e o senhor não chegava. A minha vontade era sair correndo ao seu encontro. Por isso quero ir embora, antes que a minha mãe desconfie do que estou sentindo. Ela acredita que o senhor vai arrumar um bom casamento para mim.

– E sua mãe tem toda a razão! Eu já encontrei um homem que a ama como nunca imaginou que um dia fosse capaz, e esse homem sou eu. Quero fazê-la feliz; vou cobri-la de ouro, se quiser. Mando buscar um pedaço da Lua, uma estrela, uma nuvem; farei qualquer coisa pra ter você do meu lado e como minha mulher.

Chorando e sorrindo, ela disse:

– O senhor não imagina a felicidade em ouvir isso de sua boca. Mas como poderei ser sua mulher, se o senhor é casado? Eu não posso ser amante de um coronel. Mesmo que o senhor me desse o céu inteiro com Lua, estrelas, nuvens e anjos, eu não aceito ser sua amante. É por isso que preciso ir embora, o senhor me entende? Amo o senhor, mas não posso me entregar como sua amante. Minha pobre mãe se sacrificou para me dar estudos a fim de me tornar uma pessoa bem-sucedida; prefiro morrer a dar esse desgosto a ela.

Madame Íris observava os dois às escondidas e dizia para si mesma: "Essa é minha filha! Graças a Deus que além de bela é astuciosa... O coronel vai prometer casamento a ela e vai se casar com ela, custe o que custar!" Esforçou-se para ouvir o que ele falava e sorriu de satisfação com o que ouviu da sua boca:

– Dayse, acredite em mim, eu vou me casar com você! Vou lhe confessar algo que não dividi com ninguém: quando me casei com Suzanne, já sabia de sua doença; os pais, na verdade, queriam se livrar dela, tanto que foram embora para a França logo após o nosso casamento. Ela sofre de uma doença muito rara; os médicos que a tratam em segredo já me alertaram que ela talvez não suporte o parto. Tanto ela quanto a criança correm riscos. Eu queria que ela tomasse a garrafada da preta velha, ou mesmo o remédio do doutor Felipe, mas ela resistiu e não quis, alegando que se tiver de morrer é um direito dela e de Deus escolher. O médico me aconselhou a respeitar a vontade dela, porque não há muita esperança. Mesmo que tivesse tomado o remédio e perdido o filho, corria o risco de morrer da mesma forma. Não pense que é fácil lhe contar isso, porém é preciso que você confie em mim e não me abandone. Vou respeitá-la, se quiser, até o dia do nosso casamento. Percebeu que eu não trouxe a sinhá? Justamente por esse motivo. Seria muito triste para os meus filhos a morte dela lá na fazenda que foi preparada para eles crescerem. Ontem mesmo eu não retornei porque pensei que ela fosse morrer! Teve uma crise horrível, deixei-a mais ou menos; ficou aos cuidados de Gorette. Eu vou ficar mais tempo com vocês, prometo, só vou lá despachar com o administrador, tomar ciência dos acontecimentos, dar as ordens e retornar para ficar com você. Pelos meus cálculos, vamos nos casar daqui a, no máximo, cinco ou seis meses. E no nosso casamento quero dar uma festa como nunca houve nessas paragens. Nesse meio-tempo, você vai preparando o seu enxoval, como toda moça de família. Ninguém precisa saber quem é o noivo, apenas eu, você e sua mãe. Eu não me casei com nenhuma das duas esposas por amor, mas com você é tudo diferente. Vou me casar apaixonado, por amor, e você é única mulher que quero verdadeiramente.

Madame Íris, feliz da vida, já se sentindo dona da casa, foi até a cozinha e deu ordens para que aquela noite o senhor tivesse um jantar especial. Ela sabia que seria um pedido de noivado e, logicamente, ela iria encenar. Contudo, já estava agradecendo a estrela de sua filha por ter iluminado aquele caminho para elas.

O coronel puxou Dayse para perto de si e, apertando-a contra o peito, lhe disse baixinho no ouvido:

– Eu quero um beijo, apenas um beijo. Tenha pena desse homem que está morrendo de amor. O seu beijo será como um bálsamo; vai aliviar a minha dor, será como um copo de água para amenizar a minha sede. Um beijo, apenas um beijo, até o nosso casamento quero beijá-la e abraçá-la. Saberei esperar por aquilo que nunca tive: um amor verdadeiro.

Jeremias tinha entrado na casa-grande para lustrar as botas do senhor e de seus apetrechos de montaria. Ficou escondido atrás de um móvel; o senhor não podia saber o que ele estava vendo e ouvindo. Santo Deus! Todo mundo já desconfiava, porque onde há fumaça há fogo, e eles viviam fazendo passeios a cavalo. Os escravos não eram cegos, e viam como eles se olhavam e como o coronel segurava a cintura dela, ajudando--a a subir e a descer do cavalo. Ali estavam os dois se beijando como dois negros às escondidas. Mas, se o senhor está casado, ele ia fazer dessa menina sua amante? Misericórdia! Era o fim do mundo. Como uma mãe que parecia ser tão atenta com a filha iria aceitar isso?

O negro velho não presenciou a conversa do seu senhor, senão iria ficar mais assustado ainda. Os dois se despediram dando até logo, e o senhor dizendo:

– Já estou com saudade do seu beijo, não vejo a hora de voltar.

Dayse saiu correndo atrás de mãe. Pegou a mão dela e a chamou.

– Venha aqui, preciso lhe falar. É algo muito sério e importante para nós duas, vamos até o meu quarto.

Madame Íris, fingindo não saber de nada, respondeu:

– Quanto mistério! Aconteceu alguma coisa que eu não estou sabendo?

Sentadas na cama, Dayse colocou a mão da mãe entre as suas e disse-lhe:

– Fui pedida em casamento! Vou me casar daqui a cinco meses; a senhora precisa começar a cuidar do meu enxoval. Não economize, quero tudo do melhor que existir! É bom já fazer uma lista de pedidos porque o meu casamento não está longe assim e, se a gente não correr, não vai dar tempo de chegar tudo aqui no Brasil. Não quero nada daqui, só tem molambos! Quero tudo da França, que ainda é o melhor lugar do mundo para se vestir uma noiva.

– Como assim, vai se casar? Com quem? Não vi nenhum rapaz de boa família aparecer por aqui, como é que você vai casar e querer tudo do bom e do melhor?

– Vou me casar com o coronel, mamãe! Ele me confidenciou algumas coisas, das quais até desconfiávamos, sobre o casamento dele com Suzanne. Ela é doente! Não vem morar aqui, e os médicos deram já a certeza de que ela não vai suportar o parto. Deus que me livre, mas é desgraça para uma, felicidade para outra! Eu não tenho culpa das doenças dela, e tenho todo o direito de querer o melhor para mim. Não estou pecando, estou?

Madame Íris, abraçando-a, respondeu:

– Claro que você não está cometendo nenhum pecado, meu anjo! E estou feliz por você e por mim, mas preste atenção em uma coisa muito importante: você vai segurar a sua virgindade como a própria vida, é isso que vai fazer o coronel antecipar o casamento de vocês, porque, se você ceder às vontades dele, e a sua também, não haverá casamento! A sua virgindade é a segurança que você tem para abreviar esse casamento. E preste atenção no que vou lhe pedir: beijos, abraços, um passar de mão, tudo bem, mas sem atingir a única coisa que você tem para mudar o nosso destino. Para impressionar melhor o coronel, assim que ele oficializar o desejo dele, eu vou chorar, me revoltar, mandar você arrumar as malas, vou arrumar um fuzuê daqueles, mas é tudo encenação! Após ele me pedir de joelhos para que eu não a leve embora, vou lhe perguntar se você o ama. Chore, ajoelhe-se também diante de mim, me peça perdão, diga que não teve culpa dos seus sentimentos, que simplesmente aconteceu, que ele sempre a respeitou. Aí eu vou exigir que você vá dormir comigo até o seu casamento; quero garantir a sua virgindade, que uma mulher apaixonada é capaz de tudo e que eu jurei que a casaria virgem.

– Entendi! Prometo que vou fazer tudo direitinho, a senhora vai se orgulhar de mim! O seu plano deu certo; se é para fisgar alguém, quero o mais bonito e mais rico! Eu gosto dele, sabia? Comigo ele é educado, até romântico, na verdade rasteja aos meus pés, e eu não sou nada boba. Vou aproveitar essa sorte e cuidar de segurá-lo antes que apareça outra esperta; o que mais tem por aí é pai querendo desencalhar suas filhas.

***

O jantar transcorreu em um clima muito estranho, observou Sula. "Alguma coisa está acontecendo; madame Íris está agradando demais às crianças, que inocentemente não desconfiam de que ela está preparando um bote. A Gorette foi embora, a sinhá não veio, alguma coisa o senhor está tramando, e essas duas estão envolvidas nas tramas dele." Após o jantar, o senhor mandou Sula levar as crianças para brincar na biblioteca. Deu ordens às criadas para fecharem a porta que separava as salas e não queria ninguém ouvindo atrás da porta; só era para aparecer quando ele chamasse.

O senhor foi direto ao assunto: falou para madame Íris que estava apaixonado por sua filha e que as suas intenções eram as melhores possíveis; ele iria se casar com Dayse. Já tinha conversado com Dayse e explicado a doença de sua mulher. Ela não tinha muito tempo de vida, eis até o motivo de ele não a ter levado para a fazenda e transferido Gorette para cuidar dela.

Madame Íris encenou o que já tinha ensaiado: chorou, esmurrou a mesa, lamentou a sorte – por que trouxera a sua filha até ali? Levantou-se e pediu a Dayse para ir arrumar suas malas; iriam partir assim que amanhecesse o dia. Ela ainda tinha algumas economias e alguns conhecimentos; faria com que a Dayse fosse morar na França e esquecesse esse episódio.

Dayse começou a chorar. O coronel foi até madame Íris e abaixou-se diante dela, pedindo:

– Por favor, não faça isso comigo! Eu poderia mandar matá-la, aprisioná-la, fazer qualquer coisa, mas não farei nada disso, porque amo a sua filha! Acredite em mim, eu vou casar com ela. Darei o meu nome a ela, farei dela a minha esposa, e quero que a senhora já vá pensando em uma festa de casamento que nunca teve por aqui. Quero que o mundo inteiro saiba que nos casamos, eu nunca amei mulher nenhuma como estou amando a sua filha.

Dayse ajoelhou-se aos pés dela. Chorando, beijava as suas mãos pedindo perdão e dizendo que não tivera culpa dos sentimentos que invadira o seu coração, que lutara muito para não pensar nele, porém os sentimentos eram mais fortes do que ela.

Madame Íris ficou em silêncio e, após alguns segundos, virou para a filha e perguntou:

– Você está certa de que é isso mesmo o que quer?

– Sim, eu amo o coronel, estou disposta a ficar com ele para sempre, e jamais vou abandoná-la. Se a senhora desejar, eu tenho certeza de que ele vai permitir que a senhora fique conosco pelo resto de sua vida.

– Pois então muito bem. Só que, a partir de hoje, você vai dormir comigo; não que eu desconfie de você, mas, até mesmo pela sua segurança e para que não haja falatórios a seu respeito, até o seu casamento dormirá comigo, tudo bem?

– Tudo bem! Vou mostrar à senhora que o nosso amor é verdadeiro; até o meu casamento vou me guardar e serei da mesma forma que nasci.

O coronel, cheio de amor e orgulho por tudo o que ouvira de Dayse, acrescentou:

– Madame Íris, eu dei a minha palavra a sua filha, vou respeitá-la e saberei esperar até o nosso casamento. Não vejo motivos para a senhora se preocupar tanto em querer que a sua filha durma grudada com a senhora.

– Antes de me criticar, agradeça! – respondeu madame Íris. – Eu cuido da minha joia, é por isso que o senhor vai ganhar um tesouro que se torna tão raro hoje em dia. Uma moça fina, educada, bela e prendada. Ela pode ficar com o quarto, ter as coisas dela lá, mas dormir é comigo, até o casamento. Coronel, o senhor pediu a mão de minha filha em casamento, mas cadê o anel que toda moça espera ganhar do amado?

– Foi tudo muito rápido, eu não esperava que fosse acontecer hoje, mas, para a minha felicidade, aconteceu! O que acha de irmos amanhã até a cidade e assim a senhora pode me ajudar a escolher o anel e todas as joias que a minha noiva desejar? Eu preciso mesmo ir à cidade, tenho negócios a resolver e, aliás, negócios que demandam sua ajuda. Agora, mais do que nunca, quero tê-la como a minha maior aliada; vamos ser da mesma família.

– Por mim, tudo bem! Vai levar as crianças? – perguntou madame Íris.

– Não, seria cansativo para eles e incômodo para nós. Eles ficarão aos cuidados dos professores e de Sula; os meus feitores vão redobrar a atenção na casa.

Madame Íris pediu licença e se retirou dizendo para a filha que não demorasse, que ficasse meia hora e fosse ao seu encontro.

O coronel pediu para Sula levar as crianças para os seus aposentos e, logo após o beijo de boa-noite das crianças, o coronel puxou Dayse para a biblioteca. Trocaram muitos beijos e carícias, e a moça lembrou a ele as recomendações da mãe dela e também se despediu dando boa-noite e saindo da sala.

O coronel foi, então, ao encontro dos feitores da noite. Deu ordens para o dia seguinte e quis saber como estava a produção do fumo. Ficou satisfeito com os resultados.

Fumando um dos charutos de sua produção, ele se serviu de um copo de conhaque, sua bebida preferida, e chamou o feitor de plantão. Perguntou a ele qual era a negra mais bonita que ele recomendava para ir até ele naquela noite.

O feitor, coçando o bigode, respondeu:

– Em minha opinião é a Mariluce, a garota mestiça de negro com índio. Chegou da outra fazenda esses dias; parece que veio com a mãe, uma negra que se meteu com um índio e acabou embuchando dele. O senhor deve se lembrar desse caso!

– Ah, sim, eu me lembro. Esses índios precisam ficar bem longe de nossas fazendas. Para trabalhar eles não servem para nada! Mas, na safadeza, todos eles são bons. A moça é bonita. Aqueles cabelos lisos, aqueles olhos puxados e aquela pele negra me deixam louco! Excelente ideia, vá buscar a menina. Eis aí mais uma grande mercadoria de luxo. Temos por aí muitos mestiços de negros com índios; vou começar a investir nesse mercado. Mandarei fazer um levantamento pelas fazendas deste estado e de outros estados do Brasil, e pode estar aí uma mina de ouro: vender essas beldades para o exterior. Os mesmos navios negreiros que traziam negros da África para o Brasil agora levam negros do Brasil para o mundo.

E, assim, o coronel destruía sonhos, pisava na alma dos inocentes e abria buracos no próprio caminho. Na sua arrogância e prepotência, sem ser tocado nem mesmo pelo amor a Dayse, ele não abandonava sua obsessão, achando-se dono das pessoas, Deus do seu mundo.

Mais uma inocente menina que foi levada à toca do leão, tendo a sua alma devorada pela loucura de um homem cruel e sem fé, sem luz, sem coração.

Satisfeito por torturar uma inocente, ele ficou andando de um lado para o outro, intuído por seus amigos desencarnados e errantes. Calculava quanto poderia lucrar com essa sua nova ideia. Pediria para madame Íris negociar a volta de Dália, pagaria o dobro por ela; logo cobriria esse prejuízo, pois precisava investir naquele feitor, uma vez que era ele quem iria ajudá-lo a enviuvar.

No outro dia, madame Íris estava na cidade com a sua filha Dayse, que comprou tudo o que tinha de melhor. Foi ao salão de beleza, às casas de importados, enquanto sua mãe negocia-va mercadorias para levar à fazenda, sendo Dália a mais cara. Dormiram na cidade na melhor e mais luxuosa pousada. Os falatórios já corriam soltos: a filha da madame Íris era amante do coronel, e ele comprara metade da cidade para ela.

Retornaram no outro dia cedo, e um dos feitores galopou à frente para avisar da chegada do coronel e de suas visitas, que chegariam para o almoço.

Gorette correu para atender a ordem do senhor. Suzanne se arrumou e também fingia alegria em receber o marido. Tem-pos depois, surgia o luxuoso transporte trazendo as belas e fi-nas senhoras acompanhadas pelo senhor e seus escravos.

Suzanne estava na varanda, junto com a governanta, que abriu um sorriso para as duas mulheres. Ambas, aproximan-do-se de Suzanne, cumprimentaram-na com frieza. Gorette as abraçou e, convidando as duas para entrar, foi se encami-nhando aos aposentos de visitantes luxuosamente decorados. Mas, antes de sair, fez questão de olhar com desdém para Suzanne.

O coronel rispidamente perguntou:

– Está tudo em ordem por aqui? A senhora tem cumprido o nosso acordo?

– Sim, senhor; tenho obedecido às suas ordens. A governan-ta pode lhe dizer sobre o meu comportamento. Fico feliz que o senhor tenha vindo me visitar.

– Não estou aqui porque estava sentindo a sua falta; estou aqui porque esta fazenda me pertence e eu tenho negócios a re-solver. Faça o favor de entrar e ajudar Gorette a servir melhor nossas convidadas.

Deu tempo de Suzanne ver Dália descendo de uma carrua-gem, pegando um saco com os seus pertences e seguindo rumo à senzala. "Meu Deus, ela voltou! O que será que o coronel vai fazer conosco? Dália sempre foi apaixonada por Salu. De volta, ela pode ser um problema na vida de Gorette."

O senhor saiu e foi até a administração. Mandou chamar Joel, que já estava com o coração na mão. Ele viu Dália de longe, e ela parecia mais bela do que nunca.

– Entre, Joel – disse o coronel. Pode se sentar. Eu já lhe falei que você vai ser o homem de minha confiança, portanto pode ter essa liberdade comigo. Conforme lhe prometi, aí está sua mulher. Hoje à noite vou oficializar o seu cargo e a sua posição. Já escolheu a casa, já a montou, como tínhamos conversado?

– Sim, meu senhor. Está tudo pronto para receber a dona da casa. Os comentários são diversos; todo mundo quer saber quem vai ocupar aquela casa. Tinha gente dizendo até que era uma de suas escolhidas, pela beleza que está a casa.

– A Dália já está sabendo que será sua mulher. Aceitou de cabeça baixa. E você agora cuide dela, orientando que o meu pai, antes, cortava a língua daqueles que falavam demais. Que ela não abra a boca nunca para contar a ninguém o que fez e o que acontece com as garotas que deixam a fazenda. Não pretendo ter homem nem mulher com língua cortada na minha fazenda.

– Eu cuidarei disso, o senhor pode ficar sossegado. Não é porque gosto dela que vou deixá-la fazer tudo o que quer; mulher tem de ter cabresto, e a minha terá.

– Muito bem. Após o jantar, reúna todos os feitores. Estarei com o administrador oficializando o seu novo cargo. Amanhã você já poderá se mudar com sua mulher. Também vou oficializar o casamento; aqui eu caso e descaso quem eu quero. Aqui eu sou o deus da minha fazenda.

Salu viu Dália e sentiu uma pontada no coração. "Meu Deus! O que está acontecendo? Será que ele não havia facilitado demais as coisas? Ele estava infeliz e Dália, certamente, também estava. Se tivesse se unido a ela antes que o coronel botasse os olhos em cima da moça, tudo poderia ser diferente. Ele estava casado com uma mulher branca que passara pelas mãos de muitos coronéis, com costumes diferentes dos seus. Ela era bem diferente dele, em tudo, inclusive no caráter e na ambição.

Gorette ficou sabendo do retorno da rival e descontrolou-se. Chutou os cestos de frutas que estavam à sua frente e saiu feito louca porta afora, indo ao encontro do marido. Ela o achou do outro lado da casa-grande. Aproximando-se dele, começou a esbravejar:

– O que está fazendo aí? Olhando a sua amiguinha que voltou? Ouça bem o que vou lhe dizer: vou vigiar você dia e noite; se desconfiar que essa mulata sem-vergonha está indo atrás de você, e você se envolvendo com ela, juro, mando matar os dois! Não suporto a ideia de conviver com essa mulher. E agora, pensando bem, acredito que você já sabia que ela vinha. Está diferente comigo... Cadê aquela paixão? Disse-me que faria loucuras por mim, e agora? Passou a paixão? Cheguei a desconfiar de que tivesse outra mulher influenciando os seus pensamentos, mas agora está explicado: é a Dália. Por que não contou que ela estava voltando?

Salu estava assustado com a reação da mulher! Mas, teve uma ideia que iria ajudar Gorette a não ficar desconfiando de outras pessoas e chegar à verdade. Então lhe disse:

– Eu sabia, sim, e pensei que você também soubesse! Como governanta da casa-grande, o coronel lhe confidencia coisas que jamais me contaria. Eu estava aqui pensando no porquê de ela ter voltado e acreditando na sua generosidade, especialmente com a mãe dela, que se acabou com a partida da filha.

Mas vejo que me enganei, não com você, mas com o nosso coronel! Então ele tem muitos segredos que não divide com você... Quanto ao fato de suas desconfianças, é uma injustiça o que você está fazendo e pensando de mim; não tenho nenhum interesse em Dália; ficamos juntos muito tempo e eu não a enganei, porque nunca a amei como mulher; gostava dela e a respeitava como pessoa. E não posso mentir: descobri em você o poder de amar uma mulher. Eu não imaginava que fosse possível acontecer um dia comigo.

Gorette, abraçando o pescoço dele, disse baixinho no seu ouvido:

– E então, se ama tanto assim, qual é o seu problema em fazermos todas as loucuras que já fizemos? É por causa da minha barriga? Logo vou ter esse bebê e me cuidar só para você. Fale novamente que você descobriu em mim o amor que jamais imaginou existir, repita que eu quero ouvir...

– É verdade, Gorette, você não imagina o tamanho do amor que carrego dentro de mim; às vezes penso que não vou suportar essa força dentro do meu peito.

Lágrimas caíram dos olhos do rapaz, que, secando o rosto, tirou os braços dela do seu pescoço, pedindo desculpas e dizendo que precisava voltar às suas tarefas.

O rapaz saiu quase correndo. Gorette respirou fundo; estava segura, o seu marido a amava. Com certeza, zelava pela saúde dela. Não via a hora de ter esse filho; se pudesse, o entregaria para o coronel e partiria dali com Salu, mas isso era apenas um sonho. O coronel já tinha determinado que Salu seria o pai de seu filho e, com certeza, eles nunca se livrariam do coronel.

Suzanne observava da janela a cena entre Gorette e Salu, e sentiu-se sentiu feliz em ver que ela estava perturbada com a presença de Dália. Já tinha pedido a Isabel que ficasse atenta, que fosse à senzala e descobrisse por que Dália havia regressado à fazenda.

Dois dias depois, a fazenda em massa sabia que Dália já estava morando com o feitor Joel, e que este se tornara o carrasco do senhor. Gorette tentou enfrentá-lo e recebeu seu castigo: Joel fizera a cabeça do coronel contra ela, mostrando que ela influenciava os negros, que talvez fosse viável ela morar em uma das casas da Vila dos Feitores, que continuasse servindo a casa-grande, mas sem o privilégio de morar na casa, ainda mais casada com alguém que não era confiável, pois um mulato, não sendo nem branco, nem negro, não estava do lado de um nem do outro. E assim Gorette foi morar fora da casa-grande, e Suzanne adorou a ideia. Ficou rindo quando ela saiu levando o seu baú de joias e perfumaria.

O tempo passou depressa para quem não podia viver em paz.

CAPÍTULO VII

Somos todos pecadores

Em uma noite chuvosa, Isabel começou a sentir as primeiras contrações. A sinhá ficou preocupada e chamou as parteiras até seu quarto. As parteiras examinaram e alertaram Isabel de que ela deveria acompanhá-las até a senzala. Sua hora chegava, e ela não podia ficar ali. Elas iriam comunicar ao feitor da noite e pedir que a outra pessoa que já estava acompanhando a sinhá para substituir Isabel viesse até a casa-grande. Depois, levariam Isabel. Assim foi feito. A sinhá pediu que assim que o bebê nascesse mandassem avisá-la.

No outro dia cedo, uma parteira veio pessoalmente avisar a sinhá de que Isabel tinha dado à luz um forte e bonito menino, e que os dois passavam bem. Quando a sinhá quisesse ver o menino, era só comunicar que elas trariam o menino para a sinhá conhecer.

– Eu vou à senzala ver Isabel e o menino – respondeu a sinhá, já se preparando e pedindo à criada para acompanhá-la.

– Por favor, sinhá, antes de a senhora deixar a casa-grande para ir à senzala, peça a permissão da senhora Gorette. Ela pode não entender sua decisão e reclamar com o feitor Joel, e este levar aos ouvidos do nosso senhor. Podemos padecer de coisas que não merecemos.

– Tudo bem. Chame a senhora Gorette aqui – respondeu a sinhá, reconhecendo que a governanta tinha muita influência dentro e fora da casa-grande.

Gorette, por sua vez, havia percebido que era um risco muito grande entrar em confronto com o feitor Joel. Notou que ele, assim como ela, tinha vendido a alma para o coronel, e o preço fora alto. Dália deixara de ser sua rival, pois o feitor trazia a mulher no cabresto; ninguém via Dália circulando pela fazenda.

Assim, Gorette veio até Suzanne e perguntou:

– Está tudo bem? Fiquei preocupada quando a parteira me chamou. Pensei que seu filho estivesse querendo nascer antes da hora! Isso acontece. Nós duas estamos ali, pertinho uma da outra, segundo as nossas experientes parteiras. Às vezes, a criança pode adiantar ou também atrasar uma semana; se isso acontecer, vamos ter nossos filhos no mesmo dia! Já pensou como seria interessante?

– Seria interessante se eles fossem parecidos! – respondeu Suzanne com sarcasmo.

– Você falou *eles* por quê? Acha que vai ter um menino? Ou não tem intuição nem preferência?

– Acho que vou ter um menino e, sinceramente, acredito que, pelo seu jeito, também terá um menino. Será divertido vê--los crescendo juntos e o meu filho sendo o senhor do seu filho para fazer o que quiser com ele. Mas não foi para falar dos nossos filhos que pedi sua presença. Foi para convidá-la para irmos juntas conhecer o filho da Isabel, que nasceu esta noite. Logicamente, você deve estar sabendo.

– Estou, sim. Mas, não é costume sinhás visitarem escravas paridas. Mas, se quiser ir, eu a acompanho. Assim posso perguntar para Isabel se doeu muito; não suporto dores. Já pedi às parteiras um remédio para acalmar as dores do parto, mas, segundo elas, não existe nenhum.

Na senzala, Isabel estava deitada sobre uma cama feita de madeira e, em um colchão de palhas de bananeiras, amamentava o filho. Quando viu que entrava sua sinhá e a governanta, tirou rapidamente o bebê do seio, sem saber o que falar.

Suzanne, passando a mão no rosto do bebê, disse-lhe:

– Continue amamentando o seu filho. Treine bastante; você vai precisar ter muito leite para amamentar o seu senhorzinho, que está pulado aqui dentro de minha barriga. E olhe só, Gorette! Dá uma olhada no cabelo desse menino: os fios são lisinhos, e, se não mudar a cor da pele, vai ser mais branco que mulato.

Suzanne não perdia por esperar, Gorette pensou. Tomara que ela estivesse certa quanto a dizer que seus filhos poderiam ser parecidos. O filho dela ia crescer junto com o seu senhor, mas não ia apanhar dele não! Ia é bater nele! Ela criaria os dois, já estava tudo acertado com o senhor. Assim que ele enviuvasse, ela voltaria a viver na casa-grande por causa do senhorzinho, e seu filho, naturalmente, cresceria lá.

As duas voltavam da senzala e Salu, escondido, observava as duas mulheres. "Meu Deus! Se pudesse corria ao encontro de Suzanne e lhe diria o quanto a amo..."

Enquanto isso, Gorette olhava para Suzanne e pensava: "Às vezes, não é só Deus que sabe a hora que vamos morrer; logo, logo, minha bela sinhá, vai ser mais uma que cairá no esquecimento".

Dias depois, o coronel veio até a fazenda, sendo comunicado sobre os nascimentos. Verificou todas as anotações que o administrador lhe entregou e fez o seguinte comentário:

– Com a transferência daquelas feiticeiras velhas que estavam fazendo garrafadas na fazenda, aumentou o número de mulheres que me darão escravos. Aqui, por enquanto, está indo tudo bem! As escravas deveriam ser como coelhas na produção de crias! Demora nove meses e temos um gasto danado até suas crias crescerem, e ainda corremos o risco de não ter bons escravos! Estou verificando que a criada da sinhá teve um filho; isso é bom, espero que ela seja uma boa leiteira. Tem umas amas de leite por aí que poderiam amamentar a senzala toda; por outro lado, há outras que não servem para nada!

– É verdade, senhor. Graças a Deus, aqui temos mulheres boas parideiras, boas leiteiras e saudáveis, disso o senhor não pode se queixar.

– Traga-me o Joel. Quero passar algumas ordens para ele; preciso voltar ainda hoje, a minha passada por aqui foi rápida, só para colocar essas pendências em ordem.

O administrador saiu rindo e pensando: "O coronel agora só sai de casa para os negócios, mas o lazer está dentro de sua casa... Também pudera. Não existe nenhuma mulher com beleza semelhante àquela; aquilo é uma deusa!"

Depois que conversou com o feitor, ele foi até a casa-grande, entrou, deu uma olhada e mirou a sinhá de cima a baixo, dizendo:

– Como uma barriga modifica a mulher! Você está totalmente disforme. Nas contas das parteiras, quanto tempo falta para a sua hora?

– Segundo as parteiras, senhor meu marido, falta uma semana. Realmente já ando me sentindo pesada e não consigo dormir à noite. Não vejo a hora de dar à luz esse seu filho. E a Gorette, que está aqui conosco, pode confirmar; acho que ela também não vê a hora de dar à luz o filho de Salu.

– Eu não tenho os seus problemas, Suzanne. Caminho o dia todo, trabalho e durmo muito bem. Caminhar e fazer alguma coisa ajuda a grávida; dê uma olhada em mim e em você! Reparou que não estou tão gorda?

Foi o coronel quem respondeu:

– Gorette, já estou voltando para casa. Qualquer coisa que surgir por aqui como novidade, passe ao Joel, que ele imediatamente faz chegar às minhas mãos.

Saiu apressado, batendo as botas, e um dos seus criados o ajudou com a montaria. Logo ele se encobria no pó da estrada.

– Você não perde uma oportunidade para me lembrar de que o seu filho é diferente do meu, não é mesmo, Suzanne? Você reparou que o coronel poderia ter ficado um pouco mais por aqui, e que você, com as suas conversas sem sentido algum, fez com que ele fosse embora?

– Qual é o seu problema, Gorette? Está com saudade do meu marido? Você deve se importar com o seu marido; não lhe passa pela cabeça que ele pode estar se deitando com outra mulher, e quem sabe até amando outra pessoa, enquanto você fica me espionando?

– Você é uma invejosa – gritou Gorette. – Tem um marido que se casou com você porque o seu pai a vendeu. Se ele fosse o seu marido, estaria aqui! Você já parou para pensar que ele se deita todas as noites com mulheres diferentes? E essas mulheres, pelo menos, é ele quem escolhe, não precisa que ninguém o pague para se deitar com elas, como foi no seu caso. Seu pai a vendeu porque ninguém queria desposá-la. Eu não paguei nada e me casei com um homem lindo, educado e carinhoso comigo; certamente você nunca teve o que ele me dá todas as noites.

Suzanne teve um ataque de fúria e começou a jogar tudo o que estava à frente. Rasgou o vestido, arranhou-se, e foi preciso que o feitor viesse até ela, a segurasse e a levasse para dentro, enquanto ela espumava de raiva e se retorcia. Os mais velhos da fazenda correram com os remédios, colocando-os na boca dela, fazendo massagens, queimando resinas, e as parteiras no corre-corre para lá e para cá.

– Meu Deus! O que será que aconteceu com a nossa sinhá? Ela estava bem. Será que foi por causa do marido, que veio e não ficou? – Uma preta velha conversava com dona Gorette. Tudo parecia correr bem. De repente, o mal, do qual todos pensavam que ela havia se curado, voltava, e bem mais forte.

Um feitor correu para avisar Joel do acontecido. Este, alisando o bigode, respondeu:

– Não é para mandar ninguém atrás do senhor, só iria lhe causar aborrecimentos. Vamos aguardar o que vai acontecer de hoje para amanhã, e aí decidirei o que fazer.

Logo mais, Joel conversava com Gorette:

– Que diabo você falou pra essa sinhá, que ela quis se matar?

– Nada de especial! Pode ter certeza de que a fúria dela é por causa do senhor. Não porque ela sinta a falta dele, mas porque, com certeza, ele está feliz longe dela e lhe fez uma crítica que a deixou nesse estado. Foi sobre a aparência dela, que ela engordou demais. Essa mulher é um vaso de problemas. Nós sabemos o que senhor de fato quer, e, para bem de todas as fazendas, para o nosso bem e para o bem dos nossos filhos, sei que já tem um e estou sabendo que Dália está grávida de outro, temos, antes de qualquer outra coisa, que protegê-los, e você sabe muito o que deve fazer. Acho a sinhá vai ter o filho vivo ou morto, e a providência divina está lhe dando uma mãozinha, Conte comigo no que precisar. Vou lá dentro saber notícias e já o informo.

– Já mandei buscar o médico para a sinhá, aquele amigo da madame Íris que está levando uma fortuna imensa do senhor por este santo remédio que ele mesmo prepara. Temos de aguardar e ver se criança nasce e resiste. O senhor quer a criança; para ele é muito importante que toda a sociedade saiba que ele fez de tudo para salvar mãe e filho. Isabel já está parida, você ainda pode segurar essa barriga aí uns dias, e as coisas estão muito melhores do que imaginávamos. Vá lá dentro saber como estão as coisas, eu vou ficar aqui esperando.

Gorette entrou e Salu chegou transtornado, pálido e quase sem fala. Queria saber o que acontecera com a sinhá.

O feitor Joel olhou para ele e respondeu:

– Ainda bem que a sua mulher não estava aqui, senão ela iria desconfiar de que você é um apaixonado pela sinhá! Imagine só, um feitor nesse estado por causa da sinhá. Pelo amor de Deus, cai fora daqui, Salu. Se isso chega aos ouvidos do senhor, que andou desconfiando das suas atitudes olhando para a janela da sinhá e dizendo ter ninho de coruja, e que a viu levando ratos para esse ninho... Eu lhe devo alguns favores, Salu, por isso me calei e nunca abri a minha boca, nem para o senhor e muito menos para Gorette. Eu mesmo subi no telhado da casa-grande. Fui preparado para tirar o ninho com o que tivesse lá dentro, e sabe o que encontrei? Absolutamente nada! Aí eu fiquei desconfiado e comecei a seguir a sinhá, e sabe o que descobri? Aquela noite em que ela se atrasou para o jantar e você veio correndo na frente dela, alguma coisa houve entre vocês, e Isabel sabe disso. As duas voltaram mentindo, dizendo que se perderam, e eu vi gravetos da estrebaria colados nas roupas da sinhá. Agora tenho provas: você e a sinhá são amantes. Se quiser continuar vivendo, saia daqui imediatamente! Não vou contar nada nem para Gorette nem para o coronel; você me deve esse segredo. Mas saiba que a sinhá está morrendo! Vá chorar bem longe daqui.

Como se estivesse anestesiado, Salu se afastou, sentindo uma pontada no coração. Suzanne estava morrendo e ele não podia ajudá-la, nem mesmo tocar em seu rosto, e tudo por causa daquele monstro que se dizia seu marido. Correu para a beira do rio, sentou-se dentro da estrebaria e soltou seu choro. Como ele viveria naquela fazenda sem nunca mais poder ouvir a voz de sua amada, sem sentir o seu perfume, sem se banhar nos seus olhos da cor do céu?

***

As parteiras faziam de tudo, mas a criança não reagia. Parecia estar tão paralisada quanto a mãe, e as parteiras não sentiam o coração do bebê. Um negro velho colocou entre os dentes da sinhá um líquido amarelo, dizendo à parteira:

– Você sabe, se ela tiver de viver, vai reagir junto com a criança. Senão, morrerão os dois. Não temos outra saída, não podemos ficar esperando esse doutor chegar. Ele vai chegar à noite; até lá ela não vai aguentar.

Após muito esforço, eles fizeram com que o líquido amarelo descesse entre os dentes da sinhá. Minutos depois, as suas mãos, que estavam roxas e endurecidas afrouxaram, os lábios foram tomando cor, as pernas foram se soltando, o ventre se movimentou.

– Graças a Deus! Ela está reagindo, a criança também está se movimentando. No entanto, prepare tudo, que esse bebê vai nascer ainda hoje – disse o preto velho.

Duas horas depois, ouviu-se um chorinho fraco de criança. Era o filho da sinhá, que acabara de nascer. As parteiras comunicaram à governanta que a sinhá estava muito fraca e ainda desacordada, que ela precisava descansar.

Isabel já estava lá a postos. Gorette então pegou a criança e disse a Isabel que ela ficaria cuidando do bebê no dormitório que ela e Salu ocuparam na casa-grande. Logo foi instalado tudo o que era necessário para acomodar o bebê. Era um lindo menino, observou Gorette.

Isabel, abraçada ao bebê, rezava e pedia a todas as forças às quais fora iniciada pelos seus mais velhos que não deixassem acontecer nada com a sua sinhá. Ela fez uma promessa e iria cumprir: jamais abandoná-la; daria sua vida por esse bebê que estava em seus braços, afinal, era o filho de sua sinhá.

O médico chegou quando já estava escuro. Joel o recebeu dizendo que o senhor havia deixado o pagamento do remédio e da consulta, que era conveniente ele ficar em um dos aposentos da casa-grande, assim daria assistência à doente. Disse isso em voz alta, na frente dos outros feitores e dos escravos de confiança que ficavam por ali.

O médico, se limpando do pó da estrada, respondeu em voz alta:

– Meu amigo, não fiz esse sacrifício de vir até aqui por causa de dinheiro, eu sou um médico. Estou aqui pela vida de duas pessoas que correm risco. Já estou sabendo que a criança nasceu, mas quero examiná-la. Quero ir imediatamente aos aposentos da senhora, e por certo repousarei, porque um médico, diante de um quadro desses, dorme no próprio aposento da sinhá de vocês. – Tomou um copo de suco e foi direto para o quarto, acompanhado de Gorette, e, a pedido dela, as duas parteiras também os acompanharam

Ele examinou o pulso da sinhá e balançou a cabeça. Abriu os olhos dela, ouviu os batimentos cardíacos e, pegando a sua maleta, disse para Gorette:

– Vou aplicar um medicamento agora, e vocês rezem para que ela reaja a esse tratamento. O estado dela é muito grave.

Ele elogiou as parteiras, dizendo que elas foram heroínas, e que o fato de ter salvado o bebê era mérito da sabedoria e da experiência delas. Pediu para trazer o bebê e que as parteiras poderiam acompanhá-lo enquanto o examinasse.

– Vocês estão de parabéns – disse ele, olhando para as duas parteiras. – O bebê está ótimo, perfeito, não nasceu com nenhuma sequela. Mas, como vocês duas estão vendo e acompanhando, a sinhá só vai sobreviver se for a vontade de Deus; o quadro dela é péssimo. As senhoras podem se retirar, vão descansar, que a luta de vocês foi grande. Eu apliquei a medicação e só nos resta esperar que o organismo dela reaja. Enquanto isso, eu preciso de um banho e vou comer alguma coisa, que a minha noite vai ser longa. Preciso de feitores que fiquem a postos e de duas escravas de sua confiança para pernoitarem de plantão, próximo à sinhá de vocês. A senhora governanta, se possível, fique também. Sei que não posso exigir muito de alguém que está prestes a entrar em trabalho de parto a qualquer momento. Mas procure ficar bem acomodada e, se precisar, já que estou aqui, faço o seu parto.

Gorette foi comunicar a Salu que ficaria na casa-grande. Ele poderia jantar e ir para casa, que a situação da sinhá era muito complicada, e só por um milagre ela viveria.

Salu não colocou nada na boca; ficou deitado em sua cama, olhando para o vazio. Não tinha sentido nenhum alguém morrer assim, sem ter vivido nada! Que Deus era aquele, que castigava pessoas inocentes, deixando os loucos, como o seu meio-irmão, tomando conta do mundo? Sua vontade era sair correndo, entrar na casa-grande ir até Suzanne para lhe dar talvez o último abraço. Ele estava sendo castigado por amá-la tanto, e ainda ficavam aqueles pobres coitados, aqueles negros velhos, formando uma roda e rezando? Para quê? Ali nem o vento se dava conta de ouvi-los, que dirá Deus, orixás, santos.

***

Já passava das três horas da manhã e os galos começaram a cantar. O médico chamou as duas negras que estavam sentadas e de olhos abertos a noite inteira. Então, disse a elas:

– A sinhá de vocês está morta. Vão lá fora e chamem os feitores; logo o dia vai estar claro, e eles devem mandar buscar o coronel para saber dele que providências vai tomar. Infelizmente, vocês são testemunhas. Fizemos de tudo para salvá-la, mas Deus escolheu levá-la.

A notícia se espalhou pela fazenda: a sinhá morreu... Isabel, agarrada ao filho dela, chorava em desespero, precisando ser amparada por outra criada, que lembrava a ela que não poderiam ter esse comportamento diante do senhor e de outras pessoas.

O coronel chegou acompanhado dos filhos, de madame Íris e Dayse, e de mais algumas pessoas de sua confiança. Ele reuniu todos os escravos e feitores e, de sua varanda, ao lado do médico e de Gorette, falou:

– Todos estão cientes: a sinhá de vocês se foi, deixando-nos de presente um lindo filho, que será criado com muito amor e carinho. Isabel, a fiel serva de Suzanne, será a ama de leite do filho de nossa sinhá, e, em homenagem a ela, todos estão dispensados de suas tarefas, exceto aquelas que não podem ficar para amanhã. – E depois, voltando-se para Gorette, falou: – Você vai ajudar a educar este menino. Quero que ele seja uma criança feliz, como os dois irmãos. Assim que ele tiver idade suficiente para ficar junto dos irmãos, eu o levarei daqui.

O médico se despediu, lamentando não poder ficar para o enterro da sinhá. Tinha de cuidar dos seus doentes. Assim que entrou no transporte que o levava de volta à cidade, começou a contar o dinheiro: era tudo de que ele precisava. Com a boa quantia que já tinha ganhado se apresentando como médico, embora médico nunca tivesse sido, já dava para começar o seu pé-de-meia, e bem longe dali.

A notícia da morte de Suzanne se espalhou rapidamente e, no fim da tarde, a fazenda estava lotada de amigos que vinham trazer suas condolências ao jovem viúvo. Algumas senhoras lastimavam a sorte dele: onde já se viu um pessoa tão bonita e tão jovem ainda perder duas esposas, ficando com três filhos para criar? Outras diziam que ele deveria escolher a próxima esposa com mais cuidado; era sabido que essa sinhá era bela, mais muito doente, e morrera de parto. Outras cochichavam:

– Onde já se viu? Os pais dessa pobre infeliz a venderam. Não podiam ir embora carregando-a com eles, tanto que, assim que se livraram dela, foram embora.

No fim da tarde, após todas as homenagens diante do caixão da sinhá, o coronel chamou o feitor Joel e perguntou a ele qual dos feitores poderia atravessar o rio para levar o caixão até o cemitério, que ficava do lado, bem distante da fazenda.

O feitor Joel, coçando o bigode – era assim que pensava –, respondeu:

– Senhor, quem conhece bem o rio desta fazenda é o feitor Salu, esposo da governanta. O senhor vai acompanhar o enterro de sua senhora? Mando preparar a embarcação com mais espaço e melhorias.

O senhor, então, respondeu:

– Vou mandar colocar o caixão lá no terreiro da casa-grande, e, assim que todos os escravos passarem rapidamente pelo caixão para se despedir da sinhá, você ajude a levá-la até o barco. Coloque mais dois ou três escravos de sua confiança e mande Salu levar os apetrechos que se fizerem necessários para cavar e enterrar o caixão. Se for preciso, espere até amanhã, mas espere lá. Ele pode dormir dentro da canoa e levar o necessário para pernoitar. Pelo horário, não vai dar tempo de ele resolver as coisas com o sol, e no escuro não dá para fazer esse serviço. Quanto à sua pergunta, eu diria que só acompanharia o caixão se ainda tivesse dúvida da morte da sinhá. Como não me resta nenhuma dúvida, quero me livrar o mais rápido possível desse incômodo. Espalhe por todos os lados a minha tristeza e a minha triste sorte em perder uma bela e jovem esposa, que morreu me deixando um filho. Espalhe a notícia. Faça correr por todos os recantos a minha infelicidade. Fique de olho em tudo por aqui e me mande diariamente as informações, ou vá pessoalmente me levar notícias. Cuide da segurança da minha casa e não se descuide de Gorette. Essa mulher teve coragem de atravessar o mar e de me acompanhar até aqui; não posso desacreditar do que ela pode ser capaz de fazer contra mim. Estou indo, e livre-se logo do caixão. Dizem que defunto que atravessa o rio para ser enterrado antes de escurecer e não pode ser enterrado, pois o sol já está encoberto, não consegue voltar; as águas impedem a passagem, então não perca tempo.

— Sim senhor; se for o caso, até eu mesmo posso ir. Deixo alguém aqui tomando conta de tudo, assim o senhor fica tranquilo, sabendo que tudo foi feito conforme a sua vontade.

— Não se retire da fazenda, Joel. Você deve permanecer aqui e ficar atento a tudo. Pode ser que amanhã venham pessoas até aqui, pensando em me encontrar, e alguém tem de cuidar disso. Gorette está aí, mas confiar mesmo é em você!

— Entendi. Até mais, senhor, e boa viagem.

O coronel chamou os filhos e as duas mulheres, e pediu que eles se acomodassem nos transportes, que já os aguardavam.

– Vamos voltar para nossa casa; não é bom dormir aqui. Esse clima não é conveniente para crianças nem para vocês. – Disse isso olhando para Dayse. – Vão andando que já as acompanho. Só vou me despedir e dar as últimas recomendações para a governanta – disse o coronel.

Ele entrou na sala e disse para Gorette que, qualquer novidade, Joel estava ali para atendê-la. Ela iria ocupar o quarto onde o pequeno já se encontrava com Isabel. E, assim que ela tivesse seu filho, continuaria ali, até segunda ordem.

Gorette, olhando-o, perguntou:

– Não quer ver seu filho? Já escolheu o nome que vai dar a ele?

– Tenho de acompanhar os meus filhos que já estão seguindo, e, quanto ao nome, ainda não decidi como vou chamá-lo.

***

O feitor Joel correu pessoalmente até a casa de Salu e lhe passou as ordens do coronel. Acrescentou que, se ele se apressasse, dois negros fortes e de confiança iriam acompanhá-lo.

Salu estava trêmulo. Não respondeu nada, apenas seguiu o feitor Joel e, enquanto caminhava, pensava: "O senhor queria vingar-se, ele sabia do meu amor por Suzanne". Ele iria enterrá-la... Maldito coronel! Ele partiu para a sua luxuosa casa, deixando o corpo de uma inocente dentro de um caixão.

Preparou o barco e foi até a casa-grande buscar o caixão. Gorette estava na varanda; assim que o avistou veio ao seu encontro e lhe disse:

– Salu, peça mais gente para ir com você; mesmo que cheguem à noite não faz mal. Não sei por que o coronel teve de mandar você enterrar essa aí, que Deus me livre do que vou dizer, mas já foi tarde! Ela colheu o que plantou! Andava me infernizando a vida, me humilhando; sempre que podia fazia questão de me lembrar que era a sinhá e que eu não passava de governanta da casa. Fez tanto que conseguiu me tirar da casa-grande e agora está aí esticada dentro de um caixão, e eu estou retornando à casa-grande. Já foi tarde, Suzanne.

Salu olhou para aquela mulher como se estivesse vendo a sua verdadeira alma. A frieza com que ela falava e olhava para Suzanne o deixou revoltado. Pediu ajuda para os três homens que iriam acompanhá-lo e, a passos rápidos, seguiu levando o caixão. Os escravos se ajoelhavam à passagem da sinhá. No barco, ele abriu a tampa do caixão, para surpresa dos escravos, que não se atreveram a falar nem a perguntar nada. Ele olhava o rosto de sua amada, e ela estava serena, dormindo como um anjo. "Suzanne... Como é que eu vou continuar vivendo sem você? Enquanto eu podia vê-la de longe tinha forças para ir vivendo, me alimentava do seu amor, mas e agora? Não quero mais voltar, quero seguir com você; não se afaste de mim, se a sua alma estiver aqui, por favor, fique comigo, vamos ficar juntos para sempre, longe daqui." As lágrimas banhavam o seu rosto, e os três escravos remavam em silêncio e se entreolhavam. O que estava acontecendo? Por que o feitor chorava daquele jeito?

Assim que chegaram ao cemitério, eles começaram a cavar o chão. Dias antes tinha chovido muito, e a terra estava bem fácil de ser removida. Um dos homens, olhando para o feitor, que estava agarrado ao caixão, perguntou:

– Senhor, eu acredito que já está na altura certa, podemos descer o caixão da sinhá?

– Vamos descer, sim! Eu vou descer até o fundo da cova e

vocês descem o caixão aberto. Eu pego a tampa lá embaixo; vou descer e vocês soltem as cordas para descer o caixão.

– Senhor, não vai dar! Como é que nós vamos depois puxar o senhor? Se ficar em pé no canto e descermos o caixão, vai ficar difícil o senhor subir sem pisar no caixão.

– Façam o que eu estou mandando! Se eu sou o feitor, tenho autoridade de dar ordens e vocês têm de obedecer; não discutam comigo.

Ele desceu, ficou espremido no canto, recebeu o caixão aberto e ajeitou o corpo de Suzanne de lado. Entrou no caixão, abraçou-se com ela e gritou:

– Desçam a tampa e joguem toda a terra sobre o caixão! Façam o que eu estou mandando! E depois voltem para a fazenda e coloquem o barco no seu devido lugar, vão para o barracão e, para aqueles que perguntarem por mim, digam-lhes que eu voltei com vocês e nos despedimos no rio. Andem logo! Sejam rápidos! Estou indo embora com a única pessoa que amo, e sou amado por ela.

A tampa chegou. Ele a puxou com a mão, ajeitou-a, encostou seus lábios nos de Suzanne e disse baixinho:

– Não tenha medo, vamos seguir juntinhos. Eu não ia ficar bem sem você, por isso estou aqui. Acredita em mim?

Ele sentiu as pancadas na tampa de madeira e, de repente, estava dormindo, não sentia mais nada.

No outro dia, os três homens ainda estavam em estado de choque. O feitor foi até a eles e perguntou:

– Cadê o feitor Salu? Ele voltou com vocês, o barco está guardado, mas ele não foi encontrado em lugar nenhum da fazenda. O gado está sendo cuidado por outro feitor. Onde foi que vocês se separaram?

– Nós chegamos, ajudamos o feitor a guardar o barco e ele nos dispensou e ficou na estrebaria; disse que iria olhar se estava tudo certo. Viemos embora para o barracão; não sabemos de nada não, senhor.

Um feitor da noite confirmou que viu os três escravos e Salu descendo do barco, e que realmente os escravos estavam falando a verdade. Salu se encaminhou no sentido da estrebaria, enquanto os escravos subiram a estrada que dava na fazenda.

Os três se entreolharam: como ele pode ter visto o feitor saindo do barco e indo à estrebaria?

Assim que terminaram os interrogatórios, os três homens se afastaram e um deles comentou:

– Não entendi nada, vocês entenderam? O feitor dizendo que viu o senhor Salu?

– Lembrem-se do que ele nos pediu: depois que guardássemos o barco, não vimos mais ele. Foi a alma dele que veio conosco, para nos ajudar. Esse feitor tem vidência e nem sabe. Deus permitiu que ele visse o feitor Salu para nos livrar da morte. Vocês já pensaram que eles poderiam nos acusar de ter matado o feitor?

– E não foi isso mesmo o que nós fizemos? – retrucou um dos amigos. – Fico me perguntando se agimos corretamente quando obedecemos à ordem dele. Será que agimos certo? Não consigo deixar de pensar no que fizemos.

O terceiro amigo completou:

– Nós agimos como escravos, que obedecem às ordens do seu superior. Vocês ouviram o que ele disse: *ou vocês fazem o que eu mando, ou eu faço todos vocês descer comigo; morremos todos! Eu não quero complicar a vida de vocês, mas na minha eu posso fazer uma escolha, e esse é o momento: preciso partir com a mulher que eu amo!* E ele faria mesmo o que estava dizendo! Tanto é verdade que ele, em espírito, nos acompanhou até aqui e se mostrou ao feitor, para que ele testemunhasse a nosso respeito. Por isso, vamos colocar uma pedra em cima dessa história e continuar vivendo a nossa vida do jeito que ela é. Somos escravos, obedecemos às ordens de quem é superior a nós! Não cometemos nenhum erro, tudo bem?

À tarde o coronel chegou à fazenda. Gorette estava desesperada e, chorando, implorou ao coronel que mandasse os capitães do mato vasculhar as matas, os rios. Ela queria saber onde estava o seu marido. Tinha notícia de que alguns índios estavam se aproximando das fazendas e raptando os brancos. Será que não pegaram o Salu? E que as onças, nos últimos tempos, estavam atacando o gado nas fazendas – será que não havia outro animal rondando e atacando a fazenda? Ela precisava saber o que acontecera com o seu marido.

O coronel respondeu:

– Ninguém, mais do que eu, tem interesse em saber onde se meteu esse feitor! Não posso nem imaginar o que ele está aprontando. Já mandei cercar todas as saídas; se ele se atreveu a sair da fazenda, não sabe do que sou capaz! Vou vendê-lo como qualquer outro sem valor, um cão fugitivo.

– Não! Salu não fugiu, tenho certeza – gritou Gorette. Ele é um homem digno e bom e estava muito empenhado em construir uma vida melhor para nós. Por isso eu lhe peço, pelo amor de Deus, coloque homens experientes para procurá-lo, algo aconteceu com ele.

– Chame os negros que estiveram com ele no enterro da sinhá – pediu o coronel. Logo os rapazes estavam diante do senhor, em sinal de respeito e obediência, de cabeça baixa. – Olhem para mim – gritou o coronel. Respondam às perguntas que vou fazer a vocês sem mentiras nem invenções! Se não falarem a verdade agora, quando eu descobrir que mentiram, vão passar três dias amarrados e amordaçados ao relento, sem água nem comida, e, se suportarem o castigo, assim que saírem dos castigos vão ser vendidos com todos os seus familiares para trabalhos pesados nos engenhos de açúcar. Prestem bastante nas perguntas: Vocês ajudaram a enterrar o caixão da sua sinhá?

— Sim, senhor, nós ajudamos a abrir a cova, descer o caixão e jogar toda a terra sobre ele.

— O feitor Salu também estava lá com vocês, ajudando a remover a terra, ou não?

— Sim, senhor, ele ajudou a cavar a terra, descer as cordas com o caixão e a jogar a terra até o fim.

— Salu retornou com vocês até a fazenda ou ele desceu antes?

— Ele veio conosco até aqui, senhor, desceu junto com a gente, ajudou a puxar o barco, nos dispensou e disse que iria até a estrebaria verificar se os bezerros estavam bem acomodados. O feitor da noite pode confirmar que ele nos viu chegando.

— Não saiam ainda! Fiquem os três aqui até o feitor chegar.

O coronel mandou chamar o feitor, que chegou correndo.

— Edmundo, me fale uma coisa, você estava no seu posto ontem à noite na estrada que leva ao rio?

— Sim, meu senhor! Com certeza estive lá.

— Você viu quem chegou de barco com esses três negros?

— Sim, senhor, esses três negros estavam com o Salu. Eles puxaram o barco e o guardaram, fiquei de olho neles. Os três vieram para o barracão e o Salu foi à estrebaria, isso eu posso lhe garantir, porque vi!

— E você não o viu saindo da estrebaria e voltando para a fazenda?

— Senhor, ele abriu uma pequena trilha no rio que dá na Vila onde eles moram; ele não volta mais pela estrada que sai na casa-grande. Ele corta o atalho, que é a metade do caminho.

– Já inspecionaram a beira do rio, essa trilha? Não tem sangue, pegadas, rastros, nada?

– Tudo à volta da fazenda foi vasculhado; não encontramos nenhuma pista que nos leve a ele, inclusive, senhor, ele deixou o rio junto com os negros, e eu posso jurar que ele não voltou para o rio, então não há nenhuma hipótese de algum animal ter arrastado ele para dentro da água. E na trilha não há nenhum vestígio.

– Pode se retirar! Vocês também, negros, estão dispensados! Voltem ao trabalho.

Joel, que estava do lado do seu senhor, só ouvia.

– O que você acha dessa história, Joel? – perguntou o coronel.

– Senhor, perdoe a minha ignorância, mas esse sumiço está um mistério! Que tem algo estranho, isso tem! Se o Edmundo, que é um feitor sério, e nunca se meteu em nenhuma encrenca, disse que viu o Salu, ele viu mesmo. Os negros não estão mentindo.

– Você verificou a estrebaria? Não tinha as marcas das botas dele? Nenhum vestígio, nada que pudesse atestar a presença dele por lá?

– É isso que fui examinar. Mas o gado urina e pisoteia tudo; não dá para identificar marcas de botas, nem lá dentro, nem lá fora. Os homens estão no encalço; vamos encontrar Salu, vivo ou morto.

– É um prejuízo danado. Esse miserável cuidava como ninguém do rebanho. O Moisés não tem a experiência dele, mas, enfim, alguém tem de assumir. Cuide disso.

***

Na casa-grande, começava outra correria. A parteira foi chamada às pressas. A bolsa de Gorette se rompera; era o primeiro sinal de que Gorette iria dar à luz.

O senhor comentou com o feitor Joel:

– Era o que me faltava! Agora é a governanta que resolveu parir no meio dessa confusão. Vamos fazer o seguinte: prepare um feitor para ir até a fazenda avisar madame Íris que retornarei amanhã, ou melhor, vou escrever algumas linhas para ele levar. – Entregando o envelope, ele recomendou: – Fale para ele não se atrasar; vai dar tempo de retornar e chegar aqui ao anoitecer. Eu vou ficar e pernoitar, e assim tomarei algumas providências.

O senhor se dirigiu à varanda e pediu o seu drinque favorito. As negras corriam de um lado para outro, a fim de ajudar a governanta a ter o filho.

Isabel veio até o senhor e, fazendo uma reverência, perguntou:

– Meu senhor, gostaria que trouxesse o seu filho até aqui para o senhor revê-lo?

– Quando eu desejar, eu mesmo vou vê-lo. Sei muito bem onde encontrá-lo. Portanto, volte às suas tarefas e cumpra os deveres de ama de leite. Se ficar sabendo de um pequeno descuido seu em relação a essa criança, o seu castigo será grande. Aproveite para comer bem, porque está nascendo outra criança aí na casa-grande, e você vai amamentar os dois.

Isabel se retirou em silêncio com o coração apertado. Aquele bebê tão lindo e tão inocente estava totalmente abandonado, sem mãe, nem pai. O filho dela estava sendo bem cuidado por suas irmãs de sina; elas o amamentavam e davam amor a ele, enquanto o filho da sinhá, apenas ela embalava nos braços. Pegou o bebê no colo, e as lágrimas desciam de seus olhos. "Meu

Deus, que culpa pode ter esse ser tão inocente? Não importa a cor de sua pele, ele é um apenas uma criaturinha indefesa."

***

O senhor jantava sozinho e parecia preocupado ou aborrecido, não dava para saber o que ele pensava ou sentia em relação aos outros. Otacília o observava e pensava: "Será mesmo coisa de Deus essa diferença tão grande entre brancos e negros? O homem branco, quando deseja usar uma negra, ele penetra em seu corpo, destrói sua alma e depois a ignora, como se nada tivesse existido entre eles". Estaria assim pela morte da sinhá? Não havia derramado sequer uma lágrima! Aliás, ela nunca o vira chorando, por nada nem por ninguém.

Depois do jantar, o senhor foi à casa de administração e, pela primeira vez, não requisitou nenhuma companhia. Os feitores estranharam, e os escravos também. Estaria sentido pela morte da esposa?, comentavam os feitores.

Dois negros velhos, distanciados da casa-grande, também falavam sobre o assunto:

– O senhor logo vai estar se casando com aquela menina que passou por aqui, e desta vez ele está sendo laçado pelo coração! A prova do que estou falando é essa aí: um homem como o nosso coronel só tem essa atitude quando o coração está preso em outro coração. Não é por causa da sinhá que ele não mandou buscar nenhuma negra para servi-lo, é por causa da sinhá-menina!

Já era bem tarde quando o coronel retornou para casa e se dirigiu ao seu antigo aposento. Passou pelo quarto de Gorette e ouviu o choro de uma criança – seria o filho da sinhá? Não!

Não podia ser! O filho da sinhá estava ocupando, com Isabel, os aposentos que haviam sido da mãe dele. Uma negra chegou até ele e lhe disse:

– Senhor, a governanta acaba de dar à luz um lindo menino. Nasceu grande e perfeito; pena que o senhor Salu não esteja aqui para saber do filho.

Sem responder nada, o senhor empurrou a porta do quarto. Gorette estava com o filho nos braços. Ao vê-lo, ela se emocionou e começou a chorar:

– Venha ver meu filho! Repare em suas feições.

O senhor, sem dar muita atenção ao pedido dela, respondeu:

– Espero que se recupere logo. Estou com três fazendas nas quais você tem de começar a trabalhar, e já dei ordens a Isabel: ela vai amamentar as duas crianças. E, quanto ao seu marido, ele vai aparecer, vivo ou morto! Vai ter de explicar e pagar por tudo isso que me aprontou. Vocês andaram brigando? Desconfia de alguma coisa, mulher?

– Ele estava mudado comigo, talvez fosse pela barriga, não sei! Não tinha a mesma paixão, o mesmo desejo por mim. Quando estivemos juntos pela primeira vez, ele me disse que viraria o mundo de cabeça para baixo por mim, mas, quando o senhor nos aproximou, ele mudou totalmente. Sei que ele estava amando outra mulher. Virei essa fazenda, revirei a senzala, cheguei perto de todas as mulheres e não consegui descobrir nada. E agora sou eu que pergunto ao meu coronel: teria alguma chance de ser uma mulher de fora desta fazenda?

– Sim! Ele, de vez em quando, saía da fazenda para levar o lote do gado vendido para outras fazendas e matadouros da cidade, você sabe disso.

– Mas tinha como ele fugir desta fazenda à noite, sem ninguém perceber?

– É o que nós estamos querendo saber; não podemos duvidar das loucuras de que são capazes os homens apaixonados.

– Se ele fez isso comigo e com o senhor, realmente merece ser castigado, e eu não quero mais saber dele. Quando for encontrado, que pague pelo que fez!

– Ótimo! Era isso o que eu queria ouvir de você. Sendo encontrado, será enquadrado como fugitivo e traidor! Vou ter esse prejuízo, mas ele será morto diante de todos os feitores e todos os escravos desta fazenda. E vai morrer lentamente; vou deixá-lo sem água, sem comida, no sol, na chuva, até ele não suportar mais e pagar pelo que me fez. Vai servir de exemplo para muitos outros.

Assim que o coronel se retirou, Gorette mandou chamar Isabel com o bebê. Ela já tinha arquitetado o plano bem antes da partida da sinhá; esta vivia lhe dizendo que o seu filho seria o senhor que mandaria no filho dela. "Vamos ver quem vai mandar em quem", pensou ela.

Isabel entrou com o bebê, que dormia em seus braços. Ao ver a moça, a governanta esboçou um sorriso e lhe disse que o senhor havia passado ali e dito a ela que Isabel iria amamentar os dois bebês, e também contou que estava muito abalada com a morte da sinhá e o desaparecimento de Salu. Esticando os braços, pediu:

– Coloque o bebê aqui e me deixe segurá-lo um pouquinho. Agora que sou mãe, entendo como ficamos e o que sentimos em relação aos nossos filhos. Pobrezinho, não teve tempo de conhecer a mãe. Dá uma olhada no meu filho: não é idêntico ao da sinhá? Assim que olhei para o meu filho, me deu uma angústia muito grande, pensando no filho da sinhá que ficou sem a mãe.

Com o bebê da sinhá nos braços, ela pediu para Isabel:

– Pegue meu filho um pouquinho? Afinal de contas, você vai ser a ama de leite dos dois. Quero confiar esses meninos a suas mãos, Isabel. Logo vou trabalhar fora desta fazenda, e você será a guardiã do meu filho e do filho do senhor. É uma bênção ele ter permitido que as crianças ficassem juntas. Naturalmente, você vai cuidar dos dois do mesmo jeito, porém, conforme forem crescendo, devem saber que um é o senhor e o outro é o filho do feitor, de um agregado.

– O que é *agregado*, senhora? Eu preciso decorar bem esse nome, para quando chegar a hora de ensinar e explicar a eles o que significa.

– Fique tranquila! Você não vai precisar decorar essa palavra; nós vamos falar muito sobre ela. Agregado quer dizer que ele será quase um escravo do senhor, entendeu? – Olhando para os lados, Gorette chamou a atenção de Isabel, dizendo: – O senhor já se recolheu, muitos negros já estão dormindo, agora preste atenção: quero lhe dar um presente, e esta é a hora ideal, pois não chama a atenção de muita gente. Quero que saiba que vou lutar para você também ter seu filho por perto. Agora, ouça: deixe o bebê da sinhá aqui comigo, e vá rápida e discretamente ver seu filho na senzala. Sei que lá tem muitas mães de plantão; elas não dormem. Vá lá e veja o seu filho, mas retorne discretamente. Apenas não demore muito, porque a parteira, mais tarde, vem dormir aqui comigo, e quero que você já esteja de volta, senão vai me complicar.

– Mas, senhora, eu não posso fazer isso! O feitor vai me ver.

– Diga a ele que fui eu quem mandou você ir correndo até lá buscar um remédio para mim; que qualquer coisa ele venha falar comigo. Duvido de que ele faça isso sabendo que acabei de parir. E amanhã eu confirmo isso com o senhor. Agora vá, depressa!

O coração de mãe, que fala mais alto, fez com que Isabel não pensasse em mais nada, a não ser em abraçar o seu filho. Com o coração batendo forte, ela saiu, rápida, e passou pelo feitor da noite explicando a ele o que ia fazer.

– Volte logo, Isabel! E amanhã a governanta deve se explicar ao senhor. Vou pessoalmente saber se isso aconteceu. Eu não tenho ordem de deixar você ir à senzala, nem o seu povo ir até você, mas, como se trata dessa emergência, para atender a governanta que deu à luz, vá lá e não demore.

Enquanto isso, Gorette trocou as roupas dos bebês. Não dava mais para notar quem era quem. Eles pareciam gêmeos, observou Gorette.

– Vai, meu filho, vai para o lugar do seu senhor, você tem o mesmo direito que ele! – Ela pegou o bebê da sinhá e colocou no peito. Assim que Isabel retornou e viu a cena, ficou comovida. Como a maternidade fazia bem às mães.

– O seu bebê já está pegando o peito? – perguntou Isabel. – Que esperto e forte ele é.

– A parteira me ensinou a preparar o peito para amamentar e parece que está dando certo! Veja como ele pega direitinho. Mas me fale, como está o seu filho? O que sentiu apertando ele contra o seu peito?

Os olhos de Isabel se encheram de lágrimas ao responder:

– Ele me reconheceu! As crianças sentem o nosso cheiro. Assim que o peguei no colo, ele choramingou, e eu peço perdão à senhora, mas dei o peito e ele mamou. Fique tranquila, já lavei os meus seios com água de flores de algodão preparada para essa finalidade. Deus abençoe a senhora por esse gesto de amor! Eu irei ajudá-la a cuidar do seu filho da mesma forma que cuidarei do filho de minha sinhá. Posso pegar o bebê e me retirar?

– Isabel, aí tem lugar para você dormir com o bebê. Fique esta noite, por favor? Assim você me ajuda a trocar o meu filho e me faz companhia, estou me sentindo insegura.

– A senhora é a governanta e, se está me mandando ficar com o bebê, eu ficarei! Ainda mais depois do que a senhora me fez hoje, nunca mais vou esquecer esse gesto.

– Vamos colocar os bebês juntos; eles não se mexem ainda. Um não vai empurrar o outro. Você se deita ao lado deles e tenta dormir um pouco, porque dois chorando para mamar vai dar muito trabalho.

Durante a madrugada, Isabel foi trocar os bebês com a ajuda da parteira. Colocou o bebê no seio e comentou:

– O bebê está demorando a sugar o leite, será que ele está bem? Estou vendo que o bebê da senhora Gorette acabou de nascer e está mamando melhor.

A parteira respondeu:

– Às vezes, à noite, ou mesmo durante o dia, os bebês não estão com tanta fome e ficam preguiçosos para mamar, isso é normal, fique tranquila. Você vai ver amanhã como ele vai mamar mais rápido.

Os dois bebês choraram durante a madrugada, e a parteira e Isabel ficaram preocupadas. O que estaria acontecendo com eles? Estavam inquietos.

***

O coronel estava sonhando e, de repente, já não sabia se era sonho ou realidade: a sinhá olhava pra ele sem dizer nada. Ele deu um pulo da cama, esfregou os olhos e disse para si mesmo: "Em vez de sonhar com Dayse, sonho com essa aí me olhando como se quisesse me dizer alguma coisa". Ele ficou acordado até o raiar do dia, fazendo planos para a sua fazenda e o seu casamento. Não aguentava mais esperar, e Dayse não abria mão de sua virgindade até a cerimônia. Nunca sentira aquilo por nenhuma mulher.

O coronel se levantou cedo, para a surpresa de todos. Otacília veio correndo avisar a governanta e Isabel, para que ela se retirasse com o bebê. Caso ele resolvesse vir aos aposentos da governanta e descobrisse a Isabel por lá, assim tão cedo, podia dar confusão.

Gorette se ajeitou, arrumou-se como podia, e não demorou muito o coronel entrava no seu quarto dizendo que estava indo embora e que Joel estava ali para resolver todas as questões, inclusive, assim que fosse capturado o desaparecido, ele fazia questão de vir à fazenda.

Ela, com o bebê no colo, falou:

– É a cara do filho da sinhá, parecem gêmeos. E outra coisa: o senhor precisa dar os nomes a essas crianças, inclusive aos filhos nascidos na senzala.

– Assim que você se levantar dessa cama, vá até a senzala, confira todas as crianças, os machos e as fêmeas, e pode dar nome a todos eles. Entregue para o administrador, que já tem os registros dos dias de todos os nascimentos. Quanto a esses dois, você pode chamá-los de Moisés e Artur, e notificar quem é o meu filho e quem é o seu filho com Salu.

Gorette, sorrindo, perguntou:

– Quem é o Moisés e quem é o Artur?

– Moisés é o filho da sinhá e Artur é o seu filho.

Assim que ele saiu, ela olhou para o bebê e disse:

– Ainda bem que você não pode falar, e, quando crescer, não vai se lembrar que troquei suas roupinhas, senhor Moisés! Aliás, meu filho Artur! Sei que não tem culpa, e nem sei se vou conseguir amá-lo, mas precisava fazer isso pelo seu irmão, entendeu?

No caminho de volta à fazenda, o senhor se lembrou do pesadelo e apressou a montaria. Não via a hora de abraçar Dayse e conversar com ela sobre o casamento. Queria se casar o mais rápido possível. Ele não tinha de dar satisfação a ninguém; era dono do seu destino, e ai de quem abrisse a boca para falar algo sobre Dayse.

E assim, naquela noite, sentados à mesa de jantar, o coronel comunicou aos filhos que iria se casar com Dayse, que fora muito infeliz no casamento com Suzanne, pois ela era uma pessoa amarga, doente, e que agora ele iria refazer a vida dele ao lado de alguém que pensava e agia como ele. Que Deus levara a mãe deles, infelizmente, e que ela sim, era uma verdadeira dama.

A menina abraçou Dayse e respondeu ao pai:

– O senhor não podia escolher pessoa melhor, amamos a sua noiva. Ela é jovem, é linda e tem a sabedoria de uma mulher que já aprendeu muita coisa no mundo.

Todos sorriram. Feliz, o coronel pegou a mão da noiva e marcaram a data do casamento. Ele encarregou madame Íris de contratar pessoas e organizar tudo o que fosse preciso para o seu casamento ser um dos maiores acontecimentos dos últimos tempos por ali. Queria três dias de festas; teriam muitos bois abatidos, muita comida, bebidas e músicos.

– Não economize! Quero tudo do bom e do melhor.

A menina, então, perguntou:

– E o seu outro filho, como fica? Você vai trazê-lo com a ama de leite ou vai deixá-lo por lá? Ele virá para o seu casamento?

– Foi bom você fazer essa pergunta, minha filha: por enquanto, eu vou deixá-lo aos cuidados da Gorette; aliás, a nossa governanta teve um filho esta noite. Então vamos esquecer esse detalhe, por enquanto ficamos nós por aqui, o filho da sinhá está sendo bem tratado lá.

"Ótimo!", pensou Dayse. "Uma criança chorando aqui dentro da nossa casa dia e noite? Deus me livre!"

– Vamos mudar de assunto? – falou o coronel. – Não quero aborrecer minha noiva com essa conversa. Vocês dois podem ir brincar, a Sula já está à espera de vocês.

O casamento seria dali a um mês, e as providências deveriam ser tomadas com a máxima urgência. Os três ficaram conversando sobre os detalhes do casamento. Madame Íris disse que o vestido da filha já estava pronto, que começou a trabalhar nele desde o dia do pedido de noivado. O enxoval estava quase pronto, faltavam algumas peças e, naturalmente, o mais importante: pagar! Ela encomendou, fez as reservas, mas deixou em aberto, pois se tratava de peças valorosas, e ela não dispunha de tanto dinheiro.

O coronel, orgulhoso, de mãos dadas com Dayse, respondeu:

– Amanhã comece a trazer todas as encomendas e colocar em seus devidos lugares; gaste o que for preciso e me mande as contas. É a primeira vez em minha vida que não me importo com valores.

E, ao mesmo tempo, dizia dentro dele: "Com esta festa que vou dar em minha fazenda vou lucrar dez vezes mais com as reformas que Gorette vai começar a fazer".

***

Na fazenda onde estavam Gorette e os outros filhos do coronel acontecia um trabalho espiritual dirigido pelos mais velhos da senzala. Um ser incorporado em um negro velho da fazenda foi questionado por um dos jovens que participou do enterro da sinhá.

– Meu Pai, qual será o meu castigo no céu em relação à morte de Salu? Os castigos da terra eu já conheço, mas e os castigos do céu? O senhor pode me orientar? Estou sofrendo muito, não consigo dormir.

O negro velho baixou a cabeça e, depois, olhando para o rapaz, respondeu:

– Meu filho, não há castigos no céu! O nosso Pai é superior a todos os sofrimentos! Ele jamais vai castigá-lo; nossos erros somos nós mesmos que decidimos, um dia, resolver. O que aconteceu com os dois jovens, um dia, será resolvido diante de Deus e na presença de cada um de vocês. Não coloque o peso dessa cruz em suas costas, o maior culpado pelo que aconteceu com Salu foi ele mesmo. Silencie, não comente com mais ninguém, reze pela alma dele, peça perdão ao Pai por vocês todos e por ele. O Salu não pode mais trazer o corpo físico de volta, mas pode voltar em um corpo espiritual, para reparar o que fez, tanto que ele retornou com vocês para salvá-los da ira do coronel.

O negro velho deu muitos conselhos e ensinamentos ao jovem, que saiu tranquilo, confiante e em paz.

***

Gorette pediu a Isabel para dormir com ela e as crianças no mesmo aposento, e na hora das mamadas ela trocava com Isabel, alegando que queria dar um pouco de amor ao filho da sinhá, mas, na verdade, como toda mãe, ela queria amamentar o próprio filho.

Gorette adormeceu com o filho da sinhá ao seu lado, e o seu filho estava ao lado de Isabel, que não estava dormindo, apenas de olhos fechados, quando sentiu uma presença ao seu lado. Ela abriu os olhos; era sua sinhá, que estava perto do filho de Gorette, os olhos cheios de lágrimas. Em silêncio, olhava para o menino e para Isabel. Ela se levantou e a sinhá desapareceu. "Meu Deus! Eu não estava dormindo! Ou estava e pensei que estava acordada? Por que ela estava perto do filho da governanta, e não do seu? Por certo, foi um pesadelo." Rezou para a alma de sua sinhá. Assim que amanhecesse, pediria a dona Gorette para deixá-la conversar com a tia Maria, que de manhã estava dentro da casa-grande trabalhando, sobre esse sonho ou essa visão estranha. Não! Melhor não contar para a governanta que sonhara ou vira a sinhá perto do filho dela. Ia falar com tia Maria, sim, mas bem em particular.

Ela se levantou e foi à cozinha. Encontrou tia Maria, que ouviu os relatos de Isabel e recomendou que rezasse pela sua sinhá e não tivesse medo se voltasse a vê-la. Instruiu que, mentalmente, falasse para ela que cuidaria daquele menino com muito amor, da mesma forma que cuidaria do filho de Gorette.

***

As notícias corriam de um lado para o outro sobre o casamento do senhor com a bela Dayse. Muitos convidados ilustres de outros estados confirmaram a presença. O coronel colocou mais negros para ajudar o negro velho na fabricação dos seus finos charutos. Iria presentear seus ilustres convidados com o que ele tinha de melhor e que já lhe rendia uma fortuna: os seus finos charutos.

As crianças de Isabel, como eram chamados Moisés e Artur, estavam muito bem; pareciam gêmeos, e só se diferenciavam por uma pinta na orelha esquerda de Moisés. Gorette se lembrou que a sinhá tinha uma pinta semelhante e na mesma orelha; ainda bem que ninguém prestava muita atenção nela, senão iriam perceber e despertaria a curiosidade.

O coronel esteve duas vezes na fazenda antes do casamento; veio pelos negócios e não se interessou em ver o filho, apenas dizia a Gorette:

– Cuide do bem-estar dele.

O tempo passava e nem uma pista do feitor Salu. Em nenhum lugar das redondezas ele fora visto, e o mistério do seu desaparecimento não se explicava, a ponto de o feitor Joel chegar para o feitor que afirmava ter visto Salu entrando com os três negros e apertá-lo, perguntando se ele não tinha ganhado alguma coisa do feitor Salu para ajudá-lo a fugir.

O feitor ficou aborrecido e retrucou lembrando a ele que tudo o que o Salu possuía estava nas mãos da governanta – o que ele poderia ter lhe dado? E que ele jamais faria isso; não era um traidor, sempre fora de confiança e não admitia que ninguém desconfiasse de sua lealdade, do seu caráter, de sua honestidade. Ele dizia diante do senhor, de Deus e do Diabo que ele vira, e vira mesmo! O feitor Salu chegou e o ajudou a levar o barco, e depois entrou na estrebaria. Agora, para onde tinha ido depois disso, já não era com ele. Que ele voltou para a fazenda, ah... sobre isso não admitia que ninguém duvidasse dele.

O feitor Joel pediu desculpas e disse que a situação o obrigava a desconfiar de tudo. Queria encontrar uma resposta para o sumiço de Salu e não achava, era uma incógnita! Como alguém podia sumir daquele jeito? Reviraram tudo! Nenhuma cobra, nenhuma onça, nenhum bicho o havia devorado; esse tipo de coisa sempre deixava pistas.

O casamento, indiferente a todos esses fatos, aconteceu dentro do tempo previsto. Gorette foi convocada pelo senhor; ele precisava apresentá-la aos convidados para que fechasse o maior número possível de negócios. A ocasião era de felicidade em todos os sentidos, e ele queria cobrir todos os gastos da festa com os bons negócios fechados por ela.

De fato, ela fechou trabalho para dois anos. Alguns fazendeiros também fecharam contratos para comprar fumo e os finos charutos, que não tinha concorrência no país e já superavam os importados. A festa durou três dias, e os escravos que acompanharam os seus senhores estavam perplexos com tanto luxo e tanta beleza que ostentava aquela casa-grande. E, no meio de toda essa energia, muitos jovens escravos que vieram de outras fazendas se apaixonaram pelos escravos do senhor.

No fechamento dos negócios, também entraram trocas de escravos; isso era muito comum entre os grandes fazendeiros: trocar escravos que, apaixonados, caíam de joelhos diante de seus senhores, agradecendo a bondade de lhes oferecer uma chance de felicidade, que era ficar ao lado da pessoa amada. Naturalmente que nenhum senhor fazia isso pensando nos escravos, mas sim em lucros para suas fazendas. Um negro feliz e agradecido dificilmente se revoltaria contra o seu senhor; era como um cão que, quando bem alimentado, morre fiel aos pés do seu dono.

Todos os amigos se retiraram levando os ricos presentes do coronel. Este não precisava de canetas para fazer contas; em questão de segundos ele encontrava os valores a ser somados, divididos e multiplicados; era rápido em cálculos. Nas redondezas, ele era muito conhecido por essa habilidade. Já ria de felicidade, pois seu lucro seria altamente proveitoso. Nunca imaginou que essa coisa de reformas e decorações de casas desse tanto lucro. Precisava correr contra o tempo, ampliar a plantação de fumo em suas terras e capacitar alguns negros de confiança para atender a tantos pedidos contratados.

Um negro velho preparava seu jovem neto, que poderia continuar essa tarefa. Ia comunicar ao preto velho, assim ele animava o neto a se interessar mais em ter um bom futuro. Por onde será que andava a mãe do moleque? Ela fora uma das primeiras mulheres que ele vendera para fora do Brasil; agora pouco importava. Queria mesmo viver seus dias com muito amor e paixão ao lado de Dayse, que quebrara todas as regras do seu coração.

***

Tudo acertado com o coronel, chegou a hora de Gorette partir, e ela foi se despedir de Dayse, apertando a mão da moça e dizendo:

– Seja feliz. Sei que já está fazendo o coronel o homem mais feliz do mundo. Muito obrigado por tudo e pode contar comigo para sempre.

Dayse respondeu com malícia:

– Estou feliz, sim! A minha felicidade trouxe sorte para muitas pessoas, inclusive para você e o seu filho. Eu vou deixar que você fique tomando conta da casa-grande e sendo a governanta do filho da falecida Suzanne, que Deus a tenha. Não tivemos culpa nenhuma de sua má sorte, não é mesmo? Os dois filhos do meu marido que moram nesta fazenda ficarão conosco, porém, o filho da sinhá falecida, esse eu não quero entre nós. Ele vai crescer e se tornar o filho do senhor naquela fazenda, não nesta! E toda a administração e os lucros daquela fazenda e de todas as outras deverão vir para nossas mãos. Estudei e me preparei para não permitir que ninguém tente me enganar com informações erradas. A herdeira legítima do senhor sou eu! Portanto, eu vou fazer com que o meu coronel se torne o mais rico senhor do Brasil! Aqueles que desejarem estar de bem com o senhor precisam ficar de bem comigo em primeiro lugar. Outra coisa: o que se passou entre você e meu marido foi coisa do passado. Ele não me conhecia. De agora em diante, seja real e definitivamente nossa governanta. Se reconhecer o seu lugar, se lembrando sempre de que sou eu a vida do senhor, e não todos vocês, prometo que serei generosa com você e seu filho.

– Pode ter certeza, minha sinhá, de que farei de tudo para demonstrar e provar para a senhora a minha fidelidade. Faça de mim a sua criada; estarei sempre às suas ordens e, desde já, agradeço pela confiança depositada em minhas mãos. Cuidarei do filho do senhor da mesma forma que cuidarei do meu.

– Pois é – disse Dayse –, o pai do seu filho desapareceu mesmo, não é? Como pode alguém evaporar assim sem deixar rastros? Você o amava muito?

– Eu o amei sim, minha sinhá, apesar de saber que ele estava com outra mulher nos pensamentos. Ele mudou de uma hora para outra. Tentei de todas as formas descobrir quem era a tal, mas não obtive nenhuma pista. Contudo, tenho certeza de que ele vivia por alguém.

– Bem, há um ditado que diz: *Rei morto, rei posto!* Trate de encontrar alguém que lhe interesse e que se interesse por você, para não passar novamente pelos mesmos aborrecimentos que teve com Salu, sem contar o prejuízo que deu para o coronel. Assim como os feitores devem ser casados, as governantas também. Eu lhe desejo boa sorte e, só para lembrá-la de algo muito interessante, o administrador da fazenda da qual você é governanta também é viúvo. Outro ditado: *Beleza não se põe na mesa.* Sei que ele é velho, gordo, careca e não tem os atributos do meu marido, mas vai lhe dar segurança. *Una o útil ao agradável!* Ele não vai impedi-la de sair e trabalhar, nem de ganhar seu dinheiro, pensando no futuro do seu filho.

Gorette ficou pálida. "Santo Deus!", pensou. O administrador era um ser praticamente invisível, vivia trancado dia e noite na casa da administração, não tinha vida própria. Além de velho, não se cuidava e tinha os dentes quebrados. Não gostava de tomar banho, e as escravas viviam reclamando da falta de higiene dele. Como iria se casar com aquela criatura?

No caminho para casa, não escondia sua preocupação, a ponto de as criadas lhe perguntarem se ela estava se sentindo bem. O motivo de sua preocupação era outro: Dayse tinha traçado um destino para aquele que ela imaginava ser o filho da sinhá. O que seria do seu filho? Se a ambiciosa sinhá resolvesse castigar o menino, o que ela iria fazer?

Ao chegar à fazenda, foi correndo ao encontro do seu filho, pegou o menino dos braços de Isabel e, apertando-o nos braços, disse em voz alta:

– O que será de você? O que vão fazer com você?

Isabel ficou parada, sem entender nada! Em vez de ela correr para pegar o seu filho, correu e pegou o filho da sinhá? O que estava acontecendo? Que mudança era aquela? Será que ela ouvira alguma coisa por lá? Iriam levar o seu bebê? Suas pernas tremeram, e ela se sentou com o filho da sinhá contra o peito. "Meu Deus! Será que querem tirar o meu bebê?"

– Dona Gorette, por favor, eles querem tirar o filho da sinhá de mim? Querem levar o meu bebê embora? Farei qualquer sacrifício para estar com ele; se ele tiver de ir embora, por favor, deixe-me ir com ele.

– Não sei, Isabel! Acho que esses dias fora me deixaram muito confusa. Temos de cuidar bem dessas crianças. Não deixo de pensar no filho da sinhá sem me preocupar; vou ser mãe dele também.

– Ai, que susto, dona Gorette! Pensei que a senhora já trazia ordem para levar o meu anjinho! Eu amo os dois, mas me preocupa muito o filho da nossa sinhá. Com certeza, a sinhá Dayse, recém-casada, não vai cuidar dele como uma mãe.

– Olhe, aqui está o seu bebê – disse Isabel, pegando o filho da governanta e colocando o filho da sinhá em seus braços. – Nenhum dos dois bebês está com fome. Graças a Deus, leite aqui é o que não falta. Mas é bom ele sentir seu cheiro. Pegue o seu bebê; de alguma forma, quero transmitir ao filho de dona Suzanne todo o meu amor.

Ao entardecer, Gorette resolveu ir à casa de administração para ter uma ideia do que se passava por lá. As dependências onde funcionava eram uma espécie de escritório do senhor Arnaldo, que ficava do outro lado da casa.

Assim que abriu a porta, sentiu náuseas. Uma mistura de alho e suor tomava conta do ambiente. O administrador se levantou e, sorrindo, mostrou pedaços que sobravam dos dentes, negros como carvão. Indicou, também, um pote cheio de alho descascado que, segundo disse, ele gostava de comer e que o livrava de muitas doenças. Citou várias que nunca pegara graças ao poder do alho. Ofereceu um a ela, dizendo que no começo ele também não gostava, mas que agora não ficava sem mastigar de seis a dez cabeças de alho por dia. As roupas sujas e os poucos cabelos que lhe restavam estavam pegajosos, e tudo isso causava aquele mau cheiro insuportável. A calça caía devido ao tamanho da barriga, e a camisa suja e surrada estava totalmente aberta, porque também não fechava, dando-

-lhe uma aparência horrível. Ele quis saber em que podia ser útil, se ela estava ali levando alguma ordem do senhor, e que estava ali para servi-la e honrado pela visita.

Desesperada, ela pensava: "Preciso sair daqui correndo e tomar um banho!" Mas respondeu a ele que apenas estava notificando a todos que havia voltado e que estava tudo bem.

Ao sair da sala, ela ainda sentia o cheiro do administrador. "Meu Criador, como é que vou me deitar com uma criatura dessas?" Suzanne era ruim, mas esta, além de ser ruim, era também maldosa e vingativa. Queria casá-la com o administrador e com certeza, já tinha articulado isso. "Senhor Deus, por que Salu sumiu?"

Joel veio ao seu encontro; estava sério.

– O que aconteceu, Joel? – quis saber Gorette.

– Acho que tem alguma coisa errada aqui na fazenda. Por enquanto, temos de desvendar o mistério, antes de comunicar ao senhor. Já dei ordens para alguns homens vigiarem a beirada do rio e fazer um cerco para pegar seu marido.

– Salu apareceu? – perguntou Gorette, colocando a mão no coração.

– O feitor que está cuidando do gado é uma pessoa de extrema confiança; acho que é a pessoa mais séria daqui, ele jamais inventaria algo tão grave. Ele me procurou hoje e disse ter visto Salu no curral. Ele foi lá soltar os bezerros para a primeira mamada antes de ordenhar as vacas leiteiras e jura que Salu estava lá entre os bezerros e, assim que o viu, desapareceu. Ele falou que correu por todos os lados para ver onde ele tinha entrado, mas não encontrou nada, nem mesmo rastros dele na terra. O que você acha? Qual é a sua opinião sobre isso?

– É muito estranho ele aparecer e desaparecer assim... Já verificou se ele não abriu alguma saída dentro da estrebaria, disfarçando-a com palhas ou sei lá o quê? Mande revirar tudo; tem algo errado, e precisamos descobrir o que é. Verifique se as coisas dele estão no mesmo lugar; ele tinha muitas coisas naquele quartinho. Dê uma olhada. Vou verificar também nos nossos aposentos. Ele pode ter entrado lá pela janela, sei lá. Vamos causar alvoroço entre os negros; pode ser que alguns deles estejam envolvidos com Salu. Faça um favor para mim: mande aqueles três negros, que foram os últimos que estiveram com Salu, virem falar comigo. Se estiverem mentindo para nós, pode apostar que eu vou descobrir.

– Olhe, se eu acreditasse nessas crendices dos negros, ia pensar que era a alma dele que estava rondando por aqui. Você acredita nisso?

– Pelo amor de Deus, Joel! Eu nunca vi uma alma do outro mundo, você já viu? Isso é conversa! Quem morre, morre. E, acabou de enterrar, acabou-se para sempre; as almas passam a ter domínio, ou vão para o céu ou para o inferno, e não voltam nunca mais.

Gorette foi aos aposentos que ela dividiu por tão pouco tempo com Salu, e uma saudade imensa invadiu o seu coração. Havia amado Salu; daria tudo para que ele voltasse e explicasse ao senhor que tinha sido raptado, amordaçado, qualquer coisa que provasse sua inocência e que o fizesse cair aos pés dela pedindo-lhe perdão, confessando que a amava. Em nada, em absolutamente nada, os pertences de Salu tinham sido mexidos. Ele não entrara em seu quarto.

Naquela noite, Gorette conversou com os três rapazes e o feitor que havia acompanhado a chegada deles. De fato, não tinha como desacreditar do feitor: ele vira Salu com eles.

Naquela noite, Gorette não conseguiu dormir. Algo a sufocava. Andou para lá e para cá, pensando na proposta absurda que a nova sinhá tinha lhe sugerido: casar-se com o administrador. Ela temia falar com o senhor, e que este levasse o fato ao conhecimento da sinhá, resultando em uma situação pior ainda para ela. Começou a se lembrar de todas as possibilidades para arrumar um candidato a marido, que não fosse o senhor Arnaldo. Não havia nenhum feitor solteiro; todos estavam casados ou ajeitados por ordem do coronel, como era o caso de Joel.

Ela ouviu um bebê chorando, e o instinto materno lhe dizia que era seu filho. Correu aos aposentos que pertenceram à sinhá, e que agora estavam sendo ocupados pelos dois bebês e, naturalmente, por Isabel, que era ama de leite dos dois.

– Isabel, o que está acontecendo com o meu filho?

– Sinhá, não é o seu filho; é o da nossa sinhá. Ele está inquieto e acho que tem cólicas. Tia Maria já colocou toalhinhas embebidas em óleo quente e fez massagens. Agora vamos aguardar que ele melhore.

– Deixe-me pegá-lo no colo! Não será o seu leite? Andou comendo alguma coisa errada?

– Não, dona Gorette, não comi nada diferente do recomendado, e o meu leite está bom. Tia Maria rezou e curou; não tem nada errado comigo.

O bebê parou de chorar e adormeceu, aconchegado nos braços da ama de leite, sentindo o bater de seu coração.

A janela do quarto estava fechada, mas a cortina começou a balançar. Isabel ficou arrepiada e olhou para Gorette, perguntando se ela estava vendo a cortina se movimentar.

– Estou sim. É o efeito provocado pela nossa própria respiração. Vocês, com esses costumes primitivos, acreditam que tudo tem espíritos no meio... Imagino que esteja pensando que havia um espírito aqui. Mas onde? Tire esses pensamentos de sua cabeça; não quero que você transmita essas bobagens a essas crianças.

Gorette ficou um bom tempo com seu filho, este dormindo tranquilamente, enquanto Isabel admirava o amor que dona Gorette dava ao filho de sua sinhá. Ela colocou o bebê na cama e foi para o seu quarto. Precisava dormir um pouco; teria muito trabalho no dia seguinte, e precisava correr atrás dos materiais e das visitas às fazendas que tinham contratado seus serviços. Fechou os olhos, e não sabia se estava sonhando ou acordada. Suzanne estava do seu lado, olhando-a com desprezo. Ela deu um pulo na cama e passou a mão na testa. "Meu Deus, que coisa estranha. Era algo tão real! Será que eu estava dormindo? O cansaço deixa a gente louca; que sensação horrível sonhar com Suzanne, e ainda com aquele olhar de ódio."

Lembrou-se do que tinha acontecido na fazenda. Como diria ao senhor que Salu estava aparecendo e desaparecendo? A estrebaria fora revirada; não havia nada que acusasse a entraria ou a saída dele por ali. O feitor mandara cercar todo o curral, ali ninguém entraria ou sairia facilmente, pois muitas armadilhas foram preparadas e, quando ele novamente se atrevesse a ir até ali, seria pego de qualquer jeito.

***

O feitor conversava com sua mulher, Dália, que já tinha se conformado com a sua sina. Estava até gostando de Joel; ele era amoroso e muito carinhoso com ela. Perguntou a Dália se ela acreditava que alguém que havia morrido pudesse ficar entre os vivos. A mulher respondeu:

– Digo a você, com toda a sinceridade: eu vi minha avó e outras pessoas amigas e da família que já haviam morrido, até longe da fazenda.

– Você viu? E como é que se vê um espírito: flutuando, deformado, como é?

– Os que eu vi eram iguais a nós dois! Perfeitos, mas eu sabia que estavam mortos. Por que está me perguntando isso? Estou achando esse assunto muito estranho, andou vendo alguma alma?

– Não, Deus me livre! Eu nem acredito nessas coisas, mas começo a ficar preocupado com um mistério que vem acontecendo na casa-grande. Dois feitores afirmam ter visto Salu, mas ninguém o encontra.

– Olha, Joel, vou lhe dizer uma coisa: ou ele está morto, ou está usando alguma oração que o deixa invisível. Minha mãe conta que alguns dos nossos mais velhos passavam para lá e para cá na frente dos senhores, e estes não os viam. Vai lá saber se Salu não aprendeu o mistério?

***

O tempo passava rápido, e o senhor poucas vezes veio à fazenda. Avistava o filho de longe, não se interessava em chegar perto dele. Gorette, às vezes, ficava a semana toda fora, trabalhando nos projetos das fazendas, cada vez mais se distanciando do filho, que vivia aos cuidados de sua ama de leite. Ela tentou, de todas as formas, escapar do casamento com o administrador, porém sua sinhá já havia determinado o seu destino. Ela se casou com ele, e fazia de tudo para escapar da companhia do marido.

A fazenda do senhor passou a ser conhecida como mal-assombrada. Várias pessoas afirmavam que viam e ouviam muitas coisas, gritos, choro, vultos correndo. Os feitores andavam em dois; ninguém mais queria trabalhar isolado. Era moita se mexendo, passos no chão, perfume no ar, portas e janelas que se abriam sozinhas.

Joel procurou os negros velhos e pediu a eles que fizessem orações, um trabalho para afastar essas assombrações da fazenda. Até ele já tinha visto coisas estranhas. Teve um dia que estava voltando para casa e teve certeza de que alguém o seguia, mas não era nenhum vivente.

Os negros velhos lhe disseram:

– Olha, senhor Joel, o que a gente mais faz nesta fazenda, além de trabalhar, é rezar! Mas tem coisas que não se resolvem com rezas. As pessoas que morrem fora de tempo, sem que seja a vontade de Deus, podem ficar andando entre nós; só não têm o corpo carnal, mas conservam as mesmas formas, mesmo estando desencarnadas. Mas, vamos continuar fazendo nossas devoções e rezando pelas almas. Se o senhor pudesse, um dia, vir no momento em que estamos doando nossas energias em forma de luz a esses irmãos, doentes e perdidos, talvez o senhor ajudasse muito.

– Não! Eu não quero participar dessas crendices de vocês. Não ia nem pegar bem para mim, olha só os falatórios que correriam por aí: o feitor Joel no meio dos negros fazendo feitiço! Se o senhor soubesse disso, iria me colocar a pontapés daqui para fora.

Uma semana depois, estava um corre-corre na casa-grande. O coronel estava voltando da cidade com os filhos, esposa e sogra, e era necessário preparar todos os aposentos para acomodar todos eles. Gorette fez o melhor que pôde; estava tudo impecável, e ela e o marido jantariam e dormiriam na fazenda. O coronel tinha muitas pendências para tratar com o administrador, que agora, aliado a Gorette, fazia tudo ao pé da letra, e ela obedecia e cumpria às ordens da sua nova sinhá.

Os senhores foram recebidos com todas as pompas. Os aposentos da falecida sinhá estavam limpos, preparados a rigor.

Gorette levou Isabel e as crianças para um quarto isolado, bem distanciado; não dava nem para ouvir o choro deles.

A sinhá estava reparando em tudo, e Gorette a acompanhava. Nos aposentos da sinhá, ela entrou e pegou um vidro de perfume que estava sobre a penteadeira. O vidro escapou de suas mãos, caindo no chão, e um pedaço de vidro lhe cortou o pé. Ela praguejou, dizendo:

– Nem sei por que fui pegar nessa maldição! Retire tudo o que pertenceu a esta mulher, mande queimar tudo! Não quero nenhuma negra usando nada que tenha sido dela. Mande, também, arrancar essas cortinas, lavar essas paredes e este chão com sal; quero esse quarto desinfetado, não quero mais sentir o cheiro dela aqui dentro!

Foi feito um curativo no pé da sinhá, e ela, a sós com o marido, reclamou sobre o motivo pelo qual ele não tinha mandado retirar as coisas da falecida, ao que ele respondeu:

– Minha amada, para falar a verdade, eu nem sei o que essa pessoa guardava de importância. Agora que me alertou, preciso, de fato, mandar fazer uma vistoria e cobrar isso da nossa governanta. Ela tinha a obrigação de nos passar as anotações com as coisas de valor que Suzanne deixou. Sei que ela tinha jóias e outras coisas valiosas.

– Então, deixe-me resolver isso! É coisa para sua sinhá cuidar, e é para já! Pode continuar tomando o seu drinque, mas faço questão de que ouça a nossa conversa.

Gorette, atendendo o seu chamado, apresentou-se de imediato. Dayse, então, perguntou:

– Gorette, posso saber o motivo pelo qual você não nos notificou sobre os objetos de valor deixados pela falecida? Cadê as joias dela?

– Eu recolhi e anotei item por item, minha sinhá. Estão guardadas em caixas e lacradas. Fiz isso com duas testemunhas e depois levamos ao administrador, que registrou tudo e guardou em seu poder. As únicas coisas que deixamos foram roupas, calçados e alguns vidros de perfume que estavam abertos, mesmo assim foram identificados e continuam lá nos aposentos que ela ocupou. Ficamos esperando as ordens dos senhores.

– Vejo que você é competente e prestativa. Após o jantar, eu vou à administração com o meu marido, e aproveito para dar uma olhada. Pode me acompanhar?

– Naturalmente que sim, e amanhã mesmo vou mandar limpar e desocupar os aposentos da falecida da forma que a senhora determinou.

Gorette pediu licença e se retirou.

– Posso saber o que a minha amada, inteligente e competente esposa mandou fazer nos aposentos da falecida?

– Quero que arranquem tudo de lá! Vamos limpar e mobiliar novamente. Esta fazenda é tão bonita, nós precisamos apagar essas impressões deixadas por Suzanne. E, por falar nisso, ainda não vimos o filho dela. Tenho curiosidade em vê-lo. Pode mandar buscá-lo?

– Você tem certeza de que quer ver esse menino, Dayse? Estamos tão bem, não vamos nos aborrecer. Eu quero aproveitar nossa noite.

– Tudo bem! Mas amanhã eu quero vê-lo, sim!

– Tudo bem. Amanhã pediremos a Gorette que traga o filho da sinhá e o filho dela também, assim você vê os dois.

A noite estava linda. A Lua cheia clareava as árvores, que se mexiam com a brisa suave que vinha do outro lado do rio. O perfume das flores de café e das laranjeiras invadia o ar. Dayse, abraçada com o coronel, pediu:

– Não estou com sono. Vamos andar um pouco? Eu adoro

esse cheiro! Lá na nossa casa temos cheiros de outras flores, dessas aqui não!

– Vou mandar plantar café e laranjeiras para perfumar o ar com esse cheiro. Mas, quanto a sairmos por aí, não é muito aconselhável. Os animais saem à noite para caçar; não podemos nos afastar muito da casa-grande. Sem contar que nesta época do ano temos muitas serpentes venenosas deixando seus esconderijos e também saindo em busca de alimentos. O número de cascavéis por aqui é grande; por mais que mande eliminá-las, sempre aparecem por aqui. Os feitores usam botas de couro cru para suas andanças, e os negros sabem o risco que correm saindo à noite às escondidas. Muitos já foram picados por cascavéis e outras serpentes venenosas; não morreram porque esses negros velhos têm seus conhecimentos e seus remédios, que os curam do veneno das cobras.

Dayse, se encolhendo, agarrou-se a ele dizendo:

– Só de ouvir isso me deu medo! Então vamos nos sentar na varanda e ficar um pouco mais.

– E o que você pretende fazer com aquelas joias, com todo aquele ouro? Eu não tinha conhecimento delas; aquela sinhá não era tão inocente quanto eu imaginava, nunca desconfiei de que ela escondesse uma fortuna. Vai usar as joias? São peças valiosíssimas! Sua mãe e Gorette conhecem bem, e eu as deixo a seu dispor. Faça o que bem entender com elas! É uma fortuna que você ganhou.

– Não sei se quero usá-las. Por enquanto, vou levá-las comigo; não podemos deixar essa fortuna nas mãos do administrador, e ainda mais que agora está casado com Gorette.

– Amanhã, antes de partirmos, vou examinar as gavetas. Pode ser que tenha mais coisas valiosas que passaram despercebidas. Muitas dessas joias, eu vou vender. Vou encarregar a minha mãe de fazer isso; ninguém conhece melhor do que ela uma joia valiosa e o seu preço. Aí eu compro outras joias modernas e sofisticadas, ou mandamos fazer. Contratamos um bom ourives, desenho o que eu quero e ele cria.

– É tudo seu! Faça o que você quiser!

– Vi que tem alguns anéis e pulseiras que possivelmente ela usou quando criança, ou nem usou, porque estão intactos. Se a sua filha quiser alguma coisa, darei a ela.

Abraçando-a, ele respondeu:

– Como não vou amá-la desse jeito? Você tem um imenso coração; eu nem me lembrei de minha filha e você se lembrou.

Os dois ficaram conversando até tarde. Quando se retiraram aos seus aposentos, os feitores que faziam a guarda deram graças a Deus; estavam apertados para ir fazer suas necessidades.

***

O primeiro galo da fazenda o mesmo que canta para chamar a atenção de todos, deu o seu primeiro canto, e o feitor que fazia a ronda pelos lados da estrebaria e do curral veio correndo chamar os outros, fechando e trancando todas as entradas. Assim, não havia saída. Os feitores saíram correndo, todos armados. Desta vez, ele caíra na armadilha! Com muito cuidado para não se machucar, tiraram as armadilhas, e qual não foi o susto quando viram que não tinha ninguém lá dentro! Olharam as pisadas na terra, nenhum sinal! E agora? O que fariam? Não podiam levar essa notícia, nem ao feitor Joel, nem para a governanta, e muito menos para o senhor. Era melhor colocar tudo em ordem, ajeitar as armadilhas. Se o senhor Joel chegasse ali e deparasse com aquela situação, o que diriam a ele?

***

O coronel começou a dormir e, de repente, via em seu sonho Salu e Suzanne de mãos dadas, rindo dele. Salu lhe dizia:

– Você se acha tão imbatível! Eu o derrotei! Estamos juntos e sempre estivemos, e vamos permanecer para sempre.

– Não vamos sair desta casa – disse Suzanne –, ela me pertence, e as minhas joias pertencem ao meu filho! Ladrão! Hipócrita! Assassino! Você vai pagar caro o que fez comigo. – Ela avançou em direção a ele, e ele lutou para se desvencilhar das mãos dela. Era uma força estranha. Ele começou a tossir, debatendo-se, e Dayse acordou. Pegando em seu braço, perguntou o que estava acontecendo.

Ele se sentou e, secando o suor do rosto, pediu um copo de água e lhe disse que tivera um pesadelo horrível com Suzanne e Salu juntos e de mãos dadas, que ela cobrava as joias para o filho.

– Isso foi porque hoje nós falamos das joias e dela. Beba água e vamos esquecer esse pesadelo. Está tudo bem, e olhe, deixe a alma da sinhá aparecer na minha frente, nem que seja em sonho, vou lhe dar uma boa surra e mandá-la para o inferno.

O casal de espíritos, de mãos dadas, estava parado perto da janela. Suzanne olhou Salu e disse:

– Vamos ver quem é que vai levar uma surra, minha linda sinhá! Vamos ver!

Eles se retiraram bem devagar. Muitas sombras negras os acompanhavam.

– Vamos visitar Gorette – disse Salu. – Ela teve tanta participação em nosso infortúnio quanto o maldito senhor.

Chegando ao quarto de Gorette, esta dormia tranquilamente. Salu soprou em seu ouvido:

– Eu estou aqui e sei o que você fez com Suzanne, você e o coronel. Vocês a mataram; só vou me retirar desta casa quando tiver você ao meu lado, quero arrastá-la e jogá-la aos vermes! Eu amo outra mulher, sim! Estamos juntos, ela é tudo o que você não é! Fui forçado a me casar com você. É claro, ela sabia, nunca escondi nada dela, nós nos amamos. Você é uma mentirosa! Esse filho não é meu, e você sabe disso. A criança não tem culpa do que você fez, trocando-a pelo filho da sinhá, porém você vai pagar muito caro, e ele também. Eu odeio você, e fico muito feliz com a sua desgraça! Parabéns pelo maravilhoso marido que lhe deram! E fique sabendo que estou muito, mas muito feliz ao lado da mulher que eu amo, a única que amei e amarei por toda a eternidade.

Ele foi saindo, e Gorette viu que alguém lhe dava a mão. Os dois seguiam de mãos dadas, não dava para ver quem era a mulher. Ela acordou e ficou de olhos fechados; teve medo de abrir os olhos e deparar com Salu ali parado a sua frente, acusando-a. Abriu os olhos e respirou fundo. "Não, aqui não tem ninguém!" Levantou-se e bebeu um copo de água. Estava suando, e o quarto parecia abafado. Foi até a janela e abriu a cortina. Debruçou-se na janela de olhos fechados, o ar puro e o perfume das flores lhe enchendo os pulmões. Ela abriu os olhos e ficou paralisada; por uma fração de segundo, teve certeza de que vira Salu acompanhado de uma mulher que não dava para saber quem era. Eles desapareceram da mesma forma que apareceram. Ela ia conversar com Isabel sobre essas coisas de espírito; seria o cansaço físico? Salu rira do seu casamento, de sua infelicidade, a ameaçara e lhe dissera que ela tinha culpa na morte da sinhá, ela e o coronel.

No outro dia, a sinhá-menina pegou as joias de Suzanne e as despejou na frente de Dayse e do pai, comentando:

– Não quero restos daquela mulher! Ela só trouxe coisa ruim para nós. E, se eu fosse você, Dayse, também não usaria nada. Venda tudo e, depois, compre brincos e anéis para mim e para você.

– Sabe que eu também penso assim? – respondeu Dayse. – Isso pode nos dar azar!

Suzanne, de mãos dadas com Salu, bem próxima do coronel, disse:

– Você tem toda a razão... A sua vinda à minha casa, tomando posse do que me pertence, vai lhe trazer muito azar mesmo!

***

Isabel veio chamar Gorette. Ela não sabia o que estava acontecendo com o filho da sinhá; ele estava febril e ela já tinha dado banho, remédios da senzala, mas não tinha resolvido; a febre estava aumentando.

Gorette comunicou a Dayse que o filho da sinhá estava muito mal e que as mulheres não sabiam mais o que fazer, e que ela, pelo amor de Deus, falasse com o senhor; era preciso buscar um médico para cuidar do bebê.

Dayse, calmamente, respondeu:

– Que aflição é essa? Se fosse o seu filho, dava para entender! O seu filho está ótimo, vai ver que o filho da sinhá está querendo ir ao encontro da mãe! Dá para entender. Os filhos querem sempre ficar com as suas mães e se, de repente, isso acontecer, não vai ser nada mau para mim; quanto a você, acho que não vai ser tão bom! Vá lá e resolva essa questão; é um assunto para você resolver.

Gorette saiu correndo ao encontro do seu filho; era o seu filho! Lembrava-se do sonho que tivera com Salu dizendo que ela e o seu filho iriam sofrer muito.

O coronel, que conversava com Sula sobre as crianças, viu quando Isabel e Gorette saíram correndo. Percebeu que se tratava de alguma coisa referente às crianças. Aproximando-se da esposa, perguntou:

– O que aconteceu com aquelas duas?

– Isabel veio chamar Gorette; parece que o filho da sinhá está com muita febre. Antes de mandar buscar um médico, vamos até lá verificar.

Gorette estava com o bebê nos braços; ele ardia de febre. Assim que o coronel entrou nos aposentos, ela pediu, chorando:

– Meu senhor, por favor, mande buscar um médico, é o seu filho que está morrendo!

O coronel estranhou a atitude da governanta; ela estava mesmo desesperada, parecia ser a mãe da criança. Nunca imaginou que ela fosse tão apegada ao bebê.

As negras velhas estavam lá ajudando e disseram ao coronel que não sabiam o que estava acontecendo com o bebê. Fora de repente e os remédios não estavam dando resultados.

– Vá lá, Gorette! Entregue o filho da sinhá para Isabel e mande um feitor ir às pressas buscar o médico para olhar esse menino – falou o senhor.

Dayse olhou os dois meninos e comentou:

– Eles parecem gêmeos, são idênticos! Você não tem medo de trocá-los entre si? – perguntou a sinhá para Isabel.

– Não, senhora, eles nunca vão ser trocados. Eu conheço o da governanta: ele tem uma pinta preta na ponta da orelha.

– Ah, que engraçado! Quem é o mais chorão dos dois?

– O bebê da sinhá é o mais chorão; ele é inquieto. O da dona Gorette é calmo, praticamente dorme dia e noite, é muito tranquilo.

– Graças a Deus que você cuida desse rebento. Deus me livre carregar esse peso para a minha vida. E, para falar a verdade, eu não gosto de crianças recém-nascidas, que precisam de alguém para fazer tudo o tempo todo, trocar, limpar, amamentar. Se um dia eu tiver um filho, venho buscá-la para ser ama de leite dele. Acho que você cuida muito bem de criança. Você, lógico, deve estar amamentando porque teve um filho, que está sendo cuidado na senzala. Teve menino ou menina?

– Eu dei ao senhor um lindo menino! Tenho a minha mãe e a minha avó que cuidam das crianças da senzala. O meu filho está sendo cuidado por elas também.

Madame Íris entrou no quarto onde estavam as crianças e comentou:

– Olha só que interessante; o filho da Gorette é muito parecido com o filho da falecida! – Disse isso olhando o bebê que estava nos braços de Isabel.

– Esse aqui é o filho de dona Gorette. – E, apontando para o bebê nos braços de Gorette, disse: – O filho da sinhá é aquele ali.

Madame Íris ficou observando os dois bebês, e eles eram parecidos, naturalmente, porque o pai deles era o mesmo. Mas aquela pintinha preta na ponta da orelha quem tinha era a sinhá. Ela comentara várias vezes sobre a pintinha preta, quando estava tirando as suas medidas. Resolveu ficar calada, mas iria investigar; das duas uma: ou realmente houve um engano e trocaram as crianças, ou Gorette estava dando um golpe, colocando o filho dela no lugar do filho da outra sinhá para que ele crescesse sendo o filho do senhor.

De mãos dadas com Dayse, o senhor falou:

– Gorette, você já mandou buscar o médico. Agora é só esperar por ele; enquanto isso, vocês vão cuidando dele e vejam o que podem fazer.

Madame Íris respondeu:

– Eu vou ficar mais um pouco com as crianças. Se puder

fazer alguma coisa, terei prazer em servir o filho do senhor. – Aproximando-se de Gorette, ela disse: – Eu não sabia que você era tão apegada ao filho do senhor, a ponto de deixar seu bebê o tempo todo com a Isabel.

– O meu filho está bem, graças a Deus! Precisamos cuidar do filho do senhor, que já perdeu a mãe de uma forma tão cruel.

– E o seu filho também perdeu o pai de uma forma tão estranha! Que destino o desses meninos. Um perde a mãe, o outro perde o pai – disse madame Íris, olhando para Gorette. Depois acrescentou: – E como você está conciliando o seu trabalho, o seu casamento e dois filhos, porque vejo que você adotou essa criança como sendo sua?

– Meu marido trabalha dia e noite, ele não vive fora da casa de administração; a gente se encontra uma vez ou outra. Vivemos mais como namorados do que como marido e mulher.

– Entendo... Tem o seu lado bom; ficando longe um do outro, quando se encontram, a paixão é maior, especialmente quando ainda é recém-casada, como é o seu caso. – Madame Íris falava com ironia.

O bebê adormeceu e a febre baixou; as mulheres ficaram aliviadas. Gorette estava tensa, tinha vontade de expulsar madame Íris, que estava ali rondando e fazendo mil perguntas. O que será que queria saber, ou o que será que ela sabia? Colocando o bebê sobre a cama e recomendando a Isabel que a chamasse em caso de qualquer alteração, convidou madame Íris para acompanhá-la.

Dois seres desencarnados seguiam as mulheres. Suzanne virou-se para Salu e pediu:

– Você vai me ajudar, não vai? Em primeiro lugar, vamos acabar com essa governanta e o feitor, e depois com um por um, até levarmos todos.

– Vamos atraí-los para o celeiro. Bloquearemos a passagem e intuiremos o feitor a acender um cigarro. Aí sopramos o fogo e provocamos o incêndio. Eles devem se juntar a nós ainda hoje.

***

Um feitor vinha ao encontro da governanta e pediu a ela que localizasse o feitor Joel. Tinha alguma coisa errada no celeiro, e ele não queria entrar lá sem o feitor responsável. Eles tinham ouvido um barulho dentro do celeiro e muitas coisas caindo dava a impressão de que tinha alguém lá dentro.

Logo o feitor chegou e mandou cercar a área. Apenas ele e Gorette entraram, e ele estava armado. Fecharam a porta por dentro e começaram a examinar os corredores. No último corredor, uma pilha de latões com sementes tinha desabado, e Joel percebeu que a madeira que dava sustento se desgastara e se partira. Relaxando, ele sorriu e comentou com Gorette:

– A gente anda tão assustado com essas histórias de espíritos andando pela fazenda, que tudo causa medo, até em nós que não acreditamos.

Ele puxou um cigarro e tirou fogo da pedra que levava consigo. Era assim que acendia o seu cigarro. Uma faísca voou longe, e as chamas subiram em segundos. Desesperados, eles tentavam se desvencilhar das chamas, mas a fumaça não deixava ver onde estava a saída. As labaredas foram vistas pelos criados e feitores; eles correram desesperados, gritando: fogo, fogo! Tentaram abrir a porta do celeiro, mas estava trancada por dentro. O feitor gritava:

– Joel e a governanta estão lá dentro!

Arrobaram a porta e jogavam água, terra, batiam galhos de árvores, e, assim que encontraram os dois, eles já estavam mortos; não puderam fazer mais nada.

Dois espíritos, às escondidas, conversavam entre si:

– Vamos aguardar a liberação dos corpos; eles vão nos acompanhar. É justo que fiquem conosco; não podemos sair daqui se eles também não saírem. Vamos olhar a cara do coronel? Quero ver como ele vai receber a notícia de ter perdido seus dois comparsas de confiança. Além do mais, vai doer dentro dele o prejuízo! Quero acabar com esta fazenda. Que fiquem apenas as terras.

– Está se esquecendo que tem um filho? E que também tem outras pessoas inocentes que não merecem pagar pelos crimes deles?

– Não, não esqueci! Eu sei que tenho um filho com o qual nunca sonhei, e só lamento mesmo por Isabel e por outras pessoas que, como nós, também são inocentes.

***

O coronel dava socos na mesa. "Como foi acontecer uma desgraça dessas na fazenda?" Ficar sem Joel e sem Gorette, seus dois empregados de confiança, os dois trabalhadores que mais lhes davam lucros! E as reformas que já tinham sido contratadas? E o material que já tinha sido comprado? Quem iria tocar aquela fazenda como fazia o feitor Joel?

Entre os escravos se falava com temor:

– Esta fazenda está mal-assombrada. Depois que a sinhá morreu, foi o Salu, e agora os dois cabeças maiores da fazenda.

O administrador não pareceu tão abalado. Lamentou profundamente a sua sina, dizendo que, tal como o senhor, estava viúvo pela segunda vez.

O acidente com a morte dos empregados do senhor trouxe muitos amigos até a fazenda. Após o velório, que foi feito no terreiro aberto, os três negros que levaram o corpo da sinhá foram chamados. Que eles escolhessem mais três negros de braços fortes, pois teriam de levar os restos do que sobrara dos corpos do feitor e da governanta, e precisavam abrir duas covas. Um feitor foi designado para acompanhá-los na travessia do rio.

O coronel, por sua vez, estava aborrecido com a perda e o prejuízo. Tomando seu conhaque preferido, pensava: "Essa sinhá só me trouxe desgraças! Olha só quantos acontecimentos depois da morte dela..."

***

Madame Íris cuidava dos filhos do coronel e de sua própria filha, que ficou amedrontada e disse que não queria ver nem participar de nada! Ela queria ir embora daquele lugar o mais rápido possível.

O marido lhe disse que não tinha condições de partir, prometendo que seguiriam viagem no outro dia cedo.

O médico veio e avaliou o bebê, dizendo que estava tudo bem. Receitou um remédio que ele mesmo preparava; era uma pequena inflamação de garganta que, com mais dois ou três dias estaria curada.

Isabel, agarrada com os dois meninos, chorava muito. Estava inconsolável! "Como é que pode os dois terem um destino tão ingrato?" Haviam perdido a mãe; o que será que o coronel vai fazer com eles? Naturalmente que não iria apenas deixá-los com ela, que era apenas uma ama de leite.

Os corpos foram levados, removeram tudo e fizeram a limpeza de tal forma que nem parecia ter acontecido uma tragédia daquelas.

O coronel, sentado em sua cadeira de balanço, conversava com madame Íris.

– Não sei ainda o que vou fazer com os dois meninos que ficaram sem a mãe. Tinha destinado Gorette para cuidar dos dois, mas, diante dessa situação, não sei que providência tomar.

– Coronel, eu não sei se o que vou falar vai servir para alguma coisa, mas tenho de falar assim mesmo. Acho que seria conveniente o senhor entrar em contato com a família da falecida sinhá e oferecer os dois meninos a eles. Uma vez que não tiveram filhos homens, criariam os dois com todas as glórias e os tornariam herdeiros, elevando seu nome às alturas.

– Madame Íris, como é que vou entregar os dois meninos? O neto deles é apenas o Moisés, o outro é filho da governanta morta.

– O senhor pode dizer que ela teve dois filhos gêmeos e que talvez tenha sido até esse o motivo de sua morte. Eles não virão até aqui para averiguar a verdade. Se o senhor desejar fazer isso, estou disposta a acompanhar as crianças e a ama de leite deles, que deve seguir e ficar com os dois pelo resto da vida, guardando esse segredo e levando-o consigo para o túmulo. Assim o senhor ficará livre de aborrecimentos e não vai prejudicar o seu casamento com a minha filha, que já está choramingando pelos cantos, achando que o senhor vai trazer estas crianças para a casa dela. A governanta não tem parentes no Brasil e nem sabemos nada da vida dela lá fora. Portanto, o filho lhe pertence por lei. Faça o que se diz por aí: mate dois coelhos com uma paulada só!

– É uma saída. Tenho de enviar uma carta, às pressas, e esperar a resposta. Aí a senhora também vai matar dois coelhos com uma paulada só: vai fechar nossos contratos de importação para o fumo e com os compradores da "cor morena", a perfumada canela brasileira.

Os dois acertaram detalhes e, assim que terminaram a conversa, mandaram chamar Isabel, que se apresentou de imediato, com o coração na mão.

O coronel, olhando-a de cima a baixo e até notando que ela estava mais bonita, perguntou-lhe:

– Como estão os meninos?

– Eles estão bem, senhor. Eu os deixei com Otacília. Ela cuida das roupinhas deles. Moisés não teve mais febre, está normal.

– Preste bem atenção no que eu vou lhe falar: seu filho está sendo bem cuidado, não é mesmo?

– Sim, senhor, ele é bem cuidado. Não tenho nenhuma reclamação da senzala.

– Muito bem. Decidi que, por enquanto, você vai continuar sendo a ama de leite dos dois meninos. Vou pedir ao administrador e aos feitores que acompanhem diariamente o seu comportamento dentro desta casa. O seu trabalho é cuidar deles, e muito bem! Até que eu resolva o que vou fazer com essas crianças, madame Íris virá uma vez por semana verificar como estão as coisas. E, caso eu decida transferir esses meninos, você só poderá acompanhá-los ao novo destino caso tenha feito por merecer. Se falhar com eles, no mesmo dia eles serão retirados da fazenda, e o seu também, que terá como destino outra fazenda bem desconhecida daqui. Quanto a você, vai trabalhar no campo. Entendeu bem tudo o que estou lhe dizendo? Quer ter o seu filho bem alimentado, bem tratado pela avó? Então me obedeça!

Isabel se ajoelhou e respondeu chorando:

– Eu coloco a minha vida em suas mãos, senhor. Não tire essas crianças de mim! Farei tudo o que o senhor mandar fazer, só me deixe ficar com eles.

Madame Íris piscou para ele, e o coronel entendeu que a escrava não iria lhe causar problemas; ela dava a vida pelos meninos.

– Pode se retirar e cuidar das crianças. Eles devem continuar com você e, se forem embora daqui, você seguirá junto com eles.

***

Após enterrarem os corpos carbonizados, os escravos se ajoelharam e fizeram o sinal da cruz. Recolhendo as ferramentas para retornar à fazenda, um deles, olhando para a cova da sinhá, foi até lá, ajoelhou-se e fez uma prece, pedindo perdão a Deus por ter participado de um ato de loucura do feitor Salu. Alguém o observava, e era Salu, que lhe respondia mentalmente: "Você não teve culpa, camarada! O responsável por tudo fui eu mesmo! E faria tudo novamente; como poderia viver naquela fazenda sem a minha própria vida?" Quando o rapaz se levantou e ergueu os olhos, estremeceu de susto. Lá estavam Salu e a sinhá de mãos dadas. Amarrados, como se estivessem algemados, a governanta e o feitor Joel, irreconhecíveis, também estavam com eles.

O feitor gritou com o negro:

– Vem ou quer ficar enterrado também? Preciso chegar em casa vivo, ainda bem que a noite é de Lua cheia, senão teríamos de esperar aqui, correndo o risco de sermos engolidos por uma sucuri ou devorados por uma onça. Sabe o que eu acho? Que o Salu foi engolido por uma sucuri que estava no curral; quantas vezes já desapareceram bezerros? Precisamos tomar muito cuidado e não ficar andando à noite nos lugares em que as onças e sucuris procuram por comida.

***

Após o jantar, o coronel prometeu à esposa e aos filhos que eles partiriam no outro dia após o café; que procurassem dormir, e Sula podia pernoitar com eles – o que deu segurança aos dois, que estavam amedrontados. Dayse agarrou-se ao marido, pedindo que ele não demorasse. Madame Íris prometeu ao coronel que ficaria nos aposentos da Dayse até o seu retorno.

Após todas as providências que deveria deixar com o administrador, também elegendo um novo líder para cuidar dos feitores e fazer o intercâmbio com ele, o coronel ficou sabendo que os homens que foram sepultar os dois empregados já haviam retornado para a fazenda, e que tudo correra bem.

Ele acendeu um charuto e retornava no sentido da casa-grande, quando um vulto correu atrás de uma moita. Ele correu para pegar o negro infrator, mas não havia ninguém. Deu sinal ao feitor, que veio ao seu encontro e lhe disse ter visto alguém correndo naquela direção. O feitor saiu apressado e preocupado; com tantas coisas ruins acontecendo, só faltava mais esta – pegar um negro aprontando ali próximo aos jardins da casa-grande era morte na certa.

Ele entrou batendo as suas botas e madame Íris avisou a filha:

– Seu marido está vindo, eu vou me retirar.

Ela saiu levando a sua lamparina. Quando chegou ao corredor, pareceu que alguém assoprou a lamparina, apagando-a. Ela ficou arrepiada e gritou pela criada, que veio correndo com outra lamparina. Esta disse ter uma janela aberta, e a corrente de ar, com certeza, apagara a lamparina.

O coronel, por sua vez, não conseguia dormir. Ficou de olhos abertos, olhando a esposa dormir tranquilamente, e analisava o plano de madame Íris. Ele sabia que o sogro era dono da maior usina de açúcar da região. Fora embora, vendera muitas fazendas, mas a usina ficou sendo administrada. Ele queria aquela usina, e o preço eram os dois meninos!

Já era muito tarde quando ele conciliou o sono. Logo se via andando no jardim da casa-grande. Salu estava exatamente naquele local pelo qual ele passara e imaginara ter visto um vulto. Ele foi para cima do jovem, que começou a gargalhar, dizendo:

– Quer mesmo medir forças comigo? Eu estava aqui porque queria lhe apresentar os meus novos amigos de jornada. – Lá estavam, caídos e arquejando, Gorette e Joel, que lhe estendiam as mãos pedindo socorro. Salu então disse: – Agora olhe quem está comigo! Nós nos amamos e estamos juntos, e ficaremos juntos para sempre!

– Não vamos deixar esta fazenda – gritou Suzanne. – Ela me pertence, foi o meu preço para me casar com alguém tão ordinário quanto você! A única coisa boa desse casamento foi encontrar o amor de minha vida; sempre nos amamos. Mesmo sabendo do risco que corríamos, ficamos juntos muitas vezes.

– Seus vagabundos! Vocês estão mortos! Vieram do inferno para me atormentar! Sumam daqui – gritou o coronel, dando um muro na cabeceira da cama e acordando a esposa, que, assustada, não entendia o que estava acontecendo.

– Tive um pesadelo horrível! Nem vou mais dormir! Tomara que já amanheça o dia! Quero retornar para nossa casa. Durma que ficarei acordado olhando para você – disse o coronel para a esposa.

– O que você sonhou?

– Deixe para lá! Não vale a pena nem lembrar.

– Sonhou com outras mulheres?

– Não, sonhei com mortos! Sonhei com Joel, Gorette, Suzanne e Salu.

– O que você acha de minha mãe trazer um padre aqui e mandar rezar uma missa para estes mortos? Hoje eu fiquei sabendo que os feitores comentam por aí que eles acreditam que o Salu foi engolido por uma sucuri, que ela devia estar no curral e, após tê-lo engolido, ela desapareceu rio adentro, por isso nunca se achou nada dele.

– Eu, pessoalmente, não sou de acreditar em padres; eles pedem fortunas para construir conventos e o diabo a quatro, e para que eu quero isso? Mas, de repente, até para acalmar os negros que andam amedrontados, pode ser uma ótima ideia. Amanhã vou falar com sua mãe.

Uma semana depois, todos os feitores e negros da fazenda estavam reunidos em frente à casa-grande, onde foi improvisado um altar. O padre jogava água-benta em todas as direções e entregou algumas garrafas aos feitores para cruzarem a fazenda. Os quatro espíritos também assistiam a distância, e Salu falou:

– Grite, Gorette. Quem sabe o padre vem te salvar! Grite, Joel, peça para o soltarem! Até parece que essas rezas vão fazer a gente virar anjo e subir aos céus! Primeiro porque nós não queremos ir para o céu! – gritou Suzanne. – Vamos trazer todos eles para o nosso lado, depois todos nós vamos para o inferno.

O padre começou a recomendar os mortos Suzanne, Salu, Gorette e Joel. Suzanne pediu para Salu:

– Cuide desses dois aí, e eu vou até ali fazer esse padre calar a boca! – Ela apertou o pescoço do padre, que começou a tossir, se sentindo sufocado. O sacristão lhe ofereceu um copo de água, e ele se desculpou dizendo que foi a poeira da estrada que o estava incomodando.

Suzanne, rindo, disse:

– Se insistir em falar o meu nome, eu vou lhe trazer para o

nosso lado também. – Ela soprou na nuca do padre, que teve um tipo de vertigem, falando que ia encerrar a missa, pois não se sentia muito bem. Mas daria a hóstia a todos, e assim o fez. Almoçou, recebeu o seu pagamento e saiu reclamando da poeira da estrada.

***

O tempo ia passando e as crianças sendo bem tratadas por Isabel, que a cada dia se apegava mais e mais a elas. A esposa do feitor Joel carregava nos braços uma menina linda, fruto do seu relacionamento com Joel. Ela estava ajudando na manutenção da casa-grande e, muitas vezes, comentou com as mães velhas que viu Joel envolvido com outros seres escuros; parecia se arrastar e sofria muito.

As mães velhas disseram-lhe que a única coisa que poderiam fazer era rezar por eles e confiar em Deus.

– Todo sofrimento, lá adiante, é uma bênção; se eles sofrem, nós também estamos sofrendo com eles, então vamos orar e esperar a hora certa, na qual todos serão libertados.

Os moradores da fazenda continuavam vendo vultos correndo e se escondendo, especialmente nas imediações da casa-grande. O coronel evitava ir àquela fazenda; o administrador lhe passava todos os acontecimentos por intermédio dos seus feitores de confiança, que diariamente levavam até o coronel os bons resultados. Toda a fazenda foi reestruturada, com novos escravos e sob a coordenação de madame Íris, que tinha muito talento e sabia que tudo o que estava ali pertencia a sua filha. Ela vinha, de vez em quando, conferir se tudo estava de acordo com as suas ordens; naturalmente colocou pessoas de sua confiança, algumas escravas que havia trazido de outra fazenda e que gozavam de algumas regalias.

Isabel dedicava a sua vida às duas crianças, e comentava com as outras mulheres que tinha certeza da presença de sua sinhá perto dela. Era algo muito estranho, porque ela sentia medo – parecia que a sinhá não estava sozinha nem envolta em luz, por isso não podia ter paz.

Uma manhã bem cedo, o coronel chegou acompanhado de madame Íris e mandou chamar Isabel. Ela sentiu um aperto no coração; teve um pressentimento de que alguma coisa ruim estava por acontecer. Fechou os olhos e pediu: "Minha sinhá, pelo amor que lhe dediquei nesta vida e dedico hoje ao seu filho, me ajude! Não posso ir nem ficar aqui sem estas crianças, a quem aprendi a amar".

Suzanne ficou parada olhando para Isabel. Duas lágrimas desceram dos seus olhos espirituais. Isabel fora a única pessoa que, de fato, a ajudara, lhe dedicara amor e fidelidade; ela jamais teria coragem de prejudicar Isabel em nada. Mas, se vieram buscar o seu filho, que o levassem embora! Mas antes tinha de ser esclarecida a troca dos bebês. O filho de Gorette deveria ser rejeitado, criado no barracão da senzala ou ser entregue a algum feitor para criá-lo como filho. E ela iria ajudar, assim também veria Gorette sofrer um pouco mais. Assim como se divertiu em ver o sofrimento do feitor Joel, quando ele ouviu da boca de Dália que o único homem a quem amou foi Salu; que a única coisa boa que Joel lhe deixou foi sua filha, e que ela se sentia em paz sozinha. Pedia perdão a Deus, mas foi a melhor coisa de sua vida a morte dele.

Suzanne arrastou Gorette, dizendo:

– Agora é a sua vez de pagar pelo que fez com o meu filho. Não tenho amor por ele, mas foi ele que eu pari quando você ajudou a me matar. Agora vamos ouvir o que madame Íris vai confessar ao coronel?

Gorette se agarrou aos seus pés e, chorando, implorou:

– Faço tudo o que você quiser! Serei sua escrava por toda a eternidade, mas, por favor, não faça nada com o meu filho! Deixe-o com o seu filho; os dois serão bem tratados por seus pais. Prometo que a ajudarei em tudo o que me mandar fazer, qualquer coisa!

Suzanne, olhando-a, respondeu:

– Pelo menos isso eu admiro em você: ama o seu filho, não é?

– Sim, minha sinhá. Eu o amo, e nunca iria maltratar o seu. Já me apegava a ele como se fosse meu de verdade.

– Comovente, minha cara! Todos nós aqui estamos sofrendo por causa de um amor impossível. Se eu tivesse realizado o meu sonho de amor com Salu, nenhum de nós estaria aqui. O feitor Joel ajudou a acabar com a minha vida porque se vendeu por um amor que nunca teve! Salu não encontrou motivos e não teve coragem de viver sem mim, e você traiu a mim e ao Salu por causa de um amor que também nunca lhe pertenceu. Você nunca amou ninguém, simplesmente acompanhou o coronel, sem ter noção do que poderia lhe acontecer. Então teve um filho, e descobriu o que era o amor. Soframos juntos; todos perdemos a chance de viver um grande sonho de amor.

Isabel, diante do senhor e sendo observada por madame Íris, trêmula, falou:

– Meu senhor quer falar comigo?

– Você deve arrumar os pertences das crianças e, daqui a dois dias, estarão partindo para longe. Acredito que nem eles nem você voltarão mais aqui. E, por isso, levando em consideração o que você faz por eles, estou concedendo que o seu filho vá com você. Naturalmente que serão emprestados; você e seu filho servirão na casa dos avós do meu filho e este outro aí, o filho da governanta, pode ser criado junto com o meu filho, porém sendo conscientizado de que vai crescer ao lado dele para servi-lo como criado.

Isabel tremia, tentando segurar as lágrimas, mas não conseguia. Ela teria o seu filho junto dela. Ia sentir falta de todos, de sua mãe, de seus parentes, mas seria o fim de sua vida saber que nunca mais iria poder abraçar o próprio filho.

Madame Íris pediu licença ao coronel, que estranhou, mas ficou esperando o que ela tinha a dizer:

– Preciso esclarecer uma dúvida que não podemos deixar de lado. Isabel, tente lembrar e fale a verdade, porque disso depende o seu futuro. Assim que a governanta teve o filho dela, ela pediu para você trazer o filho da sinhá para perto dela e a mandou fazer alguma coisa fora dos aposentos?

Isabel lembrou-se da noite em que a governanta tivera o bebê. Disse que estava comovida pelo filho da sinhá e a mandou ir à senzala. Na volta, ela achara estranho o bebê da sinhá não pegar o peito tão bem quanto o bebê que acabara de nascer. E também estranhou que o umbigo do filho de Gorette caiu primeiro... Ela contou para madame Íris e o coronel que, naquela noite, Gorette a mandara ir buscar um remédio; o feitor poderia confirmar isso.

O coronel sentou-se e comentou:

– No outro dia cedo, Gorette veio falar comigo e contou que mandou Isabel ir à senzala. Mas qual é o problema? Fale de uma vez, madame Íris. Não gosto de suspense – disse o coronel.

– Vá buscar os dois garotos para que possamos dar uma olhada! O filho da governanta não pode ter aquele sinal idêntico ao sinal que Suzanne tinha na orelha esquerda!

O coronel lembrou-se que, de fato, ela tinha uma pinta preta na orelha que parecia até um brinco. Uma vez chegara a brincar com ela, dizendo que ela nascera com uma pérola negra na orelha. Ela havia ignorado o elogio.

Madame Íris mostrou ao coronel os dois meninos, dizendo:

– Preste bem atenção e me diga qual dos dois é o filho da sinhá.

– Sem dúvida nenhuma é este – respondeu ele.

Isabel sentiu uma tontura e foi amparada por Otacília, que estava com o filho da governanta nos braços.

– Vamos fazer a troca de posição. Moisés continua sendo Moisés, e Artur sendo Artur, apenas serão trocados de lugar e posição. E você, Isabel, nunca prestou atenção nesse detalhe, ou você sabia e ficou calada?

– Jamais prestei atenção, senhora. Perdoe-me; nunca desconfiaria da senhora Gorette; ela parecia amar tanto os dois meninos!

Suzanne gargalhava vendo o sofrimento de Gorette.

– Então seu filho ia humilhar o meu, mandaria no meu, seria o seu senhor. E agora? Quem é que manda em quem? O seu filho vai se tornar um escravo de luxo, apenas isso! O meu filho será o senhor de tudo o que pertence aos meus pais, e não é pouca coisa.

***

Isabel partiu entre lágrimas e certezas de que jamais voltaria a rever seus entes queridos, que deixaria no Brasil. Não tinha a menor ideia do que seria a sua vida e a vida daquelas crianças longe dali. Seu único consolo é que o seu filho estava indo com ela. Além dela e do filho, mais três negros estavam sendo presenteados aos avós de Moisés: duas moças e um rapaz.

Na saída, Suzanne, por um momento, olhou para o filho e teve vontade de tocá-lo, mas recuou.

Gorette gritava e pedia misericórdia; queria tocar no filho. Suzanne e Salu a seguraram, e Salu comentou:

– Acostume-se a viver sua nova vida! Tente escapar se puder.

Ainda não percebeu que, mesmo que um de nós resolvesse libertar o outro, não poderia fazer isso? Estamos presos uns aos outros. O nosso destino é andar dia e noite se arrastando entre os encarnados e apenas os assustando, e eles já estão se acostumando com os nossos fantasmas. Estou cansado! Se pudesse, tiraria Suzanne daqui e iríamos embora, mas, infelizmente, não posso. Estamos presos por um elo de amor; um amor ao qual não soubemos dar valor. Somos todos culpados, pois nós escolhemos a vida que estamos vivendo.

Gorette gritou:

– Eu não escolhi morrer queimada! Alguém fechou aquela porta, alguém bloqueou o caminho, e foram vocês.

Suzanne, apertando forte o braço de Gorette, que sentia a dor como se estivesse encarnada, berrou para a outra:

– Ah! Você é inocente? Quem me empurrou para a morte? Quem arquitetou planos diabólicos usando o meu filho?

Joel, então, gritou:

– Parem vocês duas de gritar como duas loucas! Temos de pensar no jeito de nos desvencilhar um do outro. Eu não importo de continuar sendo um fantasma, mas quero me livrar de vocês. Estou morto e arrasado. Depois do que ouvi da boca da mulher por quem eu dava a minha vida, só me resta pensar no que vou fazer com ela.

– Você não dava a sua vida por ela; você *deu* sua vida por ela! Vendeu a alma ao coronel! Você não quis saber se ela o amava ou não; ela não teve culpa de sua desgraça. Portanto, não conte com minha ajuda para tocar em um fio de cabelo da Dália – retrucou Salu.

Maliciosamente, Gorette, olhando para Suzanne, disse-lhe:

– Se fosse eu em seu lugar, iria me perguntar se o Salu não é apaixonado por ela.

– Sua serpente venenosa – respondeu Suzanne. – Salu se casou com você porque foi obrigado, e não se casou com Dália porque nunca quis. Comigo a história é diferente; é amor! Você gostaria de ter sido amada por ele, mas nunca foi! O que ele sentiu por você foi a mesma coisa que o coronel sentiu por você: nada!

***

O tempo passava, e os quatro fantasmas brigavam, discutiam, sofriam, mas não conseguiam se desvencilhar um do outro. Algo como uma corrente invisível os prendia. Joel propôs a Salu se não era conveniente buscar uma ajuda nos trabalhos que os mais velhos faziam lá nos fundos da senzala. Eles recebiam espíritos, e os espíritos podiam libertá-los.

– Como você é tolo, Joel – respondeu Salu. – Tente chegar perto daquele local quando eles estão recebendo os espíritos para ver o que vai nos acontecer.

– Você já tentou? E o que acontece? – perguntou Joel.

– Há uma cerca invisível aos nossos olhos, mas visível aos olhos deles, que causa um choque terrível, que joga para longe os invasores.

– Nós também somos espíritos! Podemos enxergar essa tal cerca, e eles vão nos enxergar e permitir a nossa entrada. Só vamos lá pedir ajuda.

– Nós não enxergamos essa luz, não irradiamos nenhuma luz, porque estamos ligados ao mundo físico. Certamente por aqui há centenas de outros espíritos; você está enxergando algum além de nós? Só enxergamos os encarnados, pois estamos ligados aos males da matéria.

– Como você sabe de tudo isso? – quis saber Joel.

Eu acompanhei muitos trabalhos nos fundos da senzala e ouvi muitos ensinamentos sobre isso. Naquela ocasião, eu não dei importância nem acreditei, mas agora, que estou vivendo o que me ensinaram, acredito e tenho certeza de que viver não é uma brincadeira; nós é que brincamos com a vida.

– Então vamos passar o resto de nossa vida assim, ligados um ao outro?

– Não! Com certeza, não! Pelo o que aprendi, e é nisso que estou começando a me apegar, quando todos nós estivermos conscientes de que não pertencemos mais a este mundo de lutas e de guerra, aí então vamos encontrar o verdadeiro caminho que nos levará de volta para casa.

***

Os dias iam passando, e o cansaço começava a tomar conta dos quatro fantasmas, que já faziam parte da história da fazenda. O coronel pouco aparecia na fazenda, e eles tentaram, várias vezes, atrair o coronel para perto deles, mas não conseguiam. O coronel tinha algo estranho que não sabiam identificar; não era nada bom, não era luz, mas que ele tinha uma grande defesa, isso ele tinha!

Perderam a noção do tempo. Era muita gente indo embora, muitos morreram e eles não conseguiram acompanhar os espíritos que partiram.

Numa tarde ensolarada, ouviram alguém dizer que o coronel estava chegando, e correram para esperá-lo. Quem sabe, desta vez, conseguiriam pegá-lo? Que tal espantar os cavalos no momento em que ele estivesse descendo do animal?

Ficaram assustados quando viram descer alguém de cabelos grisalhos acompanhado por uma bela senhora.

O novo administrador os recebeu, dando as boas-vindas ao coronel e à sinhá, dizendo que tudo estava bem e que era uma honra para a fazenda, depois de tantos anos, o coronel estar de volta ao Brasil e visitar suas terras.

Os quatro se entreolharam sem entender nada. Aquele era o coronel e aquela moça, sua filha? Aquele moço seria seu filho? E a sinhá Dayse, tão diferente... Onde estaria madame Íris? E Sula?

Salu então lembrou a eles que todos os mais velhos da fazenda tinham morrido e desaparecido; tudo estava mudado naquela fazenda com a chegada daquele jovem administrador.

O coronel, por sua vez, olhando ao redor, comentou:

– A fazenda está bem diferente e renovada com o seu trabalho, meu caro Artur! No próximo mês, o Moisés deve chegar com a velha ama de leite dele e seu filho, junto com o pessoal que se foi daqui. Com a morte dos avós, ele herdou uma imensa fortuna, mas decidiu voltar para esta fazenda. Acabei vendendo-a para ele. Como sabe, minha situação hoje não é das melhores, por isso aceitei o dinheiro dele. Em breve, eles estão se instalando aqui. Pensei que você não fosse se acostumar à fazenda, mas vejo que se saiu bem demais neste ano de trabalho por aqui.

– Sua mãe ficaria orgulhosa de você – acrescentou sinhá Dayse. – Ela era uma mulher muito inteligente e de competência incontestável. Ela nos ajudou muito com a reforma da nossa casa e da de muitas outras fazendas da região, todos projetos dela. Minha mãe apenas deu prosseguimento ao trabalho que ela começou. E saiba que estou muito contente em saber que você é um verdadeiro irmão para o Moisés. Os meus dois filhos ficaram em Paris com minha mãe, ela continua ativa como sempre, é uma fortaleza.

Gorette ajoelhou-se e começou a chorar; aquele era o seu filho! "Meu Deus, como está lindo, educado e tão amado entre todos!"

Virando para Suzanne, ela disse:

– O seu filho logo vai estar aqui; ele comprou a fazenda do coronel! Não está feliz com a notícia?

Suzanne abraçou-se a Salu, sem falar nada.

Naquela noite, após o jantar, os senhores ficaram na varanda da fazenda, conversando até altas horas da noite. A sinhá pediu licença e se retirou. O jovem Artur também se retirou, e o coronel desceu as escadas e foi andando em direção ao rio.

– O que será que ele vai fazer? Vamos acompanhá-lo – sugeriu Gorette.

Ele ficou parado em frente à antiga estrebaria, agora modernizada, a Lua cheia clareando tanto que dava para ver tudo naturalmente. Ele ficou olhando a casa dos barcos e se perguntando: "Que mistério levou Salu à morte?" Nunca fora esclarecido o seu desaparecimento. Alguns apostavam que fora uma sucuri, outros que fora uma onça, mas, na verdade, ninguém sabia. O coronel ficou alguns minutos ali, parado, lembrando-se.

O coronel resolveu retornar para a fazenda, afinal, sua esposa o esperava. No outro dia ele iria aproveitar para conhecer todas as reformas feitas por Artur. Então percebeu um vulto que correu para trás de uma árvore e pensou: "Tudo mudou, menos o comportamento desses negros. Devem estar roubando alguma coisa ou indo atrás de mulher". Ele resolveu olhar atrás da moita, ali não tinha ninguém, mas, de repente, sentiu uma pancada que o derrubou. Era uma enorme sucuri que lhe apertava o pescoço; não dava nem para gritar por socorro. Os feitores da noite deviam estar por ali. "Será que esses miseráveis não estão vendo?" Ele se debateu e lutou muito com a enorme cobra, perdendo os sentidos, e a sucuri lentamente foi deslizando seu corpo para dentro do corpo reluzente.

Os quatro fantasmas, como eram conhecidos, assistiam à morte do coronel, e, assim que a cobra deslizou em direção do rio, eles a seguiram, perguntando-se onde estaria o espírito dele. Um deles disse:

– Temos de acompanhar a cobra e descobrir como é que ele vai fazer para se juntar a nós.

A cobra, se sentindo pesada, ficou enroscada em um tronco próximo ao rio. No outro dia, logo cedo, a fazenda estava repleta de homens sendo orientados por Artur. Precisavam encontrar o coronel a qualquer custo. E encontraram a cobra. Esta foi morta e aberta, e lá estavam os restos mortais do homem mais poderoso daquela fazenda.

A esposa perdeu os sentidos, os vizinhos da fazenda se fizeram presentes, e os fantasmas não desgrudavam do deformado corpo do coronel. Um padre foi chamado e, assim que começaram as celebrações, o espírito do coronel saiu rastejando como a sucuri, sendo agarrado pelos quatro fantasmas.

Suzanne perguntou:

– Estava com saudade de mim, meu querido marido?

– Suzanne! Estou tendo um pesadelo novamente; onde estou? O que estão fazendo esses aí do seu lado? Joel, Gorette e Salu estão com você?

– Desta vez não é sonho ruim nem pesadelo, é a sua nova realidade! Você vai fazer parte deste elo de amor que destruiu. Olhe para mim. Você mandou me matar! Olhe para o Salu, Gorette, Joel; você destruiu todos eles.

Salu, puxando-o para perto de si, perguntou:

– E então, meu irmão, como será que vamos viver daqui para a frente? Olhe à sua volta, está vendo alguma chance de voltar para o seu corpo? Veja o que sobrou dele, e será esse o corpo ao qual vai se agarrar para viver como espírito. Vamos andando; vamos cumprir nosso destino! Éramos quatro, agora somos cinco para se arrastar por esta fazenda e assustar algumas pessoas que enxergam além da carne. – Salu riu e depois continuou: – Olha só que coincidência maravilhosa! Você vai inaugurar o novo cemitério feito pelo meu filho Artur! Não era isso que você disse a todos, que ele era o meu filho? Agora ninguém precisa mais ir de barco, tem um cemitério perto, dentro da fazenda, e você será enterrado lá. O coronel tentou sair do meio deles, mas não conseguiu e gritou:

– Deixem-me passar! Quero ir para perto de minha esposa. Ela está sofrendo muito, será que vocês não entendem?

– Entendemos, coronel, que o senhor amou de verdade essa mulher. E será ela sua maior saudade, sua maior dor, por não poder se deslocar, como fazem os espíritos de luz que visitam os seus entes queridos. Acostume-se com a dor, acostume-se com a falta, com a saudade, com a solidão. Não adianta gritar, ninguém vai ouvi-lo. Aqui você não manda mais em nada! Somos cinco fantasmas se arrastando, distanciados de tudo e de todos.

***

Tempos depois, a fazenda se enchia de alegria com a chegada de Moisés, de Isabel, do seu filho e das outras pessoas que os haviam acompanhado.

Suzanne pediu a Salu:

– Por favor, eu quero chegar perto de Isabel. Ela foi a única pessoa que nos ajudou; tivemos alguns momentos de felicidade graças a ela. Vamos, mas tome cuidado. Isabel é muito sensitiva ela pode perceber nossa presença, que não é tão boa.

Isabel sentiu o seu braço arrepiar. "Meu Deus! A minha sinhá está aqui. Se estiver aqui, minha sinhá, por favor, me escute: o seu filho é um homem de bem, foi muito bem-educado, bem tratado. Cumpri a minha promessa e cuidei desses meninos com muito amor, e nunca deixei de falar da senhora, que era linda, amorosa e bondosa, e que o amava muito."

Duas lágrimas desciam dos olhos de Suzanne. Ela tivera um filho tão lindo, que não tivera culpa de ter nascido. Tivera também Isabel, que a amparara por toda a vida. Se pudesse voltar atrás, iria lutar pelo seu filho, teria forças para renunciar até mesmo ao amor de Salu. Este, de cabeça baixa, também chorava, dizendo a si mesmo:

– Fui um covarde! Não tive forças para continuar lutando e vivendo por mim e por ela; eu a amo tanto e queria viver ao seu lado. Estamos lado a lado e separados da mesma forma; não temos um ao outro. Estou cansado, muito cansado.

Envolvidos por essa energia de luz, foram separados dos outros. Aproximando-se um do outro, se abraçaram, chorando, e Salu então disse:

– Não entendi por que apenas nós dois fomos soltos. Mesmo podendo andar sem ter de arrastá-los comigo, não posso deixá-los aqui sozinhos. O que você acha?

Suzanne, abraçada a ele, olhava para Gorette, que estava de cabeça baixa, resignada com seu sofrimento. Havia dias que ela e o Joel não reclamavam de mais nada.

– Não posso deixar a Gorette nem o Joel, tampouco o coronel. Até mesmo ele já não é o mesmo homem que eu conheci; ele chora de amor e de saudades de sua esposa. Nós sabemos que ele errou, e nós sabemos que também erramos. Agora só podemos encontrar paz se conseguirmos esquecer nossas tormentas e formar um elo de amor entre nós.

E assim decidiram os dois espíritos libertos, que já faziam contato com outros irmãos. Estes os ajudavam e, por intermédio deles, auxiliavam os outros três irmãos caídos. Estes já não andavam mais pela fazenda; viviam encolhidos em um canto.

**

Em uma noite maravilhosa, todos os escravos da fazenda estavam rindo e felizes. Alguma coisa fantástica estava acontecendo. Estavam ali os senhores Moisés, Artur e Juvêncio, o novo administrador, que dividia com Artur os afazeres das fazendas do senhor, que agora somavam três – Moisés as comprara da viúva e dos irmãos, que viviam no exterior.

Isabel, bem-vestida, estava entre eles e participava da conversa. Logo se ouviram tambores alegres que vinham da senzala até a frente da casa-grande. Um grupo de jovens tocava e cantava, sendo acompanhados por muitas palmas. Colocaram tocos e espalharam banquinhos de madeira por todo o terreiro, com uma fogueira acesa, e os senhores prestavam muita atenção. Logo um grupo de pessoas pareceu se transformar, observou o senhor Moisés. Isabel explicou o que aquilo significava: era uma incorporação do médium por um espírito. Os tambores tocavam, e os cantos falavam de amor, fé e esperança.

Em dado momento, um dos espíritos, que se identificou como negro velho Pai Antonio, pediu licença e falou para todos ouvirem:

– Hoje é um dia muito especial, é dia de festa nesta casa-grande. Estamos reunidos com vocês em nome do nosso Pai Criador, e pedimos os pensamentos e as orações de todos para trazermos até nós espíritos muito especiais para todos.

Isabel, de olhos fechados e de mãos dadas com os três rapazes, rezava pela sinhá, por Salu e Gorette, e também pelo coronel. Dália, de mãos dadas com a filha, orava e pedia perdão a Deus por não ter amado Joel, mas pedia a Deus que o perdoasse e o encaminhasse para a luz.

Salu e Suzanne, acompanhados por mentores de luz, se aproximaram daquele preto velho que estava incorporado em um médium da senzala do senhor.

– Estou aqui, meus filhos, como intermediário para recebê-los e transportá-los à morada de vocês.

Logo atrás deles, amparados por espíritos de luz, estavam Gorette, Joel e o coronel. Este se ajoelhou diante do preto velho e, soluçando, pedia perdão a Deus e a todos:

– Estou aqui disposto a pagar por todos os meus pecados, e foram muitos. Pequei muito diante do meu Pai.

O preto velho, amorosamente lhe respondeu:

– Meu filho, eu não estou aqui para julgá-lo. Se Deus me enviou para auxiliá-lo, é porque você se fez merecedor.

Após muitas orações, Isabel foi chamada pelo preto velho, que lhe disse:

– Minha filha, aqui tem amigos seus que querem lhe agradecer e pedir perdão pelo sofrimento que lhe causaram. Eu sei que você é capaz de amar, perdoar e ajudar os necessitados. Abençoe e perdoe.

Isabel, entre lágrimas, respondeu:

– Eu abençoo a minha sinhá, o Salu, a dona Gorette, o feitor Joel e o meu senhor. Graças a cada um de vocês eu sou uma pessoa feliz.

Os filhos do coronel também vieram até eles. Gorette abraçou o filho, e o seu espírito irradiou luz. Suzanne abraçou o filho e, derramando lágrimas, estava iluminada. O coronel pediu perdão aos filhos, a Isabel e aos espíritos amigos que ali o ajudavam.

Antes de terminar a sessão, os cinco fantasmas foram vistos, pela última vez, na fazenda por aquele médium vidente – quando adquiriram forma, estavam cobertos de luz.

Os que ficaram em missão jamais deixaram de comentar com os mais novos sobre aquela noite, em que a maioria das pessoas, mesmo os que não tinham vidência, mas tinham sentimentos, viram e sentiram coisas diferentes.

Em meio ao sofrimento que envolveu tantos inocentes, agora nascia no astral um forte elo entre aqueles que não souberam lidar com esta força chamada amor.

Leia os romances de Schellida!
Emoção e ensinamento em cada página!
Psicografia de **Eliana Machado Coelho**

CORAÇÕES SEM DESTINO – Amor ou ilusão? Rubens, Humberto e Lívia tiveram que descobrir a resposta por intermédio de resgates sofridos, mas felizes ao final.

O BRILHO DA VERDADE – Samara viveu meio século no Umbral passando por experiências terríveis. Esgotada, e depois de muito estudo, Samara acredita-se preparada para reencarnar.

UM DIÁRIO NO TEMPO – A ditadura militar não manchou apenas a História do Brasil. Ela interferiu no destino de corações apaixonados.

DESPERTAR PARA A VIDA – Um acidente acontece e Márcia passa a ser envolvida pelo espírito Jonas, um desafeto que inicia um processo de obsessão contra ela.

O DIREITO DE SER FELIZ – Fernando e Regina apaixonam-se. Ele, de família rica. Ela, de classe média, jovem sensível e espírita. Mas o destino começa a pregar suas peças...

SEM REGRAS PARA AMAR – Gilda é uma mulher rica, casada com o empresário Adalberto. Arrogante, prepotente e orgulhosa, sempre consegue o que quer graças ao poder de sua posição social. Mas a vida dá muitas voltas.

UM MOTIVO PARA VIVER – O drama de Raquel começa aos nove anos, quando então passou a sofrer os assédios de Ladislau, um homem sem escrúpulos, mas dissimulado e gozando de boa reputação na cidade.

O RETORNO – Uma história de amor começa em 1888, na Inglaterra. Mas é no Brasil atual que esse sentimento puro irá se concretizar para a harmonização de todos aqueles que necessitam resgatar suas dívidas.

FORÇA PARA RECOMEÇAR – Sérgio e Débora se conhecem e nasce um grande amor entre eles. Mas encarnados e obsessores desaprovam essa união.

LIÇÕES QUE A VIDA OFERECE – Rafael é um jovem engenheiro e possui dois irmãos: Caio e Jorge. Filhos do milionário Paulo, dono de uma grande construtora, e de dona Augusta, os três sofrem de um mesmo mal: a indiferença e o descaso dos pais, apesar da riqueza e da vida abastada.

PONTE DAS LEMBRANÇAS – Ricos, felizes e desfrutando de alta posição social, duas grandes amigas, Belinda e Maria Cândida, reencontram-se e revigoram a amizade que parecia perdida no tempo.

MAIS FORTE DO QUE NUNCA – A vida ensina uma família a ser mais tolerante com a diversidade.

MOVIDA PELA AMBIÇÃO – Vitória deixou para trás um grande amor e foi em busca da fortuna. O que realmente importa na vida? O que é a verdadeira felicidade?

MINHA IMAGEM – Diogo e Felipe são irmãos gêmeos. Iguais em tudo. Até na disputa pelo amor de Vanessa. Quem vai vencer essa batalha de fortes sentimentos?

NÃO ESTAMOS ABANDONADOS – João Pedro quis viver uma vida sem limites. E conheceu a morte ainda na juventude...

Obras da médium Maria Nazareth Dória

A SAGA DE UMA SINHÁ
(espírito Luís Fernando -
Pai Miguel de Angola)
Sinhá Margareth tem um filho
proibido com o negro Antônio. A
criança escapa da morte ao nascer.
Começa a saga de uma mãe em
busca de seu menino.

*Mais luz em
sua vida!*

LIÇÕES DA SENZALA
(espírito Luís Fernando - Pai Miguel
de Angola)
O negro Miguel viveu a dura
experiência do trabalho escravo.
O sangue derramado em terras
brasileiras virou luz.

MINHA VIDA EM TUAS MÃOS
(espírito Luiz Fernando - Pai Miguel
de Angola)
O negro velho Tibúrcio guardou
um segredo por toda a vida. Agora, antes de sua morte, tudo seria
esclarecido, para a comoção geral
de uma família inteira.

AMOR E AMBIÇÃO
(espírito Helena)
Loretta era uma jovem da corte de
um grande reino europeu entre os
séculos XVII e XVIII. Determinada
e romântica, desde a adolescência
guardava uma paixão por seu
primo Raul.

A ESPIRITUALIDADE
E OS BEBÊS
(espírito Irmã Maria)
Livro que acaricia o coração de
todos os bebês, papais e mamães,
sejam eles de primeira viagem
ou não.

SOB O OLHAR DE DEUS
(espírito Helena)
Gilberto é um maestro de renome
internacional. Casado com Maria
Luiza, é pai de Angélica e Hortência.
Contudo, um segredo vem
modificar a vida de todos.

HERDEIRO DO CÁLICE
SAGRADO
(espírito Helena)
Carlos seguiu a vida religiosa e
guardou consigo a força espiritual
do Cálice Sagrado. Quem seria o
herdeiro daquela peça especial?

UM NOVO DESPERTAR
(espírito Helena)
Simone é uma moça simples de
uma pequena cidade. Lutadora in-
cansável, ela trabalha em uma casa
de família para sustentar a mãe
e os irmãos, e sempre manteve
acesa a esperança de conseguir um
futuro melhor.

VOZES DO CATIVEIRO
(espírito Luís Fernando - Pai Miguel
de Angola)
O período da escravidão no Brasil
marcou nossa História com sangue, mas também com humildade
e religiosidade.

JÓIA RARA
(espírito Helena)
Leitura edificante, uma página por
dia. Um roteiro diário para nossas
reflexões e para a conquista de
um padrão vibratório elevado,
com bom ânimo e vontade de
progredir.

VIDAS ROUBADAS
(espírito Irmã Maria)
Maria do Socorro, jovem do interior,
é levada ao Rio de Janeiro pela tia,
Teodora, para trabalhar. O que ela
não sabe é qual tipo de ofício terá
de exercer!

Leia os romances psicografados pelo médium Maurício de Castro

Pelo espírito Hermes

Nada é para sempre

A trajetória de Clotilde em sua busca por dinheiro e ascensão social.

Herdeiros de nós mesmos

Esta emocionante história nos mostra a consequência do apego aos bens materiais, trazendo valiosas lições e ensinamentos.

Ninguém lucra com o mal

A vida de Ernesto se transforma a partir de um acidente automobilístico que arrebata a vida de sua mulher e suas duas filhas.

Sem medo de amar

Como renunciar a um grande amor em nome do dever, quando esse sentimento pulsa tão forte dentro de seu coração?

O preço de uma escolha

A partir de um triângulo amoroso desenrola-se este envolvente enredo, com revelações inesperadas, surpresas e um grande mistério que mudarão completamente o rumo da vida de todos.

Donos do próprio destino

Um romance que aborda o adultério, amor sem preconceito, vingança, paixão e resignação, mostrando-nos que todos nós somos donos do nosso próprio destino e responsáveis por tudo o que nos acontece.

Pelo espírito Saulo

Quando o passado é mais forte

André deixou a amante Lílian para se casar. Começava ali seu mundo de pesadelos e provações. Um livro que traz orientações espirituais sobre os caminhos do sentimento humano.

Ninguém domina o coração

Um enredo cheio de suspense, vingança e paixão, no qual descobrimos que ninguém escolhe a quem amar.

Leia estes envolventes romances do espírito Margarida da Cunha
Psicografia de Sulamita Santos

DOCE ENTARDECER

Paulo e Renato eram como irmãos. O primeiro, pobre, um matuto trabalhador em seu pequeno sítio. O segundo, filho do coronel Donato, rico, era um doutor formado na capital que, mais tarde, assumiria os negócios do pai na fazenda. Amigos sinceros e verdadeiros, desde jovens trocavam muitas confidências. Foi Renato o responsável por levar Paulo a seu primeiro baile, na casa do doutor Silveira. Lá, o matuto iria conhecer Elvira, bela jovem que pertencia à alta sociedade da época. A moça corresponderia aos sentimentos de Paulo, dando início a um romance quase impossível, não fosse a ajuda do arguto amigo, Renato.

À PROCURA DE UM CULPADO

Uma mansão, uma festa à beira da piscina, convidados, glamour e, de madrugada, um tiro. O empresário João Albuquerque de Lima estava morto. Quem o teria matado? Os espíritos vão ajudar a desvendar o mistério.

DESEJO DE VINGANÇA

Numa pacata cidade perto de Sorocaba, no interior de São Paulo, o jovem Manoel apaixonou-se por Isabel, uma das meninas mais bonitas do município. Completamente cego de amor, Manoel, depois de muito insistir, consegue seu objetivo: casar-se com Isabel mesmo sabendo que ela não o amava. O que Manoel não sabia é que Isabel era uma mulher ardilosa, interesseira e orgulhosa. Ela já havia tentado destruir o segundo casamento do próprio pai com Naná, uma bondosa mulher, e, mais tarde, iria se envolver em um terrível caso de traição conjugal com desdobramentos inimagináveis para Manoel e os dois filhos, João Felipe e Janaína.

LAÇOS QUE NÃO SE ROMPEM

Em idos de 1800, Jacob herda a fazenda de seu pai. Já casado com Eleonora, sonha em ter um herdeiro que possa dar continuidade a seus negócios e aos seus ideais. Margarida nasce e, já adolescente, conhece Rosalina, filha de escravos, e ambas passam a nutrir grande amizade, sem saber que são almas irmanadas pelo espírito. O amor fraternal que sentem, e que nem a morte é capaz de separar, é visível por todos. Um dia, a moça se apaixona por José, um escravo. E aí, começam suas maiores aflições.

OS CAMINHOS DE UMA MULHER

Lucinda, uma moça simples, conhece Alberto, jovem rico e solteiro. Eles se apaixonam, mas para serem felizes terão de enfrentar Jacira, a mãe do rapaz. Conseguirão exercitar o perdão para o bem de todos? Um romance envolvente e cheio de emoções, que mostra que a vida ensina que perdoar é uma das melhores atitudes que podemos tomar para a nossa própria evolução.

O PASSADO ME CONDENA

Osmar Dias, viúvo, é um rico empresário da indústria plástica. Os filhos, João Vitor, casado, forte e independente, é o vice-diretor; e Lucas, o oposto do irmão, é um jovem, feliz, alegre e honesto. Por uma fatalidade, Osmar sofre um AVC e João Vitor tenta de todas as maneiras abreviar a vida dele. Contudo, depois de perder os seus bens mais preciosos, João se dá conta de que não há dinheiro que possa desculpar uma consciência ferida. E ele terá um grande desafio: perdoar-se sem olhar para os fios do passado.

IMPRESSÃO E ACABAMENTO

GRÁFICA E EDITORA LTDA.
WWW.YANGRAF.COM.BR
(11) 2095-7722